잘하고 싶어서

**자꾸만 애썼던
너에게**

잘하고 싶어서
자꾸만 애썼던
너에게

나를 지키는

최소한의 심리학

신고은 지음

힉스

느리지만 결국 해낼 당신에게

내 나이 열둘, 혼자 버스 타기에 처음으로 도전했던 날, 비극적인 사건이 벌어졌다. 정류장에는 사람이 바글바글했고, 버스는 두 대나 놓쳤다. 그냥 놓친 게 아니라 버스가 날 보고도 지나쳐 갔다. 첫 번째는 손을 흔들었지만 지나쳤고, 두 번째는 버스까지 달려가 문을 두드렸는데도 지나쳤다. 민망한 장면이었다. 여기서 끝나면 이야기가 싱겁다. 이 모든 일이 벌어지기 전에 한 가지 사건이 더 터졌으니, 버스 정류장으로 달려가던 신고은이 제 속도를 감당하지 못하고 자빠져서 퍽 소리와 함께 무릎이 터졌던 것이다. 고개를 돌린 사람들의 들썩이는 어깨. 배려는 더욱 가혹한 민망함으로 돌아왔다. 그 후에 두 대의 버스를 놓쳤고 사람들은 날 보며 수군거렸다. 불쌍하다는 말도 얼핏 들렸다. 이런 수모를 감당하기엔 지나치게 어린 나이였다. 다시는 버스를 탈 수 없겠구나, 직감했다. 그렇게 나는 스무 살이 넘도록 버스를 혼자 타지 못하는 인간으로 살았다.

나는 남을 많이 의식하던 아이였다. 부끄러움도 많았고, 평가 불안이 특히 심했다. 잘 보이고 싶은 마음은 컸지만 잘 보이려는 기술은 없었다. 아니, 기술이 없어서 못했다. 그러다 보니 원하는 반응은 돌아오지 않았고, 마음은 더 굶주렸다. 잘 보이고 싶고 그러나 잘할 수 없고… (무한 반복). 까딱 실수라도 해서 내상을 얻게 되면 그 부분에 대해서는 마음 문을 닫았다. '다시는 버스를 타지 않을 거야'처럼 삶의 영역은 점점 좁아졌다. 그렇게 주눅으로 인생이 물든 아이가 지금은 혼자 KTX도 타고 택시도 탄다. 100명 남짓 앉아 있는 청중을 향해 목소리를 내어 강의도 한다. 영원히 조그마할 것 같던 아이가 이렇게 큰 것이다. 무엇이 나를 자라게 했을까?

학창 시절 나는 다양한 아르바이트로 용돈을 벌었는데, 그때마다 느낀 점이 있다. 인수인계가 참 중요하다는 사실이다. 선임이 인수인계를 잘해주면 일이 수월해진다. 마치 내가 유능하다고 착각할 정도로. 하지만 인수인계를 거지같이 해주면 중구난방 실수 투성이가 된다.

우리 인생도 마찬가지다. 누구나 이번 생은 처음이어서 어떻게 살아나가야 할지 막막하다. 노력은 노력대로 하는데 발걸음은 엉망진창이다. 그때 누군가로부터 잘 정리해 둔 인생의 인수인계서를 받는다면 얼마나 좋을까? 그런데 그런 인수인계가 실제로 존재했다. 바로 심리학이란 학문이다.

국어보다 수학이, 사회보다 과학이 흥미롭던 나는 이과를 가려고 했다. 하지만 여자는 문과를 가야 한다는 어른들의 이상한 압박에 휩쓸려 사회과학부에 입학하게 되었다. 당시 내가 입학한 대학은 학과제가 아닌 학부제였는데, 1학년을 다닌 후 전공을 정하는 식이었다.

그 시절 심리학과는 지금처럼 촉망받는 학과가 아니었다. 오히려 사회과학부 중 가장 골칫덩이였다. 중간고사를 망하면 '심리학과나 가야겠다'라는 망언을 던지는 게 유행이었을 정도로. 그런 내가 심리학과를 간 이유는 시험을 망쳤기 때문이 아니다. 나는 자의로 심리학과를 선택한 몇 안 되는 학생이었다.

처음에는 심리학과를 간다고 생각조차 하지 않았다. 막연하게 느껴지는 신비주의적 향기 때문이었다. 눈빛만 봐도 타인의 생각을 꿰뚫는다든가, 슬픔에 잠긴 상대를 다정하게 녹이는 마법과 같은 학문. 이것이 내가 상상한 심리학이었다. 너무나 추상적이고 너무나 감성적이었다. 가슴보다 머리가 먼저 반응하는 '이과적인' 나에게 다가가기 어려운 영역이었다. 그러나 교양 수업에서 만난 심리학은 내 생각을 완전히 뒤집어놓았다.

수업 첫날 배운 것은 '후광 효과halo effect'라는 개념이었다. 후광 효과란, 외적으로 뛰어난 사람은 나머지 모든 면도 수려할 것이라고 착각하는 심리다. 쉽게 말해 차은우는 똥도 안 쌀 것 같은 느낌적인 느낌이 바로 후광 효과다. 나는 대학을 가기 전 이미 후광 효과에 대해 알고 있었다. 그런데 (당시에는 신처럼 느껴졌던) 교수님이라는 존재의 입에서 내가 아는 지식이 나오자, 나의 앎이 특별하게 느껴졌다. 셀프 후광이 느껴졌달까? 원래 주워들은 지식을 전문분야에서 만나면 반가움을 넘어선 운명을 느끼는 법이다. 그렇게 나는 돌이켜보면 별 특별하지도 않은 이유로 심리학을 사랑하게 되었다.

다시 말하지만 나는 가슴보다 머리가 먼저인 사람이라 이해되어야 진정되고, 이해되어야 행동한다. 그런데 알면 알수록 심리학은 그런 학문이었다. 가슴이 아닌 머리로 이해하고, 그 머리로 어떻게 살아가야 하는지를 인도하는 인수인계서.

인생은 마음으로 걷는 여정이다. 그 마음을 어떻게 이해하고 다루느냐에 따라 옳은 길을 가기도 하고 그른 길을 가기도 한다. 심리학은 위대한 인생의 선배들이 정리해 둔 마음 설명서와 같다.

처음 살아보는 인생을 좀 더 수월하게 걸어가도록, 마음을 이해하고 방향 잡고 예상하게 만드는 마음 매뉴얼. 이 매뉴얼을 읽은 사람과 그렇지 않은 사람의 삶은 극명히 다를 테다.

미국 드라마 〈왕좌의 게임〉의 산사 스타크는 야망만 있지 무능하기 짝이 없는 캐릭터로 그려진다. 경솔한 선택으로 매번 자신과 가족을 위험에 처하게 만든다. 〈왕좌의 게임〉은 도저히 죽으면 안 될 것 같은 캐릭터도 허망하게 죽이기로 유명한 드라마였는데, 산사의 이런 행동에 천불 난 시청자들은 차라리 그녀를 죽이라고 아우성칠 정도였다. 하지만 결정적 순간에 그녀는 성장한다. 그리고 이런 대사를 남긴다. "I'm a slow learner. It's true. but I learn(나는 느리게 배우는 사람입니다. 하지만 마침내 배우고 말죠)." 이 대사를 읊는 장면에서 소름이 돋았다. 느리지만 배우는 사람은 잘하지만 더는 나아지지 않는 사람보다 훌륭하다고 믿기 때문이다.

현재 나를 등급으로 매긴다면, 감히 1등급이라고 말하지는 못하겠다. 사회성이든 자존감이든 관계적 기술이든 여전히 나는 부족한 사람이다. 하지만 나아졌느냐 묻는다면 확언할 수 있다. YES. 3년 전 만난 지인과 5년 전 만난 지인, 10년 전 만난 지인이 아는 나는 달라도 너무 다를 것이다. 나는 분명 어제보다 오늘이 더 나아졌다.

심리학을 공부한 후 나는 알게 모르게 성장했다. 버스도 못 타던 꼬맹이가 발표를 하더니 이제는 강연도 한다. 국어 작문 과 목 C⁺를 맞던 멍청이가 벌써 다섯 번째 책을 출간한다. 외로움에 몸서리치던 외톨이는 혼자 있는 시간을 즐길 줄 알고 기다리기까 지 한다. 긴장은 설렘으로, 주눅은 도전으로, 우울은 흥겨움으로 변했다. 나는 산사와 같은 사람이어서, 느리지만 배우면서 분명히 나아지고 있다. 시간이 흐르면 지금보다도 더 나은 사람이 될 것 이라고 감히 확신한다. 그러니 심리학, 어떻게 널 사랑하지 않을 수 있을까.

심리학계에는 이런 루머가 떠돈다. 어딘가 부족한 인간이 자 신에게 부족한 분야를 공부하는 거라고. 쉽게 말해 전공은 곧 그 사람의 결여를 말한다. 이를테면, 발달 심리학 전공자는 발달이 덜 돼서 철딱서니가 없고, 인지 심리 전공자는 인지 능력이 떨어 져 생각이 짧으며, 상담 심리 전공자는 마음에 아픔이 많고, 임상 심리 전공자는 정상 범위를 벗어난 또라…. 물론 우스갯소리겠지 만, 학술대회가 끝난 뒤 회식 자리에서 테이블을 벗어나지 못하고 콜라만 홀짝거리던 사회성 없는 인간들은 나와 같은 사회 심리학 전공자들이었다.

지금보다 나은 사람이 되기 위해서는 저마다 결핍된 부분을 해결해야 한다. 그러나 우리에게 무엇이 결핍되었는지를 알기는 쉽지 않을 것이다. 당연히 무엇을 공부해야 하는지도 알 수가 없다. 그러나 확실한 것은 무엇'만' 공부한다고 해결되지 않는다는 사실이다. 주꾸미 식당에서 주꾸미 효능을 아무리 써놓고, 보쌈 가게에서 보쌈의 효능을 아무리 써놓고, 미나리 삼겹살집에서 미나리의 효능을 아무리 써놔 봤댔자, 한 가지 음식만 주야장천 먹는다고 건강해지는 건 아니다. 어제 무슨 반찬을 먹었는지 기억은 못해도 다양한 음식을 먹어야 건강해진다. 이처럼 심리학 역시 이것저것 깔짝거리다 보면 뭘 배웠는지 기억은 나지 않아도 과거보다 나은 나를 마주하게 된다.

나에게는 목표가 있다. 주제 없는 강의를 하자. 주제 없는 책을 쓰자. 무얼 채워야 할지 알 수 없으나 뭐든 좋은 지식이라면 다 쏟아 담아주자. 그러면 이 중구난방의 지식이 마음의 영양소가 되어 적재적소에 필요한 역할을 해내고 말 테니. 이 주제 없는 책이 주제넘게 도움이 된다면 이것이 내가 심리학을 하게 된 운명의 이유 아닐까!

'모임이 많아질 때면 수시로 작가님 책을 읽곤 한다. 인덱스 붙인 곳을 슈루룩 읽고 사람들을 만나면 뭔가 모를 내 안에 내공이 쌓인 듯한 느낌이랄까. 다 덤벼! 난 괜찮거든! 뭐 이런 강인함이 내 안에 막 샘솟는 느낌!' 첫 번째 책에 대한 한 독자의 리뷰는 나의 목표가 틀리지 않았음을 증명해 주었다. 그래서 나는 계속 써야 한다고 믿는다. 잘하고 싶어서, 잘 살고 싶어서 이 책을 시작한 당신께 느리지만 같이 나아지자고 감히 청해 본다.

차례

01

이게 진짜
내 모습이니까

나, 그 알 수 없는 존재

: 자아와 자기

  내 나이 열여섯에 품은 꿈은 구두 디자이너였다. 얼마나 미적 감각이 떨어지는지 알지도 못하면서 뻔하디 뻔한 구두 그림을 따라 그렸다. 내 나이 열여덟, 사진학과 진학을 결심했다. 얼마나 예술적 재능이 떨어지는지 알지도 못하면서 폴라로이드 필름만 수십만 원어치 날렸다. 수능 시험을 치르고 나는 광고학과에 지원했다. 얼마나 창의성이 부족한지 알지도 못하면서 세상에서 제일 재미없는 카피를 쓰며 뿌듯해했다(다행히 가족의 만류로 진학에는 실패했다).

  나는 좋아하는 것과 잘하는 것을 구분하지 못하는 사람이었고, 하고 싶은 것과 할 수 있는 것이 가름되지 않는 사람이었다. 나는 나를 잘 알지 못했다. 그래서일까. 세상에서 가장 괴로운 과제는 '자기소개서 쓰기'였다. 인자하신 아버지와 자애로우신 어머니로는 도저히 설명할 수 없는, 나는 누구일까?

며칠 동안 이유 모를 두통으로 고생했다. 왜 이렇게 아픈 걸까 고민하다가 얼마 전 일이 스쳐 지나갔다. SNS를 통해 방송작가가 연락을 해왔다. 심리학을 주제로 기획 중인 프로그램에 섭외를 원한다는 것이었다. 얼른 검색창에 프로그램명을 검색했다. 세상에! 잘나가는 연예인 두 명이 MC였다. 여기 나가면 나 완전 유명해지는 것 아냐? 잠시 구름 위로 날아올랐다가 정신을 차렸다. 연락처를 전송하자 금세 답장이 돌아왔다. '네, 작가님! 다음 주 월요일에 연락드리겠습니다.' 하지만 몇 번의 월요일이 지나도 휴대폰은 조용했다. 똑똑, 살아 계신지요? 연락을 해보려던 차에 다른 사람이 섭외되었다는 사실을 알게 되었다.

내가 원한 일이 아니었다. 나야, 뭐 그 프로그램의 존재 자체도 몰랐으니 되면 좋고 안되면 마는 일이었다. 오히려 제안을 받은 건 나니까, 거절할 수도 있는 일이었다. 하지만 마음은 그렇지 않았나 보다. 넘어간 것이 아니라 넘어가는 척했던 것이다.

내 안에는 '거절에 민감한 나'가 있었다. 거절에 민감한 나는 선택에 배제되어 내상을 입었다. 그것도 제 발로 들어가지 않은 선택지에서. 마치 길을 걷다가 낯선 남자로부터 '당신은 내 스타일이 아니어서 저와 사귈 수 없어요'라는 말을 들은 느낌이었다. 자존심이 상했다는 사실은 인정하고 싶지 않았다. 신경 쓸 가치도 없는 사소한 일이라고 생각했다(고 믿었다). 그러니까 나는 쿨한 척한 것이다. 하지만 쿨한 척하기에 너무나도 뜨거운 나는 머리가 달아올라 두통을 앓게 된 것이다. 이제 사실을 받아들여야 했다. 거절당하면 마음 상하는 찌질이가 바로 나라고. 그렇게 방송국 놈들을 한껏 비난하고 나니 기적처럼 두통이 가라앉았다.

우리는 있는 그대로의 자신을 인정하려 하지 않는다. 더 이상적이고 더 나은 나를 기대한다. 하지만 나은 사람이 되기만 기대하는 사람은 나은 사람이 되려고 노력할 수조차 없다. 변화의 시작은 결핍의 인정에서 비롯되기 때문이다.

어릴 때부터 '나는 누구인가'라는 물음에 답을 찾으려 부단히 노력했다. 당시에는 자신에 대한 100가지 질문에 답을 내리는 백문백답이라는 놀이가 유행했는데, 이 놀이를 통해 나는 나에게로 다가갔다. 좋아하는 색깔은? 싫어하는 유형의 사람은? 기억에 남는 장소는? 비밀번호 찾기용 퀴즈를 연상시키는 이따위 질문에 답하면서 나는 나 자신과 친밀해지려고 노력했다. 심지어 사흘 밤낮을 걸쳐 천문천답을 완성한 적도 있다. 그랬음에도 나는 여전히 나를 몰랐다. 그 질문들은 나를 알아가기에 너무나도 진부했기 때문이다.

나를 표현하는 용어에는 자아ego와 자기self가 있다. 둘은 구분하지 않고 혼용되는 경우가 많다(예를 들면, 자아존중감이라든가 자기존중감이라든가). 그러나 둘은 엄연히 다르다. 아니 자기가 자아보다 더 큰 개념이다. 자아는 의식할 수 있는 나다. 내가 무엇을 좋아하고 싫어하는지 알고, 무엇을 잘하고 못하는지 알고, 어떤 성격인지 정의할 수 있다면 이 모습의 총체는 자아라고 불러야 한다. 사람들에게 나를 소개할 때, 친구들과 속마음을 털어놓을 때, 일기를 쓸 때, 책을 읽거나 영화를 보다가 나를 닮은 캐릭터에 공감할 때 우리는 '자아'를 발견한다.

반면 '자기'는 내가 모르는 나까지 망라하는 개념이다. 의식할 수 없지만 엄연히 존재하는 숨겨진 나를 포함할 때 비로소 자기가 된다. 자기는 어렵다. 인정하기 싫어서 숨겨놓은 모습이 함께 있기 때문이다. 마치 쿨한 척 숨겨둔 '거절에 민감한' 내 모습처럼. 그런데 이 숨기고 싶은 모습이 절대적으로 나쁜 것일까?

한 남성이 팔 전체에 타투를 했다. 이를 본 어머니는 화가 치밀어 올랐다. 김치를 담던 반찬 통으로 아들의 머리를 두들겨 패며 어디 가서 내 아들이라고 하지 말라고 언성을 높였다. 결국 아들은 어머니와 함께할 때마다 긴소매 티셔츠를 입거나 토시를 해야 했다. 그러던 어느 날, 어머니가 운전하던 중 뒤차와 시비가 붙었다. 그러자 어머니는 옆자리에 앉은 아들에게 다급하게 말했다. "빨리 윗도리 벗어!"

숨기고 싶던 면은 때때로 장점이 된다. 예민함은 섬세함이 되고, 불안은 철저함이 되어 빛을 발한다. 내향성의 다른 표현은 깊은 사유고, 공격성은 자신을 지키는 힘으로 작용한다. 세상에 무조건 나쁘고 좋은 성정은 없다. 숨겨왔던 나의 수줍은 마음 모두 열어야 한다. 그래야 기회가 생긴다.

숨겨둔 모습은 비치볼과 같다. 비치볼의 디자인이 촌스럽다고 물속에 쑤셔 놓아봤자 튀어 오른다. 세게 담글수록 더 강하게 튀어나온다. 그 반동에 머리통을 가격당할 수 있다. '나'라는 존재도 마찬가지다. 나는 절대 터트릴 수도 없앨 수도 숨길 수도 없는 비치볼이다. 원하지 않는 내 모습을 무의식에 담근다 해도 결국은 존재감을 드러내고 말 것이다. 짜증으로, 우울로, 답답함으로, 때로는 이유 모를 아픔으로. 내가 겪었던 두통처럼 말이다. 그러나 그 마음을 직면했을 때 문제는 마법처럼 사라진다.

고대 그리스 아폴로 신전에 새겨진 문장처럼 나 자신을 알면 자유로워질 수 있다. 이제는 나도 몰랐던 나의 역사를 따라 조금 더 속 깊은 백문백답에 대답할 때다.

부러우면 지는 거다

: 자기 불일치 이론

요즘 내 사랑을 한몸에 받고 있는 친구가 있다(물론 그 친구는 이 사실을 모른다). 바로 아이브라는 그룹의 장원영이라는 친구다. 어떠한 알고리즘으로 인해 나의 SNS에 반복 출몰하기 시작한 그녀는 사람인가 싶을 정도로 빼어난 외모를 자랑했다. 나는 그만 사랑에 빠지고 말았다. 소녀 시절 H.O.T와 젝스키스에도 관심이 없던 연예인 무성애자가 다 늙어 장원영에게 빠진 것이다.

비슷한 시기에 방송에 출연하게 되었다. 카메라에 담길 내 모습을 상상했더니 좌절감이 몰려왔다. 장원영이 있어야 하는 저 자리에 내 얼굴이 나온다고? 어이구야, 도리질이 절로 쳐졌다. 그렇게 나의 첫 번째 다이어트가 시작되었다.

나는 매일 장원영의 영상을 보고, 장원영의 목소리를 들으며 아파트 단지를 돌았다. 그렇게 3주쯤 지났나? 드디어 나에게 변화가 찾아왔다. 장원영처럼 예뻐진 것이다!는 아니고 정신이 이상해지기 시작했다. 매일 밤 가위에 눌리는 것이었다. 꿈속에 고은이는 'That's my life is 아름다운 갤럭시'를 무한 반복하며 춤을 췄다. 어떤 날은 'So that is who I am!!!' 하다가 숨이 가빠져서 소스라치게 놀라 잠에서 깼다. 새벽녘 'Look at me, Look at me, Look at me now' 하며 흥얼거리는 바람에 남편을 기겁하게 만들기도 했다.

'나는 이런 사람이야' 하고 정의할 수 있는 특성의 총체를 '자기'라고 부른다. 자기의 종류는 다양한데, 히긴스Higgins[1]는 자기 불일치 이론self-discrepancy theory을 통해 우리의 자기가 현실적 자기actual self, 이상적 자기ideal self, 당위적 자기ought self로 나누어진다고 말한다. 현실적 자기는 있는 그대로의 내 모습이다. 키는 163센티미터, 몸무게는 패스, 심리학을 전공했고, 강의하는 것을 즐기며, 책을 씀. 강아지를 사랑하나 산책하는 건 귀찮아서 꾸역꾸역 나가는 인간. 이처럼 만족스러운 모습도 있지만 아쉬운 모습도 있는 진짜 나가 바로 현실적 자기다.

'현실적 자기'를 들여다보면 아쉬운 부분도 있고 해결하고 싶은 마음도 생긴다. 이왕이면 10년 전에 입던 바지가 다시 맞았으면 좋겠고, 학위를 마무리하지 못한 게 아쉽고, 강의는 왜 더 많이 들어오지 않는 걸까 같은 이런저런 마음이 생기는 것처럼 말이다. 그래서 더 나아진 근사한 나를 갈망하게 되는데, 이 모습이 '이상적 자기'다. 당장은 아니어도 언젠가 이루고 싶은, 꿈꾸는 나의 모습 말이다.

현실에 만족하는 사람은 발전이 없다. 반면에 이상적 모습을 꿈꾸는 건 삶의 원동력이 된다. 여기서 문제는 바로 현실감이다. 현실감 없는 목표는 허상에 불과하다. 내가 아는 어떤 꼬마의 꿈은 '햄'이 되는 것이었는데 이 꿈이 성인이 되어서도 유지된다면 아이는 분명 불행해질 것이다. 인간은 햄이 될 수 없으니까(1년이 지난 후 꼬마의 꿈은 김밥으로 바뀌었다. 더욱 고차원적으로 발전한 너의 꿈을 응원해).

현실은 신고은인 내가 장원영을 꿈꿨다. 매일 밤 노래를 들으며 달리면 얼추 비슷해지려나 기대도 해봤다. 그러나 신고은이 장원영 되는 것은 꼬마가 햄이 되는 것만큼이나 가능성 없는 일이다. 그런데 그 모습을 갈망하며 살아가니 스트레스가 이만저만이 아닐 수밖에.

현실적 자기가 이상적 자기를 따라잡지 못할 때 괴리감이 생긴다. 그리고 이 괴리감은 부정적 감정을 만들어낸다. 먼저 드는 감정은 실망이다. 왜 기대한 모습처럼 살 수 없는지 자신을 원망한다. 너는 왜 이렇게 태어났니, 왜 더 살을 빼지 못하니, 이게 최선이니? 노력이 실패로 끝나면 좌절감도 몰려온다. 좌절의 다음 단계는 우울이다. 우울은 모든 정신적 기능을 수면 아래로 가라앉힌다. 도전하려는 의지마저 전소시킨다. 이거 좀 달린다고 신고은 이 김고은 되겠어? 어차피 불가능해. 이때부터 시작된 건 폭식이었다. 상황은 처음보다 나빠졌고, 극복하려는 의지는 전혀 생기지 않았다.

발전의 원동력은 긍정적 경험이다. 도전하고 이루었을 때 느끼는 성취감은 다음 난이도의 과제에 도전하게 한다. 그러나 우울감은 긍정 경험의 기회를 차단한다. 달성 가능한 수준의 과제마저도 실패하게 만든다. 결국 아무것도 갈망하지 않았던 현실적 자기보다 훨씬 더 망가진 모습에 도달하게 되는데, 이때부터 의기소침해지기 시작한다. 사소한 일도 버겁게 느끼게 되고, 평소보다 잦은 실수를 남발한다. 이 감정의 패턴 속에서 실패 경험은 쌓여가고 역시 난 안돼, 하는 결론에 도달하게 된다. 이상적 자기는커녕 원래 내 모습마저 잃게 되는 것이다.

우연한 기회로 나의 눈을 행복하게 해준 장원영은 나의 이상적 자기를 엉뚱한 방향으로 돌려놓았다. 아름다움이 업業인 사람이, 아름다움이 필요 없는 나에게 아름다움을 갈망하도록 만든 것이다. 엉뚱한 곳에서 존재 가치를 찾으며 기꺼이 비교 대상이 되길 자청한 나는, 결과적으로 스스로를 더 낮췄을 뿐이었다. 더는 필요하지 않은 것을 보지 말자고 다짐하고, 의도적으로 시야를 차단했다. 그녀의 영상이 나올 때마다 해당 계정을 정말 '차단'했다. 그리고 진짜 나에게 필요한 무언가를 찾기 시작했다.

한 여행지에서 그곳에 살고 있는 주민을 만났다. 그는 나를 부러움의 시선으로 바라봤다. "여유롭게 여행도 다니고 좋겠어요." 반대로 나는 그를 부러워했다. "이렇게 근사한 곳에 산다니 좋겠어요." 내가 부러워했던 삶의 주체가 나를 부러워한다는 건 아이러니한 현실이었다.

우리는 가질 수 없는 것을 아쉬워한다. 그러나 나에게도 남이 가지지 못한 무언가가 있다. 이룰 필요도 없는 목표에 애쓰기보단 이룰 가능성이 있는 목표에 힘을 싣는 것, 그것이 나를 더 나은 사람으로 만드는 유일한 방법이다.

이상적인 내가 되는 것은 기적을 만드는 게 아니다. 가능한 일을 현실화하는 것이다. 나에게 가능한 일을 찾고 나니 더 이상 주위를 두리번거리지 않게 된다. 이제 다시 이쁜 원영이를 봐도 스트레스 받지 않는다. 나를 향한 사랑으로 당당히 말할 수 있다. 원영아, 언니 또 책 썼어!

애쓰지 않으려 애쓰기

: 당위적 자기

고민 상담 프로에 출연한 한 래퍼가 강박적 행동을 고백했다. 뭐든 완벽하게 갖춰야 하는 성정 탓에 과소비하게 된다는 것이다. 옷을 사도 세트로 맞춰야 하고, 가구를 사도 조화를 이루어야 하니 그는 늘 필요 이상의 물건을 사들였다. 그의 모든 소비에는 '해야 한다'라는 강박이 자리하고 있었다.

그의 삶을 거슬러 올라가 보니 아픈 상처가 숨어 있었다. 어린 시절 아버지의 사업장에 놀러 갔다가 고객에게 폭행당하고 있는 아버지의 모습을 목격했던 것이다. 아버지는 자신을 함부로 대하는 고객에게 아무런 대응도 하지 못한 채 당하고만 있었다. 그 장면을 보고 있는 아이 역시 마찬가지였다. 아이는 그날 이후로 나쁜 사람이 되지 않겠다고 다짐했다. 누구에게도 무례하게 굴지 말자고.

이런 다짐 때문인지 아이는 자신에게 완벽을 요구하며 자라 났다. 미움을 사서도, 잘못을 해서도 안 되는 그는 항상 스스로를 매질했다. 그런데 사람이 어떻게 늘 천사처럼 지낸단 말인가. 그도 인간인지라 가끔은 화도 나고 감정적 행동도 나왔을 것이다. 그럴 때마다 그는 끔찍이 괴로워했다. 무례했던 자신을 용서하지 않았 다. 심지어 마음으로 품는 원망마저 허용하지 않았다.

돈과 명예를 얻은, 겉으로 부족함 없는 그는 한 가지 소원이 있다고 고백했다. 그건 바로 부처가 되는 것이다. 아무도 미워하지 않고, 아무에게도 피해 주지 않는 성인군자가 되어야 한다고 생각 한 것이다.

더 나아지고 싶다는 욕구는 자신만의 규칙을 만들게 한다. 그 렇게 지금 나의 모습인 '현실적 자기'에서, 되어야 하고 해야 하는 '당위적 자기'에 가까워지다 보면 발전하고 성장한다.

우리는 어릴 때부터 배워왔다. 아주 사소하게는 착한 사람이 되어라, 어른들 말씀 잘 들어라, 친구들과 사이좋게 지내라와 같이 도덕 책스러운 규칙 말이다. 당위적 자기는 어린 시절의 경험, 보 통은 의무를 심어주는 양육자로부터 형성되기 시작한다. 그들의 기대가 내면화되면 내가 나를 대하는 기준이 세워진다. 이 기준은 내 삶의 방향을 이끈다.

잘못된 인생의 길잡이가 형성되는 경우도 있다. 도저히 감당할 수 없는 수준의 의무감이 부여될 때가 그렇다. 어떤 부모는 자신의 기대를 아이가 살아야 하는 방향인 양 포장한다. 좋은 대학에 가야 한다, 성공해야 한다, 부모의 못다 이룬 꿈을 네가 이루어야 한다, 나를 책임져야 한다…. 이 기대는 그들의 욕심이지만 내가 나를 대하는 법칙으로 탈바꿈된다.

어떤 의무는 사회적 분위기에서 비롯된다. 희생해야 한다, 나서서 일해야 한다, 참고 견뎌야 한다, 욕망을 줄여야 한다 등등. 어떤 역할에는 지켜야 할 의무가 있다. 어머니는 모성애를 강요당하고 아버지는 가장으로서 희생을 강요당한다. 남자는 남자라서, 여자는 여자라서, 학생은 학생이라서, 자녀는 자녀라서 해야 하는 것들이 있다. 수많은 '해야 한다'의 대향연 속에서 우리의 삶은 매 단계 도장 깨기에 도전해야 하는 힘겨운 게임이 된다. 그러나 애초에 불가능한 목표이기 때문에 도달할 수 없다.

현실적 자기가 당위적 자기에 도달하지 못할 때 자기비하에 빠지게 된다. 죄책감에 사로잡혀서 자신을 미워하게 된다. 타인의 기대에 미치치 못했다는 좌절감, 스스로 정한 규칙을 따르지 못했다는 원망은 한 사람의 마음을 피폐하게 만든다. 그러나 다시 생각해 보자. 정말 내가 잘못했단 말인가!

전 재산이 10만 원밖에 없는데 친구가 4천만 원을 빌려달라고 한다. 이 부탁은 무리한 요구다. 미안할지라도 도와줄 수 없다. 도와주기 싫어서가 아니라 불가능하기 때문이다. 눈에 보이는 문제에 대해 우리는 명확한 답을 내릴 수 있다. 주고 싶어도 줄 게 없으면 줄 수 없다는 것을. 그러나 마음에 관해서는 기준이 엄격해진다. 타인의, 세상의, 혹은 나 자신의 기대가 그 수준을 넘어버려도 하염없이 맞춰줘야 한다고 믿는다. 얼마든지 내어줘야 한다고, 애쓰면 가능하다고 믿는다.

미국 유명 가수 밥 딜런은 자신의 자서전 『바람만이 아는 대답』을 통해 할머니에게 배운 교훈을 전한다. 할머니는 그에게 '네가 만나는 사람이 모두 힘든 싸움을 하고 있기 때문에 친절해야 한다'고 가르쳤다. 정말이지 맞는 말이다. 우리가 만나는 모든 사람은 겉으로 평온한 듯 보여도 저마다의 치열한 삶을 살아가는 중이다. 티가 나지 않을 뿐이다. 지쳐가는 사람에게 나의 짐을 짊어주는 사람은 없다. 그들에게 해줄 수 있는 건 오직 친절뿐이다.

한 단계 더 나아가서, 나는 이 이야기를 자신에게 해주는 말로 바꾸었으면 한다. 우리는 모두 힘겨운 싸움을 하고 있다. 나 자신도 마찬가지다. 그런데 왜 이토록 나에게는 엄격하게 구는 것일까? 힘든 사람에게 더 큰 부담을 지워줄 수 없듯이 힘겨운 나에게 지금보다 더 잘해야 한다고, 더 완벽해져야 한다고 강요해서는 안 된다. 누군가는 나에게 기대했을지라도 나만큼은 나에게 친절하게 대해야 하는 것 아닐까? 더 잘하지 않아도 된다고 토닥여줘야 하는 것 아닐까? 남들은 모를지라도 나는 내가 얼마나 힘든지 아니까.

사람은 완벽할 수 없다. 아무리 강조해도 아깝지 않은 말이다. 완벽한 사람은 없다. 왜 존재할 수 없는 존재가 되려 하는가. 불가능한 일은 포기하는 것도 용기고 지혜고 자기를 향한 선善이다. 오늘은 나를 상처 입히던 채찍을 내려놓자. 그리고 이 정도면 충분하다고 칭찬해 주자. 할 수 없는 것은 용기를 내어 못한다고 하고, 나에게 좀 더 친절한 응원을 건네자. 오늘도 참 잘했습니다.

불안하고 우울하고 성난 사람들

: 감정의 종류

1년간 심리 상담을 받았다. 과거의 일을 이야기할 때마다 선생님은 물었다. "그때 기분이 어땠어?" 나는 대답했다. "슬펐… 겠죠?", "우울했… 겠죠?" 선생님은 다시 물었다. "…겠죠? 왜 네 감정인데 추측을 하니?" 왜냐니, 모르겠으니까 그렇지. 그렇다. 나는 감정을 배제하고 세상을 바라보는 사람이었다.

세상에는 왜 존재하는지 이해할 수 없는 것들이 있다. 마치 여름날의 모기처럼 말이다. 그러나 모기에게도 존재 이유가 있다고 한다. 세상에 모기가 사라지면, 모기를 피해 삶의 터전을 옮기던 야생동물들이 그 자리에 머문다. 야생동물들이 한곳에 자리를 잡으면 식물들이 자라지 못한다. 종국에는 생태계가 파괴된다. 우리에게 불편하다고 해서 세상에 불필요한 것은 아니다.

감정도 마찬가지다. 세상에는 수많은 감정이 존재한다. 행복, 즐거움, 기쁨과 같이 늘 내 안에 있길 바라는 감정도 있지만, 우리를 힘겹게 만드는 감정도 있다. 때로 그 감정을 왜 느껴야 하는지 의아하기도 하다. 그러나 불편한 감정이라고 불필요한 것은 아니다. 다양한 감정이 자신의 역할을 잘 감당하기만 한다면 우리 마음의 생태계는 더 건강해진다. 왜 존재하느냐 묻고 싶던 감정의 존재 이유를 살펴보자.

두려움과 불안

스트레스를 받고 가장 먼저 나타나는 반응은 감정의 변화다. 그중 대표적인 감정이 바로 두려움fear을 느끼는 것이다. 두려움은 사람이나 상황이 나에게 위해를 가한다고 판단할 때 느끼는 감정이다. 수풀 사이로 뱀이 기어 나오거나, 날카로운 칼이 날 향할 때처럼 말이다. 물리적 위험은 우리를 두렵게 한다.

물리적 위험보다 두려운 것은 심리적 위협이다. 뱀이 나오면 뛰어가면 되고, 칼이 날아오면 막을 수 있다(물론 기술이 필요하지만). 그러나 심리적 위협은 대처가 어렵다. 이길 수 없는 부모가 모진 말을 쏟아낼 때, 늦은 밤 문득 떠오른 귀신 생각이 떠나지 않을 때, 내 힘으로 어쩌지 못하는 상황에서 두려움은 배가된다. 두려움은 정말 불필요해 보인다.

편도체는 두려움과 같은 기본 정서에 관여하는 영역이다. 편도체가 제 기능을 하지 못하면 공포를 느낄 수 없다. 실제로 미국의 조디 스미스라는 한 남성은 26세에 뇌전증 진단을 받고 강렬한 불안과 공포를 이기지 못해 편도체 제거 수술을 받았다. 어떻게 되었을까? 그는 더 이상 공포를 느끼지 못하게 되었다. 하루는 스미스가 뉴저지 주의 거리를 걷다가 다섯 명의 강도를 만났다. 머리로는 위험하다는 것을 알았지만 그는 전혀 두렵지 않았다. 뒷걸음질 치지도 않았고, 오히려 덤덤히 그들을 향해 걸어갔다. 그런 그의 태도에 강도들이 오히려 당황했다. 이런 일이 반복된다면 어떻게 될까? 언제나 이번같이 운이 좋지는 않을 텐데 말이다. 공포를 느끼지 않는다는 건 위협 상황에서 자신을 보호하지 못한다는 의미와도 같다. 두려움을 느끼지 못하는 사람은 괴한이 날뛰는 모습을 보고도 피하지 않았다가 자신에게까지 화가 미치는 것을 허용한다. 두려움은 우리를 경계하고 각성시켜 준비 태세를 갖추게 하고 대처 방안을 마련하도록 돕는다. 그러므로 스트레스 상황에서는 두려움을 느껴야 한다.

하지만 극도의 스트레스는 두려움과 닮은 불안anxiety을 유발한다. 불안은 두려움과 달리 실체가 없는 대상에 느끼는 공포심이다. 불안의 대상은 미래에 있다. 시험을 망쳐 당장에 종아리를 맞게 생겼다면 두려움을 느낀다. 그러나 그 결과로 취업에 실패해 인생이 불행해질 거라 믿는다면 불안이 찾아온다. 아직 오지 않은, 어쩌면 영원히 오지 않을 것에 대해 느끼는 감정이 불안이다.

불안은 우리를 긴장시키는 부정적 정서다. 그 외의 기능은 없다. 나다운 모습을 방해하고 높아진 긴장감으로 필요 이상의 실패를 유도한다. 부정적 미래를 상상하는 것만으로도 잠재력을 발휘하는 길이 막힌다. 불안하지 않았으면 오지 않았을 최악의 미래에 한걸음 가까이 나아가게 해 오히려 나를 피하고 싶은 상황으로 인도한다.

불안감이 찾아올 때엔 빠르게 벗어나는 것이 좋다. 가장 좋은 방법은 나에게 묻는 것이다. '증거 있어? 그 일이 일어나지 않을 가능성 없어?' 하고 말이다. 불안에 대한 상상은 대부분 망상이다. 불안은 실체가 없고 대부분 과장되어 있다.

만약 그 일이 일어날 가능성이 있다면 막연한 불안을 명확한 두려움으로 대체해야 한다. 평생 가난하게 살 거라는 불안은, 당장 취업을 위해 무얼 준비해야 하는지에 대한 두려움으로 바꾸면 된다. 두려움에는 해결 방안이 있다. 불안의 대상이 두려움의 대상으로 치환되면 어떻게 대처하고 나를 보호해야 할지 구체적 방안을 찾을 수 있다.

슬픔과 우울

사랑하는 사람이 떠날 때, 간절한 바람이 좌절될 때, 슬픔sad
이 찾아온다. 슬픈 우리는 아름답지 않다. 하지만 슬픔 그 자체는
아름다운 감정이다. 슬픔이야말로 슬픔을 극복하게 만드는 유일
한 통로이기 때문이다.

애니메이션 〈인사이드 아웃〉에서는 다섯 가지 정서가 캐릭터
화되어 등장한다. 그중 가장 쓸모없어 보이는 녀석이 바로 슬픔이
다. 슬픔이가 하는 일은 슬픈 것이다. 계속 슬프다. 슬픔이가 등장
하면 정서의 주인 라일리는 울고 또 울고 또 운다. 슬픔이는 라일
리가 자꾸 까라지도록 만든다. 그래서 다른 캐릭터들은 바닥에 동
그라미를 그리고 슬픔이에게 이 안에서 나오지 말라고 한다. 아무
것도 건드리지 말고 아무 일도 하지 말라고. 그런데도 슬픔이는 자
꾸 나온다. 나와서 기억을 파랗게 물들이고 감정선을 무너뜨린다.

하지만 영화의 끝자락에서 슬픔이는 자신의 역할을 톡톡히
해낸다. 갑작스러운 이사로 그리움에 빠진 라일리가 펑펑 울 시간
을 허락한 것이다. 충분히 슬퍼한 라일리의 마음에 파란 기운이
걷혀 나간다. 그러자 잊고 있던 다정한 추억이 떠오르기 시작한
다. 슬픔에 가려졌던 소중한 마음이 되살아난 것이다.

"슬퍼하지 마." 이 말을 참 많이 듣고 살아왔다. 힘들고 어려
운 일이 있어도 견뎌 내라고. 슬퍼도 울지 않는 것이 미덕이라고

배웠다. 하지만 감정은 생각보다 오래 지속되지 않는다. 슬픔은 언젠가 끝난다. 물론 전제는 있다. 슬플 때는 최선을 다해 슬퍼해야 한다. 그러면 슬픔이 떠나간다. 하지만 슬퍼하지 않으려 노력할 때, 슬픔은 더 오래 머물며 나를 괴롭힌다. 나를 슬프게 한 사실은 변함없으므로 감정이 사라지지 않으면 그 장면을 계속 되감게 된다. 반추rumination라는 현상이다. "왜 나에게 이런 일이 생겼지? 왜 그때 그렇게 행동했지?" 답도 없고 해결도 안될 과거에 발목이 잡혀 되감고, 되감고, 또 되감다 보면 억압된 슬픔이 진해진다. 그렇게 농축된 슬픔이 우울depression이다.

우울의 주된 역할은 활력을 잃게 만드는 것이다. 부정적 기억을 끊임없이 반추해 그 상태를 지속하게 만든다. 실패를 되새기며 역시 나는 안된다는 결론을 내리게 한다.

또한 우울은 사람들을 밀어내는 신호를 보낸다. 슬픈 사람은 위로하고 싶지만 우울한 사람 곁에는 머물고 싶지 않은 이유가 이것이다. 위로와 공감, 지지가 필요한 상황에서 사회적 지원을 받을 기회를 사라지게 하니 회복의 가능성도 줄어든다. 그러니 우울에 빠지지 않도록 최선을 다해 슬퍼해야 한다. 슬픔은 슬픔으로 사라지지만 우울은 우울에 머물게 하기 때문이다. 슬퍼하자. 그렇게 다시 회복할 힘을 얻자.

분노

갑자기 약속이 펑크날 때, 계획이 틀어질 때, 소중한 것을 빼앗길 때, 통제권을 잃고 스트레스를 받을 때 우리는 분노anger한다. 분노는 장애물을 만날 때 느끼는 부정적 감정이다. 사람들은 화내는 사람을 좋아하지 않지만, 분노는 매우 중요한 정서다. 부당한 대우로부터 우리를 지키고 보호하기 때문이다. 다르게 말하면 분노는 장애물을 극복하기 위한 에너지다.

하지만 분노가 이상한 방향으로 흘러가기 때문에 문제가 된다. 드라마 〈스물다섯 스물하나〉에서 펜싱선수의 꿈을 안은 희도에게 절망이 찾아온다. 바로 IMF가 터진 것이다. 희도의 학교에서는 펜싱부를 없애버리고, 펜싱으로 대학 입시를 준비하던 희도는 펜싱부가 있는 학교로 전학 보내달라고 엄마에게 간청한다. 그러나 엄마는 희도를 위로하기는커녕 오히려 잘 되었다며 소질 없는 펜싱을 그만두라고 한다.

바로 그 순간, 쨍그랑! 밖에서 무언가 깨지는 소리가 난다. 신문 배달부 이진이 던진 신문에 희도네 집 정원에 있던 오줌싸개 동상이 타격을 입은 것이다. 신문은 공교롭게도 소년의 중요 부위를 강타하고, 소년은 더 이상 오줌을 눌 수 없게 된다. 화가 난 희도는 이진에게 소리를 지른다. 누구에게나 오줌 눌 권리는 있다는 궤변을 늘어놓으며 말이다. 당황한 이진은 어떻게 보상해야 하는

지 묻는다. 그러자 희도는 이렇게 소리친다. "모르지, 난 그냥 화를 내고 싶었어. 화가 나니까!"

사람들은 좌절 상황을 맞닥뜨리면 공격적으로 변한다. 지그문트 프로이트Sigmund Freud가 주장하는 좌절-공격 가설frustration-aggression hypothesis이다. 꿈이 좌절된 희도는 공격성이 증가했다. 그리고 오로지 화를 내는 것이 목적이 되어 화를 내기 시작했다. 하지만 분노의 방향은 엉뚱한 곳을 향했다. 희도를 화나게 한 건 이진이 아닌 엄마였는데 말이다.

분노는 장애물을 극복하는 에너지의 원천이 된다. 하지만 이 에너지가 잘못된 방향으로 나아가면 문제는 해결되지 않는다. 애먼 사람이 상처를 받고, 분노가 또 다른 분노를 낳는다. 결국 나의 스트레스가 또 다른 사람의 스트레스를 유발하는 최악의 상황을 만들어낸다.

분노는 불과 같아서 유용하다. 그러나 불과 같아서 위험하다. 나의 분노는 타인을 아프게 할 명분이 될 수 없다. 분노를 어떻게 써먹어야 할까? 우리가 풀어야 할 중요한 과제다.

내가 보는 나, 남이 보는 나

: 반영 평가

인터넷에서 '여자친구 애교쟁이로 만드는 꿀팁'이라는 글을 보았다. 방법은 간단하다. 여자친구에게 귀엽다는 말을 끊임없이 던질 것. 눈을 감아도 귀엽다, 눈을 떠도 귀엽다, 옆을 봐도 귀엽다, 소리를 내도 귀엽다, 가만히 있어도 귀엽다, 먹어도 귀엽다, 안 먹어도 귀엽다, 귀엽다, 귀엽다. 귀엽다고 말하다 보면 민망해하던 상대가 어느새 귀여움을 무장하게 된다는 것이다. 너무 귀여워져서 다른 남자와 바람이 났을 정도라고 하니 이 효과는 제법 신뢰할 만하다.

우리는 타인이 나를 어떻게 여기는지에 따라 변한다. 이를 반영 평가reflected apprasal라고 부른다. 심리학자 밀러Miller와 로즈Ross

에 따르면[2] 타인의 기대는 그에 걸맞은 행동을 이끌어낸다. 연구진은 아이들을 모아 세 그룹으로 나누었다. 첫 번째 그룹의 아이들에게는 "주위를 어지럽히지 마라"고 지시했다. 두 번째 집단의 아이들에게는 아무런 개입도 하지 않았다. 그리고 마지막 그룹의 아이들에게는 "너는 정말 착한 아이야"라며 긍정적인 암시를 던졌다. 열흘 정도 지난 후 아이들이 방 청소를 얼마나 잘하는지 확인했다.

첫 번째 집단의 아이들은 지시를 듣는 순간에만 잠시 청소하는 시늉을 했을 뿐, 원래 모습을 되찾았다. 아무런 개입도 받지 않은 두 번째 집단의 아이들은 평소와 다를 바 없었다. 그러나 "착한 아이"라는 암시를 받은 아이들은 처음과 달리 깔끔하게 방을 유지하는 모습을 보였다. 누군가를 변화시키기 위한 가장 쉬운 방법은 기대하는 모습이 지금의 모습인 것처럼 말해주는 것이다.

사람들이 나를 어떻게 보는지 의식하지 않을 수 없다. 그리고 우리는 그 의식대로 행동하려는 경향이 있다. 그러므로 우리가 받는 기대는 현실로 이루어질 가능성이 크다. 양육자가 나를 믿어준다면 그 믿음에 걸맞은 아이로 성장한다. 나를 더 좋은 사람으로 봐주는 애인과 친구가 있다면 나는 정말 좋은 사람이 되어간다. 기대는 나를 만든다.

물론 반영 평가는 역효과를 보이기도 한다. 나를 더 작아지게 만드는 부정적 기대가 있기 때문이다. 너는 머리가 나빠, 너는 정말 못생겼어, 누굴 닮아 성격이 그 모양이니, 내가 너 못할 줄 알았어, 정말 소심해. 이런 말을 듣는다면 어떻게 될까? 마찬가지로 그런 사람이 된다. 비난은 상대를 더욱 비난에 걸맞은 사람으로 만든다.

어린 시절 사촌 동생들과 함께 친척들 앞에서 재롱을 부린 적이 있다. 엉덩이를 씰룩거리며 귀여운 율동을 추었다. 그때 친척 중 한 어른이 이런 말을 했다. "고은이는 얼굴은 괜찮은데 끼가 없어." 끼가 없다. 그 말은 내 마음에 아로새겨졌고 사람들 앞에 나설 때마다 나의 발목을 붙잡았다. 나는 끼가 없다. 그 한마디는 나를 정의하는 진술문이 되었다. 주눅 든 소녀는 어디에서도 나를 드러내며 나서지 못하게 되었다.

다행히도 대학에서 처음 강단에 섰던 날, 한 학생으로부터 받은 쪽지는 내 인생을 다르게 바꿔놓았다. '어려운 내용을 재미있게 가르쳐주셔서 감사합니다. 무얼 배울지 기대하는 마음으로 목요일을 기다립니다.' 끄적거린 문장 끝에는 찌그러진 하트가 빨갛게 채워져 있었다. 그때 느껴진 학생의 진심에 나는 나에 대한 새로운 믿음을 가졌다. 내가 그래도 강의에는 '끼'가 있구나.

자신의 모습에 100퍼센트 만족하는 사람은 없다. 버리고 싶은 모습도 있을 것이다. 그 모습은 사실 나답지 않은, 만들어진 내 모습일 수도 있다. 우리를 오해한 누군가의 한마디, 제 잘난 맛에 지껄인 한마디, 아무 생각 없이 내뱉은 한마디, 때로는 자신을 내세우려고 깎아내린 한마디, 그 한마디가 만든 모습일지도 모른다. 사람들에게 보이는 내 모습을 신경 쓰느라, 타자의 왜곡된 시선을 내 모습이라고 착각하며 살아왔을지도 모른다.

누구보다 나를 잘 아는 것은 나이고, 그들의 판단은 나를 정확히 정의하지 못한다. 모두의 시선이 옳은 것은 아니다. 그들의 기대가 늘 좋은 사람을 만드는 것도 아니다. 마치 끼 없다고 낙인찍은 나의 친척처럼 말이다.

지금 당신의 모습은 당신 그 자체인가, 아니면 만들어진 모습인가. 나를 만든 목소리가 있었는지 톺아보자. 내 인생을 스쳐 간 목소리들을 되감아 들어보자. 그리고 그 말 한마디가 나를 좋은 사람으로 만들었는지 고민해 보자. 그렇지 않으면 이렇게 외치자. 뭐래, 네가 잘못 본 거거든!

언제까지 숨어 있을 건가요

: 방어기제

미국 국내선 비행기 안에서 쫓겨난 남자 이야기가 기사에 실렸다. 그는 함께 탑승한 아이가 울음을 멈추지 않자 그 부모에게 죽고 싶냐며 폭언을 던졌다. 이를 제지하는 승무원에게도 욕을 하며 공격적으로 굴다 결국 비행기에서 추방당했다. 사람들의 입장은 둘로 갈렸다. 우는 아이를 달래지 않는 부모의 잘못이라는 의견과 그래도 화내는 건 어른답지 못하다는 의견이었다. 솔직히 양쪽의 입장 모두 납득된다. 당신이라면 어떻게 대처할 것인가. 화를 낼 것인가, 참아줄 것인가.

프로이트는 우리 안에 세 가지 성격이 존재한다고 말한다. 첫 번째 성격인 초자아super ego는 굉장히 예의 바르고 올곧다. 완벽주의를 지향하고 이상적인 삶을 살길 원한다. 초자아는 어떤 과제를 하더라도 완성하려 들고, 정해놓은 목표를 달성하기 위해 최선을 다한다. 관계에서도 완벽함을 추구하기 때문에 갈등을 피하고, 수용과 양보로 좋은 사람이 되기에 힘쓴다. 규칙을 준수하고 타인의 시선을 의식하고 공동체의 이익을 위해 자신을 희생한다.

비행기 안에서 아이가 울 때, 남자의 초자아는 이해하려고 노력했을 것이다. '나는 성숙한 어른이야. 이런 일에 화를 내어서는 안 돼. 감정적으로 대응하는 건 못난 일이야. 게다가 아이잖아. 어른은 아이의 잘못을 보듬어줄 줄도 알아야 해. 그러니까 참자.'

두 번째 성격인 원초아id는 원초적이고 본능적인 방향을 추구하는 성격이다. 원초아에게는 당장의 만족감이 무엇보다 중요하다. 비행기 속 남자가 결국에 보여준 행동은 원초아 지배적인 모습이었다. 그는 조용히 가고 싶은 마음이 간절했을 것이다. 그러나 원하는 바는 이뤄지지 않았고 더는 충동과 화를 참을 수 없었다.

원초아와 초자아는 마음속에서 늘 다툰다. 완벽함을 바라는 부모와 되바라진 자녀처럼 대치 상태가 지속된다. 이때 마음에 중심이 되어야 하는 성격이 자아ego다. 자아는 참아야 하는 선을 지키려고 노력한다. 적당히 풀어주되, 적정한 선을 넘지 않도록.

자아는 우리가 완벽하지 않은 존재라는 사실을 인정한다. 그러니 이룰 수 없는 이상을 좇다 지치게 내버려 두지도 않는다. 대신 현실적으로 가능한 목표를 세운다. 좋은 사람이 되고 싶지만 몇 억씩 기부하지 못하는 자신에게 실망하지 않고, 대신 커피값 5천 원을 불우이웃돕기 모금함에 넣는 방법을 찾는다.

기사 속 승객이 승무원에게 도움을 요청했다면 어땠을까? "아이 때문에 시끄러운데, 부모에게 주의를 줄 수 있나요?" 그러면 승무원이 조치를 취했을 것이다. 자신의 이미지를 지키면서 문제를 해결하는 것, 이것이 자아가 추구하는 방식이다. 자아는 원초아와 초자아의 중재자다. 둘 사이의 타협점을 찾는다.

드센 부모를 둔 아이가 부부 싸움을 목격하고 있다고 상상해보자. 아무 도움도 될 수 없고 도망갈 수도 없는 딱한 아이는 얼마나 불안하겠는가. 자아가 연약할 때 우리의 마음 상태가 이렇다. 원초아와 초자아의 갈등을 중재하지 못할 거란 마음에 생기는 감정이 바로 불안이다. 이때 자아는 해결책 찾기를 포기하고 현실을 왜곡한다. 방문을 닫고 이불에 숨어 노래를 부르는 겁쟁이 아이처럼, 문제를 회피하고 정신 승리하는 방법을 간구한다. 이 미성숙한 대처가 방어기제defense mechanism다. 문제를 방치한 채 내 마음을 지키기 위해 보호막 안으로 숨는 것이다. 방어기제의 종류는 다양하다. 지금부터 하나씩 알아가며 자신이 사용하는 방어기제는 무엇인지 알아보자.

억압

　좌절하고 후회하게 만드는 기억이 있다. 용서할 수 없는 기억도 있다. 다행히 우리는 망각한다. 망각은 신이 내린 최고의 선물이라지 않는가. 덕분에 우리는 오늘을 살아갈 수 있는 것이다. 그러나 모든 기억이 자연히 잊히지는 않는다. 어떤 기억은 의식할 수 없는 마음 구석에서 숨어만 있다. 이를 억압repression된 기억이라고 부른다.

　원인을 알 수 없는 불안으로 괴로워하던 사람이 있었다. 그는 전문가와 함께 어린 시절 힘든 기억을 떠올려 봤다. 화목한 가정에서 자랐고 사랑을 듬뿍 받았다. 자신에게는 어려웠던 시절이 없었노라 확신했다. 그러나 3주가 지난 후 그의 기억은 달라졌다. 그의 아버지는 여자관계가 복잡했다. 어머니는 아버지를 바로잡겠다며 외도 현장으로 그를 데려갔다. 그때 그의 나이 고작 다섯 살이었다. 어린아이가 보게 된 장면은 아버지가 낯선 여자와 뒹구는 모습이었다. 불행은 여기서 끝나지 않았다. 아버지는 자식을 이런 데 데려오느냐며 어머니를 미친 여자 취급하고 아이가 보는 앞에서 폭행했다.

　이렇게 충격적인 기억을 어떻게 잊을 수 있었을까? 잊은 게 아니라 억압한 것이다. 어린아이가 받아들이기엔 너무 큰 고통이었고, 아이는 기억을 마음 저편에 숨겨둔 채 살아온 것이다. 종종 찾아온 화목한 시간만 잘 보이는 기억 쇼윈도에 전시해 두고, 유년 시절의 전부인 양 믿은 것이다. 그러나 영원한 건 없다. 억압된 기억은 어떤 방식으로든 존재감을 드러내려 애쓴다.

아토피로 고생하는 아이가 있었다. 그 어떤 치료의 효과도 볼 수 없어 매일 밤 피가 나도록 긁어댔다. 그러던 어느 날 아버지의 이직으로 이사를 떠나게 되었고, 어머니는 이삿날 큰 충격에 빠졌다. 장롱을 들어내자 벽 한 면이 온통 곰팡이로 덮여 있었기 때문이다. 곰팡이는 큰 가구 뒤에 숨겨져 보이지 않았다. 그러나 보이지 않는다고 없는 것은 아니었다. 포자는 온 집을 돌아다니며 아이의 피부를 공격했다. 다행히 새집에서 아이의 고통은 씻은 듯이 사라졌다.

기억도 마찬가지다. 보이지 않는다고 존재하지 않는 것은 아니다. 숨겨놓은 기억은 어떤 식으로든 마음과 행동에 영향을 미친다. 그것도 정말 나쁘게. 장롱 뒤 곰팡이처럼 말이다. 언제까지나 기억을 억압해 둘 수는 없다. 이제는 장롱을 들어내고 곰팡이를 치울 때다. 아픔을 치유할 때다.

억제
억압은 무의식적으로 일어난다. 그러나 의도적으로 기억을 억누르기도 하는데 바로 억제inhibition다. 얼마 전 TV에서 귀신 보는 남자의 인터뷰를 봤다. 예능 프로였기 때문에 보는 동안은 무서운 줄 몰랐다. 그러나 다음 날 공포와 마주했다. 잠시 들른 상가 화장실에 정전이 된 것이다. 어두컴컴한 변기에 앉아 스마트폰으로 플래시를 켜는 순간 귀신 생각이 머릿속으로 침투했다. 잠시만 버티면 되었는데, 그 자리를 박차고 나가고 싶었다. 요의와 공포의 결투였다. 나는 스마트폰 앨범을 급히 열었다. 그리고 반려견의 코고는 동영상을 틀었다. 드르렁 쿨쿨, 고놈 참 귀엽네. 마음도 편해지고 방광도 편해졌다.

억제는 이런 것이다. 떠올리기 싫은 생각을 의도적으로 몰아내어 불안한 상황을 벗어나는 것. '귀신아, 네가 이기나 내가 이기나 겨뤄보자! 어디 한번 내 앞에 나타나 봐라!' 하면서 굳이 공포를 직면할 필요는 없다. 잠시 볼일만 보고 나가면 끝날 상황이니까. 우리 삶에는 시간이 흐르면 자연히 해결되는 일도 있다. 사소해서 그냥 넘어가도 될 문제도 있다. 그럴 때는 굳이 직면하기보다 그 상황에서 빠르게 벗어나는 것도 좋은 전략이 된다.

반동 형성

서머싯 몸의『달과 6펜스』는 그림에 미친 스트릭랜드에 대한 이야기다. 소설 속 스트릭랜드는 그림만 그리다 큰 병에 걸리고 마는데 그의 작품을 사랑한 친구 스트로브가 안타까운 마음에 그를 보살펴주기로 한다. 하지만 스트로브의 아내 블란치 때문에 그를 집으로 데려오기가 어려웠다. 스트릭랜드의 무례함에 치를 떨었던 블란치가 절대 그를 집에 들이지 말아달라고 애원했던 것이다. 그러나 스트로브의 바람이 더 간절했기에 그녀는 결국 백기를 들고 만다.

스트릭랜드가 건강을 되찾자 스트로브는 스트릭랜드를 집으로 보내려 한다. 그때 황당한 일이 벌어진다. 블란치가 그를 막아선 것이다. 만약 스트릭랜드를 내쫓으면 자신도 따라가겠다고 엄포를 놓는다. 그렇다. 블란치는 사랑에 빠지고 말았다. 그토록 끔찍이 여기던 사람에게 어떻게 한순간에 마음을 빼앗긴 걸까? 소설 속 화자는 이렇게 답한다.

"나는 블린치 스트로브가 스트릭랜드를 격렬하게 싫어했던 이유는 처음부터 자기도 모르게 성적으로 끌리는 데가 있었기 때문이 아닌가 하는 생각이 들었다. 그녀가 스트릭랜드를 싫어했던 것은 자신의 욕구를 만족시킬 수 있는 힘이 그에게 있음을 느꼈기 때문이 아닐까?"

블란치는 지루한 남편과 달리 거친 그에게 마음이 동요한다. 그러나 그 마음이 옳지 않다는 사실을 안다. 그녀는 그를 비난하고 혐오하는 방식으로 자신의 마음을 격렬히 부정해 보지만 결국 본능에 항복한다.

좋아하면 안 되는 사람이 눈에 들어올 때 단점을 찾는 경우는 흔하다. 이처럼 마음이 바라는 방향과 반대로 행동하는 것을 반동 형성reaction formation이라고 한다. 반동 형성은 너무 싫은 사람에게 지나친 친절을 베푸는 형태로 나타나기도 한다. 이를테면 부모에게 원망이 많은 아이가 반항하는 대신 더 바르게 자라기도 하는데 이는 부모를 싫어하는 마음과 그에 대한 죄책감이 갈등하다가 찾아낸 해결 방식이다. 부모도 사람이기에 완벽하지 않다. 사랑하고 존경하려 해도 미운 마음이 드는 순간도 있다. 그 두 가지 마음은 독립적인 것이다. 그러나 우리는 부모를 미워한다는 사실 자체를 받아들이기 어려워한다. 그래서 그 마음을 숨긴 채 억지로 더 잘하려 노력한다.

마음과 반대로 행동하는 일은 비일비재하다. 비겁한 모습을 숨기려고 강한 척하는 사람, 불행을 들키기 싫어 누구보다 행복한 척하는 사람, 사실은 슬픈데 괜찮다는 말로 마음을 숨기는 사람, 엉망인 상황에 웃어버리는 사람 등등. 이들은 모두 반동 형성을 습관적으로 하는 사람이다.

방어기제를 극복하려면 감정을 있는 그대로 인정해야 한다. 때론 윤리적으로 어긋나는 감정이라도 말이다. 이 말은 감정대로 행동하라는 것이 아니다. 오히려 본심을 숨기려 할수록 통제가 어려워지고 본능적으로 행동하게 된다. 다시 말해, 감정을 인정해야 행동까지 가는 것을 막을 수 있다. 감정은 실체를 들키면 꼬리를 내리기 때문이다.

전치

드라마 〈부부의 세계〉에서 태오는 아내 선우를 배신하고 다경과 재혼한 원초아 지배적 인간이다. 하루는 태오와 다경이 레스토랑에 갔다가 다른 남성과 함께 있는 선우를 마주친다. 식사 내내 그들을 의식하고 전 아내를 신경 쓰는 그가 다경은 고깝다. 태오와 다경이 돌아가는 길에 분위기는 좋을 리 없다. 여기에 설상가상으로 차 한 대가 그들을 추월해 화를 돋군다. 태오가 욕설을 퍼부으며 운전자를 죽이겠다고 난동을 부리자 인내심이 바닥난 다경이 그를 비난한다. 선우가 딴 남자 만나서 화난다고 솔직하게 말을 하라고. 직격탄을 맞은 태오는 할 말을 잃는다.

태오가 화내고 싶은 상대는 운전자가 아니었다. 선우, 그리고 그녀와 함께 있던 남성이었다. 하지만 자신에게는 화를 낼 명분도 자격도 없다는 걸 안다. 새로운 가족까지 꾸려놓고 전 아내에게 미련이 남는다는 사실 또한 인정하기 싫었을 것이다. 그러니 엉뚱한 곳으로 화가 터지고 만 것이다.

전치displacement라는 방어기제는 문제의 당사자가 아닌 대상에게 감정을 쏟아내는 것을 말한다. 배우자에게 화났는데 자녀에게 잔소리한다거나, 상사에게 깨지고 부하직원에게 한마디 하는 것, 친구와 싸우고 편의점 의자를 발로 차는 것. 우리나라 속담으로 치자면 '한강에서 뺨 맞고 종로에서 눈 흘긴다'가 전치다.

방어기제의 부끄러운 면은 남의 눈에 그 속이 빤히 보인다는 것이다. 자신은 감정을 숨겼다고 믿지만, 타인의 눈에는 뚜렷이 보인다. 태오는 몰랐지만 다경은 알았던 것처럼 말이다. 숨기려다 들킨 모습은 훨씬 더 추하다.

투사

웹드라마 〈술꾼 도시 여자들 2〉에서는 종이접기 유튜버 지구가 비행 청소년을 대상으로 강의하는 장면이 나온다. 무뚝뚝한 성격 탓에 친절한 설명이 따르진 않는다. 그러자 시은이라는 여학생이 똑바로 알려주라며 시비를 건다. 지구는 천천히 다가가 시은이 접던 종이를 보고 처음부터 잘못 접었다고 말한다. "망한 거지 뭐, 그니까 처음 접을 때 잘 보고 접었어야지. 종이는 한 번 접는 순간 끝이야. 그러니까 한 번 잘못 접은 종이는 그냥 망한 거야." 이 말을 들은 시은은 급발진한다. "씨발, 전과 있는 우리 보고 하는 소리네, 한 번 잘못한 너희들 인생은 답이 없다 뭐 그런 거잖아요."

그러자 지구가 말한다. "네가 좋이야? 네가 겨우 그까짓 종이 쪼가리냐고?"

시은의 마음속에는 자기혐오가 싹트고 있었다. 어린 나이에 범죄자로 낙인이 찍히고, 자신을 회복 불가능한 인간으로 보고 있었다. 그러니 지구의 말이 마치 자신을 향한 비난처럼 들렸을 것이다. 그러나 지구에게 종이는 그저 종이고, 시은은 그저 시은이었다.

자신의 죄책감이나 열등감, 분노와 같은 감정을 타인에게서 찾는 경우가 있는데, 이런 방어기제를 투사projection라고 한다. 상대에게서 문제를 찾지만, 그들이 보는 것은 자기 속마음이다. 소위 꼬였다고 하는 사람들은 투사에 능하다. 그들은 타인의 의도를 곡해하고 필요 이상으로 화나 있다.

"봉투에 넣어드릴까요?"라는 점원의 말에 도대체 왜 "그럼 손으로 들고 가요?" 하는 걸까. 통화 가능하냐는 인사말에, "가능하니까 전화 받았겠죠?"라는 대답은 최선인 걸까. "두 분이세요?"라는 직원의 확인에 "두 명인 것 안 보여요?" 하고 무안 주는 사람은 도무지 이해할 수가 없다. 심지어 "사랑합니다, 고객님!"이라고 했더니 네가 날 뭘 알고 사랑하느냐며 민원 넣는 사람도 있다고 한다.

투사하는 사람은 불만이 많다. 그들이 사는 세상은 악인으로 가득하다. 하지만 사람들은 생각보다 우리에게 관심이 없으며, 악의가 없고, 그러므로 굳이 나쁘게 대하지도 않는다. 유난히 꼴 보기 싫은 사람이 있다면, 내면의 색안경으로 그를 보고 있는 건 아닐지 생각해 보자. 상대는 내 진심을 비추는 거울이다.

합리화

폴에게는 오래된 연인 로제가 있다. 그런데 시몽이라는 젊고 신비로운 남자가 등장하면서 애정전선에 문제가 생긴다. 로제를 배신할 수 없어 괴롭던 폴은 시몽으로부터 음악회 데이트 신청을 받은 날 그럴싸한 이유를 찾기 시작한다. "내가 만나러 가는 것은 시몽이 아니라 음악이야. 오늘 오후에 가봐서 분위기가 나쁘지 않다면 어쩌면 매주 일요일마다 갈지도 모르지. 그건 혼자 사는 여자에게 좋은 소일거리야." 프랑수아즈 사강Francoise Sagan이 쓴 소설 『브람스를 좋아하세요…』에 나오는 이야기다. 이처럼 잘못한 행동이나 태도를 정당화하기 위해 합리적인 설명을 가져다 붙이는 것을 합리화rationalization라고 한다. 물론 이름과 달리 그다지 합리적이진 않지만 말이다.

자격증 시험에 떨어지고, 취업에 실패하고, 애인에게 차였을 때 우리는 생각한다. '어차피 나도 별로 바란 게 아니었어.' 원하는 결과를 얻지 못할 때 처음부터 원치 않았다며 간절함을 깎아내린다.

합리화는 자존심을 지키는 데 도움이 된다. 하지만 자존심만 지킬 뿐 개인의 성장을 방해한다. 개선해야 하는 점을 간과하게 만들고, 재도전할 기회를 놓치게 만든다. 아무리 그럴싸해도 포장은 포장이고, 핑계는 핑계일 뿐이다.

퇴행

어릴 적 내게는 괴상한 습관이 있었다. 엄지손가락을 빨며 자는 것이었다. 손가락을 빼면 불안해서 잠을 잘 수 없었고 그래서 내 엄지손가락은 늘 퉁퉁 불어 있었다.

대학생이 되고 삶의 어려움에 직면했다. 학점과 장학금, 취업과 인간관계에 대한 스트레스가 혼재하면서 몸과 마음이 무너졌다. 그러던 어느 날 자다 깼는데 엄지손가락이 입속에서 침에 불고 있었다. 나도 모르게 어린 시절 습관처럼 손을 빨고 있던 것이다. 그때 비로소 깨달았다. 아, 나 지금 많이 힘들구나, 어릴 때로 돌아가고 싶을 만큼.

극도의 스트레스나 좌절 상황에서 미성숙한 행동이 나타나는 경우가 있다. 이를 퇴행regression이라고 한다. 아무런 걱정 없던 어린 시절의 충족감을 느끼려는 시도다. 퇴행은 주로 동생이 생긴 어린아이에게 나타난다. 발음도 제법 정확하고 대소변도 잘 가리던 아이가 동생이 생긴 후로 기저귀를 차려 하고 혀 짧은 소리를 낸다. 맞지도 않는 아기 침대에 몸을 구겨 넣고 만족해한다. 갓난아이 하나 돌보기도 벅찬 양육자는 갑자기 아기가 둘이 생긴 기분에 지치기 일쑤다.

그러나 첫째의 입장을 헤아려보자. 아이에게 부모는 온 세계고 우주다. 나만 사랑하던 유일한 존재가 다른 사람을 사랑하는 일을 받아들이는 것, 그것이 바로 동생이 생기는 일이다. 동생이 생긴다는 것은 어른이 생각하는 것보다 충격적인 일이다. 마치 애인이 나보다 훨씬 젊고 사랑스러운 이성을 데리고 와 셋이 행복하게 지내자고 하는 것과 같다.

불안을 감당 못 하는 아이는 온전히 사랑받았던 그때로 돌아가고 싶다. 그래서 아기처럼 행동한다. 그러면 그때처럼, 지금 태어난 동생처럼 사랑받을 수 있지 않을까 싶어서. 아이의 행동이 이해가 안 되고 부모를 힘들게 한다고 혼내서는 안 된다. 불안을 보듬어주고 위로와 공감으로 다루어야 한다. 그래야 안정감을 찾고 동생을 맞이할 수 있다.

어린이다운 취미를 즐기는 성인을 키덜트kid+adult라고 부른다. 만화를 보고, 블록을 조립하고, 피규어를 모으며 다소 엉뚱해 보이는 시간을 보낸다. 단순한 향수 때문일까? 어쩌면 오늘의 삶이 너무 힘겨워서 그런 것은 아닐까. 모래 바닥에 철퍼덕 넘어져도 깔깔 웃을 수 있던 그때, 친구들과 다퉈도 다음 날이면 아무렇지 않게 장난치던 날들, 실수가 책임으로 이어지지 않던 시절로 돌아가고 싶은 마음의 외침은 아닐까. 내면의 어린아이가 누렸던 위로를 충분히 누리자. 그러나 머물지는 말자. 과거로 돌아가 충전한 후엔 씩씩한 어른으로 돌아오자.

이타주의

타인을 위해 행동하는 이타주의altruism가 때론 방어기제로 나타나기도 한다. 불안을 해결하기 위해 건설적인 봉사를 하는 것이다. 이타주의는 성숙한 방어기제로 꼽힌다. 바람직한 행동으로 불안을 잠재우기 때문이다.

대학 졸업 후 오랫동안 취업에 실패했다. 자존감이 바닥을 쳤고 나 자신이 세상에 살 가치가 없는 존재처럼 느껴졌다. 그러다 문득 내가 할 수 있는 일이 없을까 고민하게 되었고 커피 한 잔 값을 아껴 기부해 보았다. 그러자 이상하게도 마음이 포근해졌다. 세상에 기여하고 있다는 느낌을 받았기 때문이다. 이타주의는 희생과 헌신, 사랑으로 대리만족을 얻게 한다.

그러나 이타주의가 문제가 되는 경우도 있다. 나의 갈망보다 희생이 앞설 때, 인생의 목적이 타인이 되어버릴 때 그렇다. 드라마 〈그녀는 예뻤다〉에서 인형처럼 예뻤던 혜진은 악성 곱슬머리와 홍조 때문에 역변하고, 자신을 숨기기 위해 친구 하리를 첫사랑 성준과 만나게 한다. 성준은 혜진을 좋아하고, 하리는 성준을 좋아하고, 혜진의 잘못된 판단으로 세 사람의 관계는 꼬이고 만

다. 모든 드라마에는 명대사가 있기 마련인데 이 드라마에서는 망
혼대사가 있다. 바로 "하리가 널 좋아해"다. 이 말은 성준이 혜진에
게 고백하던 순간 혜진의 입에서 튀어나온 말이다.

혜진의 마음속에서는 원초아적인 마음, 그러니까 성준과 함
께하고 싶은 마음과 친구가 좋아하는 사람과 행복해져선 안 된다
는 초자아적 마음이 갈등한다. 혜진의 자아는 방어기제를 선택한
다. 친구를 위해 희생하고, 행복한 친구를 보며 만족을 느끼려는
전략이다. 그러나 정말 그 모습을 보며 행복할 수 있을까?

타인을 위해 마음을 누르는 건 진정한 행복이 될 수 없다. 타
인의 행복을 보는 것이 내가 경험하는 행복만큼 클 수 없기 때문
이다. 나를 갈아 타인을 위하는 건 건강한 삶이 아니다. 불안을 해
소하기 위한 수단일 뿐이다. 그리고 그 수단이 다시 나를 힘겹게
하니 결국은 플러스마이너스 제로다.

헌신이 습관이 되면 만족감은 떨어진다. 저울질이 시작되고
억울함에 무게가 실린다. '나는 이만큼 희생하는데 걔는 왜 받기만
할까? 내가 해주듯이 알아서 해주면 안 되나?' 돌아오지 않는 보
상에 괴로움이 커진다. 결국은 상대와의 관계도 나빠지고 자신의
마음을 지키지도 못한다. 나를 위해 살지 못하는 사람은 남을 위
해서도 살 수 없다. 무엇보다 중요한 것은 나 자신이다.

승화

글 쓰는 행위는 누구에게도 피해 주지 않으면서 의미 있는 결과물을 만들어내는 생산적인 활동이다. 부정적 욕구가 있을 때, 글쓰기와 같이 사회적으로 바람직한 행동으로 돌려 풀 수 있다면 이보다 더 좋을 수 없을 것이다. 이런 방어기제를 승화sublimation라고 한다. 공격성이 높은 사람은 에너지 넘치는 스포츠로 감정을 발산하고, 우울한 사람은 그림이나 음악을 통해 감정을 풀어낸다. 춤을 통해 내면의 욕구를 다루는 사람도 있다.

승화는 이타주의와 마찬가지로 성숙한 방어기제 중 하나로 꼽힌다. 그러나 방어기제 중 성숙할 뿐이지, 장려할 만큼 바람직한 행동은 아니다. 어떤 사람은 이렇게 말하기도 한다. 우울을 그림으로 표현한 빈센트 반 고흐 같은 인물을 떠올려 보자고, 예술로의 승화는 좋은 것 아니냐고. 물론 좋다. 누구에게? 그림을 보는 우리에게. 그림을 그린 고흐는 결국에 웃었을까? 그가 과연 오래오래 행복하게 살았는지 생각해 보자.

사기꾼에게 당해 큰돈을 잃고 끓어오르는 화를 참기 위해 샌드백을 두드렸더니 치밀어 오르는 화가 주춤했다. 며칠 후 사기꾼의 행복한 모습이 SNS에 올라왔을 때 우리는 그를 용서할 수 있을까? 이별의 슬픔을 글로 쏟아냈다고 해보자. 종이를 감정 쓰레기통 삼아 상대를 욕했다가 그리워했다가 비난했다가 아쉬워했다

잠이 들었다. 이제 상대는 기억에서 잊힐까? 어떠한 행동이든, 선하고 바람직한 행동이라 한들 본질적인 문제가 그대로 남는다면 해결책이 아니다.

해결을 위한 활동과 방어기제의 차이는 여기서 확인된다. 승화는 감정을 다른 형태로 덮어놓는 것일 뿐 문제에 직면하지 않는다. 비겁하게 털어 낸 감정은 하루만 지나도 원상 복귀된다. 글을 쓰든, 그림을 그리든, 춤을 추든 왜 하는지 모른 채 기분만 풀어버린다면 말이다. 이건 친구와 백번 수다를 떨며 감정을 풀어도 혼자되면 다시 우울해지는 것과 같다. 나의 감정을 똑바로 들여다봐야 한다. 다음에 같은 일이 일어난다면 어떻게 대처할지 고민해봐야 한다. 그런 과정이 있어야 방어기제가 아닌 성숙한 도전이 된다.

수술이 필요한 환자가 고통을 잠재우려 진통제를 먹어봤자 약 기운이 떨어지면 통증은 다시 시작될 것이다. 결국은 수술을 해야 해결된다. 근본적인 해결 없이는 반복되는 고통에서 벗어날 수 없다. 마음의 문제도 마찬가지다. 방어기제는 임시방편이다. 성숙한 방식도 있고 미숙한 방식도 있으나 효과는 모두 일시적이다. 시간을 벌기 위해, 해결할 힘을 얻기 위해 잠시 견디는 과정일 뿐이다. 본질을 보지 않고 당장의 불안만 얼렁뚱땅 다루려고 한다면 고통의 고리는 영원히 끊기지 않을 것이다.

누구에게나 방어기제가 최선인 시절이 있었다. 그러나 나도 당신도 성장 가능성을 가지고 태어났으며 그 가능성에 따라 지금에 다다랐다. 이제 우리는 달라졌다. 키가 큰 만큼 마음도 자랐다. 이제 보호막을 걷어내고 한 걸음 나아가 보자. 초등학생 땐 운동장이 참 넓어 보였는데, 지금에서 보면 왜 이리 작아 보이는지 모른다. 마찬가지로 세상은 막상 해보면 별것 아닌 일들로 가득하다.

당당과 무례 사이

: 비합리적 신념

내 나이 열다섯 때, 친구가 쇼트커트로 머리 스타일을 바꾸고 왔다. 그 모습이 어찌나 세련돼 보이던지 따라 하고 싶어 미용실에 달려갔다. 친구의 머리 스타일을 설명하고 가위질당하기를 한참. 그러나 결과는 예상을 빗나갔다. 완성된 머리 스타일은 층 하나 없는 똑단발이었다. 더 잘라달라고, 내가 원하는 건 이게 아니라고 말해야 했다. 하지만 할 수 없었다. 잘 어울린다는 미용사의 말에 마음에 드는 척 미소를 짓고 나왔다. 엘리베이터에서 머리를 봤다. 아무리 봐도 드라마 〈육 남매〉의 한 장면 같았다. 눈물이 솟았다. 집에 와서 거울을 보고 또 울었다. 한숨으로 밤을 지새고는 아침에 머리를 감다가 또 울었다.

하나도 괜찮지 않은데 괜찮다고 말할 때가 있다. 내 의견을 말하는 것은 왜 이리 어려울까?

합리적 정서 행동치료REBT, Rational Emotive Behavior Therapy를 제창한 앨버트 엘리스Albert Ellis는 비합리적 신념irrational belief이 사람들을 부적응적으로 행동하게 만든다고 한다. 자신의 의견을 당당히 요구하지 못하는 사람에게도 비합리적 신념이 존재한다. 먼저 자신에 대한 당위적 요구self-demandingness다. 자신에 대한 당위적 요구는 '나는 이래야 한다'고 믿는 지나친 요구다. '나는 사랑받아야 한다, 인정받아야 한다, 모든 일을 잘 해내야 한다, 그렇지 않으면 내 가치는 추락한다.' 이런 신념은 눈치 보게 만든다. 당당한 요구가 사랑받는 일을 방해한다 생각하니 목소리는 점점 작아진다.

"이 머리는 제가 원한 머리가 아닌데요." 어린 학생이 반박했을 때 어떤 미용사는 '쥐콩만 한 게 대충 만족하지!' 하고 불편한 반응을 보일 수도 있다. 그러나 그럼 어떤가. 미용사에게까지 사랑을 받아서 뭘 하겠단 말인가. 집에 가서 며칠 밤을 울며 육 남매로 지내는 것보다는 낫다. 예수도 안티가 7천만 명이라는 이 세상에서 모두에게 사랑받겠다는 신념은 얼마나 비현실적인가. 비현실을 현실화하기엔 희생해야 할 일이 너무 무겁다.

또 다른 신념으로는 파국화awfulizing가 있다. 파국화란 아주 사소한 일에도 생각이 꼬리에 꼬리를 물어 극단적인 결론에 도달하는 것을 말한다. 쇼핑몰 배송 지연 상황에 독촉 문의 글이 올라온 적이 있는데, 웃음거리로 화제가 되었다. 내용은 이러했다.

'옷이 오지 않은 지 3일째…. 나는 입을 게 없고… 입을 게 없으면 어제 입은 거 또 입어야 하고…. 그럼 나는 못난이가 되고… 그럼 학교 다니기 싫고… 학교 안 나가면 직장 늦게 구하고… 직장 늦게 구하면 결혼 늦게 하고… 결혼 늦게 하면 애 늦게 낳고… 애 늦게 낳으면 세대 차이 나고… 내가 죽을 때 아이는 10대고… 아기는 비참해지고… 아기는 돈이 없고… 돈이 없어서 옷을 못 사고… 아기 인생은 나처럼 반복되고….'

고작 옷이 사흘 늦게 도착했을 뿐인데 아직 태어나지도 않은 아이의 인생까지 불행해졌다. 물론 장난스러운 시도였겠지만, 이런 사고 회로를 가진 사람은 생각보다 많다. 상대에게 당당하게 내 생각을 말했다가 그 사람이 불쾌해한다면 미움받을 것이고, 비난의 화살이 돌아올 것이고, 관계가 틀어질 것이고, 그 사람이 지인들에게 나를 험담해 혐오의 대상이 될 것이고, 다시는 사람들과 만날 기회가 찾아오지 않을 것이고, 세상에 혼자 남을 것이라는 극단적 결론에 도달하는 것이다. 그러니 할 수 있는 거라고는 침묵뿐이다. 그러나 침묵이 우리에게 가져다주는 결과는 어떠한가.

얼마 전 사천에 강의를 나가게 되었는데, 운전해 주기로 한 친구가 코로나19로 격리되었다. KTX 막차와 강의 마치는 시간은 아슬아슬했고 먼 곳까지 혼자 갈 방법이 도저히 없었다. 사흘을 밤낮으로 머리 싸맨 결과 내가 할 수 있는 일은 담당자에게 현재 상황을 말하는 것뿐이었다. 귀한 자리에 초대해 주었는데 시간이 어떻니, 거리가 어떻니, 따지는 모습이 까다로워 보일까 걱정했다. 그러나 담당자는 너무나도 다정하게 강의 시간을 조정해 주고, 강의 도중 미리 택시를 준비해서 늦지 않게 KTX를 탈 수 있게 도와주었다.

나의 행동이 상대를 불쾌하게 만든다고 믿으면 당당할 수 없다. 하지만 현실은 지레 겁먹었던 상상과 다르다. 의견을 내거나 도움을 요청하는 것이 생각처럼 상대를 분노하게 만들지 않는다. 대부분은 'YES' 하고 기꺼이 도와준다.

그러나 당당함이라는 건 어느 수준까지 허용될까? 경험이 쌓이며 바라는 바를 말할 수 있게 된 나는 '당당하게 요구하자'라는 주제로 강단에 서게 되었다. 그러나 내가 만나게 된 것은 엄청난 반발이었다. '왜 심리학자들은 자꾸 당당해지라고 하는 것이냐, 그러니까 사람들이 자꾸 제멋대로 행동하는 것 아니냐', '사회 질서가 엉망이 되는 것은 이런 태도를 부추기는 심리학자 때문이다!'

요즘 '일부' 젊은이들의 당당함이 문제가 된다고 한다. 그 당당함은 사실 당당함으로 포장된 무례함이다. 일례로 한 신입사원이 근무시간에 화장실에 간다며 한 시간 동안 자리를 비웠다. 상사가 이 부분을 지적하자 사생활이니 참견하지 말라는 답변이 돌아왔단다. 이런 사람이 존재하는 사회를 견뎌내는 이들에게 당당하란 메시지는 볼썽사나웠을 것이다. 나는 현실을 보게 되었다. 세상에 나처럼 눈치 보는 바보들만 있다고 착각했는데, 저 편에는 나와는 정반대인 무리가 살아가고 있던 것이다.

어디서부터 어디까지 요구할 수 있는 걸까? 자신의 기준에서 바라보면 참 어렵다. 이 정도는 쩨쩨하고, 저 정도는 무리한 부탁 같다. 때로는 이 정도는 당연히 요구할 수 있는 것 아닌가 싶기도 하다. 자신의 문제는 감정이 섞이므로 객관적으로 보기가 힘들다. 이땐 내 문제가 아니라고 생각하고 한걸음 떨어져서 바라보자. 만약 아끼는 친구의 일이라면 나는 어떤 조언을 해줄 것인가?

자신을 솔직하고 당당한 멋진 사람이라고 소개하는 사람 중 대다수는 무례한 사람이었다. 그들의 당당함에 누군가는 다쳤던 것이다. 무례함과 당당함은 자신과 상대를 동시에 배려하느냐 아니냐에 따라 결정된다고 믿는다. 그러니까 '나 당당해'라고 말하는 사람보다 당당해도 될지 고민하는 사람이 낫다. 그러면서도 너무

나에게 엄격한 건 아닐까, 하는 고민하는 것도 필요하다.

결국 사람의 마음에서 가장 중요한 것은 중간을 찾는 일이다. 뭐든 지나치면 안 하느니만 못하다. 너무 당당한 것도 너무 움츠리는 것도 답이 아니다. 양극단에 있는 사람이 중앙을 향해 나아갈 때 사회는 좀 더 상식적이고 이해되는 모습에 가까워질 것이다.

따라 하다 사라지다

: 카멜레온 효과

드라마 〈미스터 션샤인〉이 유행할 때 우리 부부는 드라마의 세계관에서 헤어 나오질 못해 너무나도 자연스럽게 이런 식으로 대화했다.

"식사는 하셨소?"

"나는 식전이오."

"그렇소? 그럼 합시다, 식사."

드라마나 영화에 푹 빠지면 등장인물처럼 행동하게 된다. 사극에 빠지면 사극 톤으로 말하고, 군대 에피소드를 보고 나면 '다나까'체를 사용한다.

옆 사람이 발을 떼고 앞으로 나가면, 아무렇지 않게 횡단보도를 따라 건넌다. 그러다 경적 소리에 앞을 보면 신호등은 여전히 빨간불이다. 우리는 의도치 않게 누군가의 행동을 따라 하는데 이를 모방 행동imitation behavior이라고 한다. 대화 중이던 친구가 주머니에서 휴대전화를 꺼내면 내 손도 무의식적으로 휴대전화를 잡는다. 앞사람이 몸을 기울이면 나도 모르게 몸을 앞으로 기울인다. 하품하는 옆 사람을 보기만 해도 콧잔등이 찡해지고 이내 입이 벌어지는 나를 발견한다. 모방 행동은 의식할 틈도 없이 자동으로 자연스럽게 일어난다.

사회적 동물은 무리에 속하기 위해 내가 무리의 일원이라는 사실을 증명하고 싶어 한다. 같은 모습, 같은 소리, 같은 행동으로 튀지 않으려 한다. 이것이 모방 행동의 목적이다. 사회적 동물인 인간은 곁에 있는 사람의 표정과 자세, 말투, 심지어 목소리까지 따라 하며 '우리는 하나'라는 느낌을 주려고 한다. 카멜레온이 환경에 맞춰 피부색을 바꾸는 것처럼 처한 상황에 따라 태세를 전환하며 함께 가려는 심리적 경향이라서 카멜레온 효과chameleon effect[3]라 부르기도 한다.

우는 아기를 이해하는 간단한 방법이 있다. 아이가 우는 표정을 따라 해보면 된다. 같은 표정을 지으면 배고파서인지 배 아파서인지 추워서인지 짜증 나서인지 느껴진다고 한다. 과학적 근거가 있는 이야기는 아니다. 그러나 표정에는 짝 지어진 감정 근육의 쓰임새가 있으니 어쩌면 일리 있는 말일지도 모르겠다.

모방은 행위에서 멈추지 않고 기분까지 변화시킨다. 슬픈 영화를 보다 보면 자연스럽게 주인공의 표정을 따라 하며 감정선도 따라간다. 해맑은 아기를 보고 있으면 나도 모르게 같은 표정을 짓고, 순수한 행복감에 젖어 든다. 이것이 바로 정서의 전염 emotional contagion 효과다. 정서의 전염은 공감의 주범이다. 상대를 모방하며 동질감이 생기고, 상대의 마음이 자연히 헤아려진다.

보통은 행동을 따라 하다 정서가 전염되지만 때로는 정서가 먼저 전염되어 행동이 닮아가기도 한다. 억울하게 당한 사람의 이야기를 듣고 있노라면 분노가 전염되고, 처음 보는 사람을 위해 청원하고, 탄원서를 쓰고, 기부한다. 마치 내가 당한 사람처럼 행동하고 싶어진다. 무엇이 우리를 이토록 닮아가게 할까?

이탈리아 파르마 대학의 리졸라티 Rizzolatti 연구팀은 원숭이의 행동을 관찰하기 위해 전두엽에 전극을 심었다. 원숭이가 움직이면 운동에 관여하는 뇌 영역이 활성화되고 버저가 울리도록 설계되어 있었다. 하루는 연구진 중 한 명이 아이스크림을 들고 연구실에 들어갔다. 그 순간 버저가 울렸다. 원숭이는 아무런 움직임도 보이지 않았다. 그러나 원숭이의 뇌는 움직일 때와 같이 반응했다. 원숭이는 마음으로 아이스크림을 먹고 있던 것이다. 이 놀라운 발견으로 인류는 거울 뉴런mirror neurons의 존재를 알게 되었다.

　방금 글을 쓰며 자료를 넘기다 종이에 손가락 피부를 깊게 베였다. 피부를 꾹 누르니 피가 일자로 맺힌다. 이 문장을 읽고 얼굴을 찡그렸는가? 그럼 당신의 거울 뉴런이 활동한 것이다. 거울 뉴런이란 다른 사람의 행동을 관찰하기만 해도 자신이 그 경험을 하는 것처럼 느끼게 만드는 뉴런이다. 거울 뉴런은 상대의 통증을 상상만 해도 마치 내가 느끼는 것처럼 착각하게 만든다(사실 손가락이 베인 건 거짓말이다!).

　감정을 토로하면서 기분을 푸는 사람이 있다. 그런 사람과 함께하면 진이 빠진다. 부정적 감정이 전염되기 때문이다. 만날 때마다 부정적인 이야기를 꺼내는 사람에게 그만하라고 하면 그들은 되려 서운해한다. 들어주는 게 뭐 그리 어렵냐고 원망 섞인 말을 토한다. 그런데 그냥 들어주는 게 아니다. 감정은 다시 말하지만 전염된다. 상대가 쏟은 감정은 증발하여 사라지지 않고 듣는 사람에게로 옮겨간다. 자신이 기분이 좋아졌다면, 상대가 그만큼 나빠졌다는 사실을 잊지 않아야 한다. 누군가의 아픔을 들어주는 것은 그의 아픔을 대신 짊어지는 것과 같다.

　그럼에도 우리에게 모방 행동이 나타나는 이유는 분명한 이점이 있기 때문이다. 어린 시절 집에서 엄마의 구두를 신고 자주 돌아다녔다. 그 구두만 신으면 턱이 들리고 눈썹이 들썩이며 당돌

한 표정이 지어졌다. 진짜 어른이 된 것만 같았다. 나에게 엄마는 누구보다 멋진 여성이었고, 그 모습을 따라 하는 나도 멋진 여성이 된 기분이었으니까. 모방은 이처럼 친애하는 누군가를 닮아가며 자존감을 높여준다.

모방 행동이 청소년기에 유난히 도드라지는 이유도 이 때문이다. 두발 자유화가 된 줄도 모르고 염색한 학생들 모습에 놀란 적이 있다. 청소년의 권리를 존중한 세상의 변화였다. 그러나 그토록 자유를 원하던 아이들은 아이러니하게도 비슷한 모습을 하고 있다. 개성을 존중해 달라는 주장이 무색하게 그들의 모습은 획일적이다. 바로 유행 때문이다. 유명인의 겉모습을 흉내 내는 것은 선망하는 대상을 따라 하며 자존감을 세우려는 시도다.

그러나 주체성을 잃은 모방 행동은 방어기제가 될 수 있다. 북한에 김정은 국무위원장은 김일성의 후광을 얻기 위해 할아버지와 닮게 성형했다고 한다. 이상적인 상대를 따라 하며 불안을 잠재우려는 방어기제가 나온 것이다. 세습적 독재 체제가 언제 무너질지 모르니 얼마나 큰 불안과 공포감에 시달렸을까. 절대적 권력을 가졌던 할아버지를 겉으로나마 닮아가면서 마음을 달래려고 했을 것이다. 이처럼 존경하는 인물의 힘을 내면화하고 싶어 무의식적으로 모방하는 것을 동일시indentification라고 부른다.

방어기제의 특징은 자신의 불안을 인정하지 않는다는 것이다. 연약함을 인정하고 상대의 강점을 내면화해야 하는데, 겉모습만 흉내 내기 급급하니 임시방편 그 이상도 이하도 아니게 된다. 당당한 척하지만 마치 콩알만 한 치와와가 왕왕거리는 꼴과 같다. 누구 눈에도 맹견과는 확연히 다르게 보이는 것이다.

당신은 누구를 따라 하는가? 그것은 당신을 함께하게 만드는 수단도, 당신을 잃게 만드는 수단도 될 수 있다. 중요한 것은 자신이 바라는 것이 무언인지를 아는 것이다.

일요일보다 행복한 날은

: 행복의 요일

일주일 중 가장 행복한 요일은 언제일까? 당연히 일하지 않는 날일 것이다. 토요일, 혹은 일요일? 진실은 생각만큼 뻔하지 않다.

사람들은 그날의 기분에 맞는 단어를 사용한다. SNS에 감정을 내뱉기도 한다. 화가 날 때는 욕을 쓰고 기분이 좋으면 쾌재를 부르며 말이다. 한 사회 심리학자는 가장 행복한 요일을 확인하기 위해 요일에 따라 어떤 정서 단어를 더 많이 사용하는지를 살펴보았다. 페이스북 이용자들이 사용한 정서 단어의 빈도를 분석해 본 것이다. 긍정적인 단어는 플러스, 부정적인 단어는 마이너스 값으로 환산해 그래프를 그렸더니 재미있는 패턴이 나타났다.

"오늘 시간 진짜 안 가지 않아요?" 동료가 이 말을 건넨 시각은 월요일 오전 8시 40분이었다는 우스갯소리가 있다. 월요일은 누구에게나 힘든 날이다. 당연히 마이너스. 출근하는 순간부터 사람들은 자신의 계정에 짜증을 토로하기 시작했을 것이다. 화요일, 수요일로 갈수록 마이너스 값은 더 커졌다. 목요일이 되자 값은 간신히 0에 가까워졌다. 이도 저도 아닌 상태에 빠진 것이다. 그리고 드디어 금요일, 점수가 치솟기 시작했다.

내가 하고 싶은 말은 지금부터가 시작이다. 우리는 토요일과 일요일을 기대한다. 출근도 안 하는 휴일 그 자체니까. 그러니 토요일과 일요일의 점수가 가장 높아야 하지 않을까? 하지만 토요일의 점수는 금요일보다 낮았고, 일요일의 점수는 토요일보다 낮았다. 돌이켜보면 정말 그랬다. 금요일에는 항상 기분이 들떴다. '와! 이제 곧 주말이다!' 하는 마음에 내내 흥얼거렸고 미운 상사에게도 관대해졌다. 하지만 막상 주말이 되면 특별할 게 없었다. 심지어 종일 나라 잃은 표정으로 월요일을 두려워하는 날도 있었다.

초등학교 시절이 떠오른다. 소풍 전날은 늘 설렜다. 잠 한숨 자지 못하고 비가 올까 봐 몇 번이고 창밖을 확인했다. 어쩌다 선잠에라도 들면 어김없이 소풍 가는 꿈을 꾸었다. 그렇게 기대한 소풍이었지만 막상 그렇게 즐거웠는지는 모르겠다. 차멀미로 고생했고, 땀에 절어 불쾌했고, 유적지 답사는 다리만 아팠다. 지금에 와서 생각해 보니 기억에 남는 건 소풍 그 자체가 아니었다. 소풍을 기다리는 순간이었다. 그러니까 행복은 이런 것이다. 어떤 사건이 아니라 그 사건을 기다리는 과정.

　우리는 행복을 오롯이 누리지 못하는 존재다. 행복이 언제 끝날지 몰라 초조하기 때문이다. 하지만 행복을 앞둔 순간엔 행복해진다. 행복이 곧 찾아올 거라 믿기 때문이다. 오늘이 무슨 요일이든 금요일 같은 하루를 보내면 어떨까? 그러니까, 어떤 일이 곧 일어날 거란 기대를 품으며 말이다. 막상 그 일이 일어날지 아닐지, 그 일이 찬란할지 아닐지 알 수 없다. 하지만 뭐 어떤가, 어차피 지금도 즐거울지 아닐지 모르는 주말을 기다리고 있는데.

　지금 행복하지 않다는 것은, 앞으로 행복할 일만 남았다는 것과 같은 말 아닐까? 불행한 하루를 살아내고 있다면 내일은 다를 것이라고 기대해 보자. 그럼 내일이 아닌 내일을 기다리는 오늘이 행복해질 테니까.

(02)

틀린 게 아니에요
다른 거예요

MBTI가 뭐 어때서?

: 성격 유형 검사

작은 수술을 앞두고 있었다. 수술 장면을 떠올리자 나도 모르게 "으악! 병원 가기 싫어!" 괴성이 나왔다. 남편은 바들바들 떠는 나를 보며 휴가를 내고 같이 가주겠다고 했다. 내가 대답했다. "당신이 간다고 안 아픈 건 아냐." 남편도 대답했다. "그건 그래." 5초 정도 정적이 흐른 뒤 우리는 웃음을 터트렸다. 이거 사랑하는 사람이 하는 대화 맞아? 우리 너무 쿨하잖아.

감정보다 논리를 중요하게 생각하는 우리는 요즘 유행하는 MBTI로 따지면 T형(원리원칙이 중요하고 이성적이며, 목표 달성이 관계보다 앞선 유형) 인간이다. 어떤 선택에도 효율이 먼저다. 어차피 아픈 날 휴가를 써서 하루를 날리느니, 고생은 혼자 몰아 하고 다른 날 즐겁게 노는 게 가치 있다고 판단한다. 누군가의 눈에는 비인간적이겠지만 우리는 편하다. 한정된 자원을 필요한 데 오롯이 집중할 수 있기 때문이다. MBTI가 유행하면서 우리는 특이한 듯 잘 맞는 성향을 인정하며 서로를 훨씬 잘 이해하게 되었다.

MBTI_{Myers-Briggs Type Indicator}, 네 글자는 심리학자의 '발작 버튼' 중 하나다. 대학에서는 학문적으로 MBTI에 접근하지 않기 때문이다. 그렇다고 MBTI가 정말 나쁜 도구일까? 이렇게 배척하기엔 너무 아깝다. 심지어 수많은 대학의 상담실에서는 MBTI를 실시하고 있다.

MBTI는 캐서린 브릭스_{Katharine Briggs}와 그의 딸 마이어스_{Briggs Myers}가 함께 개발한 비진단성 성격 유형 검사 도구다(비진단이라는 것은 성격장애와 같은 심리적 문제를 판단하지 않는다는 뜻이다). MBTI가 착안한 이론은 정신분석학자이자 심리학자인 칼 융_{Carl Gustav Jung}의 심리 유형 이론_{psychology type theory}이다. 물론 과학적으로 증명 가능한 아이디어는 아니다. 그러나 지금의 심리학이 존재하도록 만들어준 고전 중 하나임은 분명하다. 고전이 없이는 현대도 없다. 검증 불가능하다고 하여 무조건 틀렸다고 규정할 수도 없다. 경험적으로 자신을 이해하고 공감하는 데 효과성이 있다면, 수많은 표본에 의해 통계적 자료가 쌓인다면 '인간의 마음을 이해하는 학문'으로 제법 의미가 있다고 볼 수 있지 않을까?

MBTI를 미워하다가 마음을 돌리게 된 계기는 단순했다. 인터넷에 돌아다니던 소위 '짤' 때문이었다. 〈무한도전〉 댄스 스포츠 편에서 긴 여정을 달려온 멤버들은 눈물과 콧물을 터뜨렸다. 그런데 그 가운데서 눈물은커녕 침 한 방울 흘리지 않는 멤버가 있었으니, 바로 박명수였다. 그 장면에는 이런 제목이 붙어 있었다. 〈F 사이에서 곤란해하는 T〉 T형의 박명수는 피도 눈물도 없는 냉혈한이 아니라, 감정보다 이성이 앞선 웃음 소재의 인간이 되어 있었다.

T형으로 살면서 나는 여러 번 자신을 원망해 봤다. 예쁜 포장지로 포장한 선물과 손편지를 수줍게 전해주던 친구에게 실용적인 물건만 툭 던져주거나 돈을 주는 내가 인간미 없게 느껴졌다. 나는 좋은 사람이 아닌 것 같았고, 나답지 않은 모습으로 살아야겠다는 강박에 사로잡혔다. 그렇다고 감정이 샘솟는 건 아니었다. 마음에도 없는 다정함은 뚝딱거리는 나를 만들 뿐이었다.

MBTI가 유행하면서 반대되는 성향의 특징을 농담처럼 이야기하는 세상이 왔다. 쭈뼛거리는 사람은 더 이상 찌질이가 아니라 'E(외향형) 사이에 낀 I(내향형)'이다. 비현실적 상상에 빠진 사람은 엉뚱한 사람이 아니라 'S(감각형) 사이에 낀 N(직관형)'이다. 룰루랄라 생각 없이 사는 친구는 무뇌형 인간이 아니라 'J(판단형) 사이에

낀 P(인식형)'이다. 나처럼 정성보다 실속을 따지는 족속들은 더 이상 악랄한 사람이 아니라 그냥 'F 사이에 낀 T'다.

사람들은 정반대인 사람의 존재를 인식하기 시작했다. 그리고 다름을 받아들이기 시작했다. '나는 누구인가'라는 질문에 한마디 정의도 내리지 못하던 사람들이 자신과 타인을 이해하고 다름을 인정하기 시작했다.

MBTI는 틀림이 아닌 다름을 이해하는 세상을 만들었다. 그 사실 하나만으로도 사랑스러운 도구다. 물론 몇 가지 주의사항을 지켜야 한다. 먼저 자신의 단점을 정당화하기 위해 사용해서는 안 된다. '나는 T형이니까 냉정하게 상처 줘도 이해해.', '나는 P형이라 약속을 못 지켜.' 이런 태도는 함께 어울려 살 기회와 나은 사람이 될 기회를 놓치게 만든다.

또한 지나친 과몰입은 금지다. MBTI는 방향성을 강조한다. 그렇다 보니 MBTI에 과몰입하면 자신의 모습을 극단적으로 그리게 된다. E형이라고 해서 일부러 더 크게 목소리를 낸다든지, N형이라고 해서 지독한 헛소리를 내던지는 것처럼 말이다. 그런 모습은 특별함보다는 기이함에 가깝다. 지나친 아웃라이어는 눈살을 찌푸리게 할 뿐이다.

세상에 극단적인 인간은 많지 않다. 우리는 대부분 보통의 사람이고 두 가지 방향을 모두 가진 존재다. 이를테면 외향적이면서 내향적이거나 내향적이면서 외향적인 것처럼 말이다.

사람을 판단하는 도구로 사용하지 않도록 주의하는 것도 필요하다. 예전에 한 기관에서 면접을 본 적이 있다. 인사 담당자가 인성 검사라고 가지고 온 종이는 MBTI 검사지였다. 나의 검사 결과를 본 대표는 여러 번 고민했다. 내 성격 유형이 무난하지 않아서 잘하면 정말 잘할 것 같지만 못하면 최악일 것 같다고 말했다 (세상에, 면전에다 대고 그런 말을 하다니, 그땐 너무 어려서 그 말이 무례한지도 몰랐다. 세상의 모든 INTJ여 일어나라). 결국 그 기관은 나와 세 차례 면접을 더 본 후 서울대 출신 면접자를 선발했다. 이때가 벌써 10여 년 전이니, 지금은 얼마나 많은 곳에서 비진단 도구로 사람을 평가하고 있을지 생각만 해도 아찔하다.

심리학은 과학적 방법, 통계가 중요하다. 학자라는 정체성을 가진다면 말이다. 하지만 대중에게 심리학을 전하면서 그보다 중요한 것이 있다는 사실을 깨달았다. 그건 쓸모 있느냐 하는 것이다. 아무리 거창한 이론도 비전공자가 이해할 수 없다면 무슨 의미가 있을까? 심리학의 목적은 학문의 발전이 아닌 마음의 이해인데… 이해에 도움이 된다면 그것으로 충분히 인정해야 하지 않을까?

MBTI는 성격 검사의 막바지가 아니다. 시발점일 뿐이다. 마음에 대한 무지에서 유식으로 건너가는 징검다리의 첫 번째 돌이다. 세상에는 수많은 심리 검사 도구가 있고, 어느 날 또 다른 도구가 유행처럼 떠오를 것이다. 그때까지 우리는 MBTI 대유행을 가볍게 즐기며 미움과 원망을 이해와 사랑으로 바꾸는 데에만 쓸모 있게 활용하자.

그대의 눈으로 세상을 보면

: 조망 수용 능력

대화를 통해 기분을 푸는 날이 있다. 하지만 어떤 대화는 나눌수록 상처가 되고, 답답한 기분만 남긴다. 어떤 방식의 대화가 우리를 불편하게 만들까?

자주 사용하는 손의 검지를 펴고 앞머리를 잘 정리한 후 내 앞에 누군가 있다고 상상하며, 이마에 알파벳 대문자 E를 써보자. 그리고 어떤 방향으로 썼는지 기억해 보자. 이는 간단하게 조망 수용perspective taking 능력을 테스트하는 방법이다.[4] 조망 수용 능력이란 자신의 관점과 타인의 관점이 독립적이라는 사실을 인지하고, 상대방의 관점으로 세상을 이해하는 능력이다. 조망 수용 능력이 높을수록 타인의 입장으로 세상을 바라보는 데 능숙해진다.

조망 수용 능력은 아동기부터 발달하므로 5세 이전 아이들은 자기중심적이다. 여기서 자기중심적이란 말은 이기적이라는 말과는 다르다. 타인의 입장을 수용할 능력이 없다는 것이지 자기의 이익을 추구하는 것은 아니기 때문이다. 이를테면 이 시기에 아이들은 마주 앉아 있는 친구에게는 내가 들고 있는 인형의 뒷모습이 보인다는 것을 인지하지 못한다. 내가 인형의 얼굴을 보듯 친구에게도 얼굴이 보인다고 믿는다. 나의 관점이 타인의 관점과 다르다는 걸 이해할 수 없기 때문이다.

만 5세 정도가 되어야 조망 수용 능력이 형성되고, 타인의 관점으로 세상을 이해할 수 있는 능력을 얻게 된다. 그러나 모든 마음의 발달이 그렇듯, 시간이 지난다고 자연스레 생기는 것은 아니다. 어른이 되어도 여전히 세상을 나의 기준으로 보고, 말하고, 그것이 정답이라고 믿는 사람이 많다.

다시 테스트 이야기로 돌아오자. 조망 수용 능력은 타인의 관점을 인정하는 능력이다. 이 능력이 높은 사람은 내 행동의 기준을 타인에게 두는 데 능숙하다. 이마에 알파벳을 쓸 때도 우에서 좌로, 상대가 보기에 정면인 ㅌ 형태로 쓰게 된다. 반면에 조망 수용 능력이 낮은 사람은 자신을 기준으로 행동하므로 내가 보기에 편하게 좌에서 우로 알파벳 E를 쓴다. 당신은 자기중심적인가, 타인 중심적인가?

다시 말하지만, 자기중심적 사고는 이기적인 것과는 다르다. 자기중심적인 사람에게는 악의가 없다. 그러나 상대가 불편하긴 매한가지다. 나의 관점을 타인도 공감할 거라 믿고 강요하기 때문이다. 김치를 못 먹는 나와 설렁탕을 먹으러 간 직장 상사가 이렇게 먹어야 맛있다며 내 뚝배기에 깍두기 국물을 부은 적이 있다. 그 사람의 의도는 무엇이었을까? 깍두기 국물을 부었다고 그에게 이득이 될 것은 없다. 그의 순수한 영혼은 (자기 기준에서) 나에게 좋은 일을 한 것이다. 내 입맛에 맞으니 상대에게도 맛있을 거라는 확신으로. 조망 수용 능력이 부족하면 이런 실수가 잦아진다. 의도는 선하나 결과는 악해지는.

그래도 너 정도면 감사해야지.

그래도 금방 끝나잖아.

그래도 그만큼 돈은 받는걸.

그래도 너보다 힘든 사람도 많아.

그래도 그 정도에서 끝난 게 다행이지.

이렇게 위로하는 사람이 있다. 그 사람에게 좋은 점을 상기 시켜주며 기분을 북돋아 주려는 의도일 것이다. 그러나 정작 듣는 사람의 마음은 편치 않다. 당사자의 괴로움이 과소평가된 기분을 느끼게 하기 때문이다. 현실이 어떻든 간에 지금 중요한 문제는 '내'가 힘들다는 것이니까. 공감이 생략된 위로는 상처가 된다.

'괜찮아'라는 표현은 어떨까? 아이가 넘어졌을 때 어른들은 '괜찮아!'라며 응원한다. 하지만 이 말은 아이에게 힘이 되지 않는다. 괜찮지 않기 때문이다. 괜찮다는 말은 당사자가 하는 말이다. 넘어진 아이가, 사고 난 친구가, 시험에 떨어진 학생이, 헤어진 친구가 자신의 상태를 표현하는 말이다. 괜찮지 않은지를 결정할 수 있는 주체는 자기 자신뿐이다. 내가 안 괜찮다면 안 괜찮은 것이다.

'별것 아니다.' 이 말은 어떨까? 갑상선암에 걸린 사람에게 상사가 이렇게 말했다고 한다. "갑상선암은 거북이 암이라며, 별것 아니래." 그리고 몇 년 후 상사가 벌게진 얼굴로 찾아왔다. "아내가 갑상선암에 걸렸는데 어떻게 관리해야 해요?" 갑자기 웬 존댓말. 그녀는 '그거 별것 아니에요. 대충 회사 다니고 그러면 돼요'라고 말해주려다 참았다고 한다. 자기 일이 될 때 별것 아닌 일이란 존재하지 않는다.

타인의 암 투병보다 실수로 깨문 혀의 통증이 더 아픈 게 인간이다. 과장하는 것도 호들갑 떠는 것도 아니다. 주관적이지만 명백한 괴로움이다. 이를 괜찮다고 치부하는 것 역시 상대의 어려움을 과소평가하는 것이다.

좋은 뜻으로 하는 말에도 상처를 받는다니 어쩌란 말인가, 라는 생각이 든다면 나의 조망 수용 능력을 떠올려보자. 좋은 뜻이란 게 과연 나에게 좋은 뜻일까, 상대에게 좋은 뜻일까? 상대의 관점에서 세상을 보면 해야 할 말은 쉬워진다.

이런 상황이니까, 이런 환경이니까, 그럴 만했으니까, 잘못했으니까. 해석은 필요 없다. 이게 옳고, 이게 그르고, 이 정도는 충분하니까. 계산도 판단도 필요 없다. 다 맞는 말이지만 그 정도는 당사자가 더 잘 알고 있다. 위로하고 싶을 때는 위로만 하면 된다. 그냥 상대가 지금 어떤 감정을 느끼고 있는지 그 자체를 존중해주면 된다. 힘들다, 하면 '힘들구나', 외롭다, 하면 '외롭구나', 아프다, 하면 '아프구나', 하면 되는 것이다. 그게 사실이자, 위로니까.

나의 오늘이 너의 미래

: 애착 이론

대학원을 진학하고 얼마 되지 않아 레오 땡땡 저자의 논문을 찾아오라는 말을 들었다. 레오…뭐요? 이름을 정확히 파악하지 못한 나는 '잘 못 들었습니다?'라고 묻는 대신 자리로 돌아와 온갖 경우의 수를 따져 논문을 찾기 시작했다. 레오나르도, 레오날드, 레온, 레이온, 레오나, 라이오니, 리안, 리아…. 비슷한 철자를 조금씩 변형해 가며 사흘 밤낮을 뒤져도 그놈의 레오 땡땡은 모습을 드러내지 않았다. 정말 힘겨운 싸움이었다. 아무에게도 도움을 받지 않으려는 나의 태도는 자존심도, 객기도 아니었다. 그것보다는 세상에 대한 잘못된 신뢰에 가까웠다고 할까? 되물으면 화내겠지, 도와달라고 하면 싫어하겠지, 정말 도와주긴 할까? 괜히 아쉬운

소리만 하게 되는 건 아닐까. 이런 마음을 품고 세상을 살아온 나는 누구에게도 결코 손 내밀지 않고, 손 뻗지 않으며 살아왔다. 그렇게 늘 스스로 알아서 잘 딱 깔끔하게 센스 있게 혼자 해내려고 했다. 열심히 살다 보면 답이 나타나는 경우가 많지만 이번만은 예외였다. 레오 땡땡은 도저히 넘을 수 없는 산이었고 나는 결국 선배에게 도움을 청할 수밖에 없었다. 온갖 눈치와 미안함과 불안함을 품고. 그런데 선배의 반응은 의외였다. 너무나도 가볍게 "아, 그거 메일로 보내줄게요!" 하고 구원을 손을 내밀었다. 내가 가진 마음가짐은 삐뚤어진 색안경이었다. 세상은 나에게 도움을 줄 준비가 되어 있기 때문이다. 어린 시절에 형성된 세상에 대한 믿음은 인생의 전반에 걸쳐 영향을 준다. 그 근원을 깊게 들여다보면 '애착attachment'이 중심이라는 사실을 알 수 있다.

애착이란 도대체 무엇일까? 애착은 생애 초기에 마주하는 대상에게 느끼는 친밀감과 연대감이다. 보통 가장 많은 시간을 보낸 양육자로부터 형성된다.

낳음은 선택이고, 태어남은 선택이 아니다. 그러므로 부모에게는 아이를 잘 키워낼 의무가 있다. 그 의무는 어디서부터 어디까지일까? 낳아주고 입혀주고 먹여준 것만으로도 감사하라던데 과연 그럴까? 정신분석학자 프로이트Freud와 에릭슨Erikson은 태어나서 두 살 정도까지 아기는 '입'을 통해 성장한다고 주장한다. 입으로 욕구가 해소되면 건강하게 성숙할 수 있다는 말이다. 그 말이 진짜라면 먹여주는 부모가 최고일 것이다.

이런 관점에서 본다면 굶지 않고 자란 사람들은 모두 부모에게 만족할 수밖에 없다. 과연 그럴까? 할로우Harry F. Harlow와 짐머만Robert R. Zimmermann은 실험을 통해 이 사실을 확인해 보았다. 연구진은 태어날 때부터 어미와 분리된 새끼 원숭이에게 두 마리의 대리모를 마련해 주었다. 한 어미는 우유병이 달린 철사로 된 원숭이였고, 다른 어미는 보드라운 벨벳 천으로 감싸진 원숭이였다. 새끼 원숭이는 과연 어떤 어미를 따를까? 먹는 것을 최고로 여기던 시절이었기에 새끼 원숭이가 당연히 우유 어미에게 안길 것으로 기대했으나 예상은 빗나갔다. 새끼 원숭이의 마음은 벨벳 어미에게로 향했다. 새끼 원숭이는 하루 온종일 벨벳 어미에게 안겨 시간을 보냈고 가끔 배가 고파질 때면 철사 어미에게 가기도 했으나 시간이 지나자 이마저 요령이 생겼다. 벨벳 어미의 품에서 고개만 빼서 우유를 먹는 것이었다.

백온유 작가의 소설 『경우 없는 세계』는 어린 시절 집을 나온 인수와 그가 알게 된 가출 청소년들의 이야기를 다룬다. 인수의 가정은 부유했다. 그러나 아버지는 지나치게 강압적이었고 그런 아버지 아래서 인수는 주눅 든 아이로 자랐다. 아버지는 인수를 늘 못마땅해했는데 아버지의 불만은 인수가 소극적인 태도를 취해 '없이 자란 애'처럼 보인다는 것이었다. 아버지는 부족함 없이 키웠는데 왜 빈티 나게 구느냐고 아들을 한심하게 여겼다. 따뜻함을 느낄 수 없는 집은 인수를 보호해 주지 못했고 결국 인수는 집을 떠나기로 결심한다. 길거리로 나앉은 인수는 가난과 아픔, 외로움에 허덕이며 몇 번이고 돌아갈까 고민하지만 이내 포기한다. 물리적 결핍보다 큰 상처는 심리적 결핍이라는 걸 알기 때문이다. 마음의 허기를 채우는 건 결코 밥이 아니다.

건강한 애착을 형성하기 위해 몇 가지 조건이 필요한데, 가장 중요한 건 따뜻함을 느끼게 해주는 것이다. 우울증을 호소하는 배우자는 어떻게 치료할까? 물론 전문가의 도움을 받는 것이 좋다. 하지만 가족으로서 해줄 수 있는 일이 있다. 출근 전, 혹은 퇴근 후 두 팔 벌려 상대를 안아주는 것이다. 그러면 놀라운 변화가 생긴다. 처음에는 쭈뼛거리던 상대의 표정이 어느덧 밝아진다. 시간이 흐를수록 포옹은 자연스러워진다. 어느 순간부터 안아주지 않으면 무언가 기대한다는 표정으로 수줍게 다가오는 귀여운 모습을 보게 된다. 접촉 위안은 상대에게 따듯함을 준다. 저 사람은 내 편이라는 확신을 준다.

등산가가 두려움 없이 높은 산을 오를 수 있는 이유는 산 중턱에 자리 잡은 베이스캠프 때문이다. 지칠 때쯤 쉴 수 있는 공간이 있다는 믿음은 힘든 여정에 용기를 불어넣어 준다. 우리 인생도 험난한 길을 오르는 등산과 같다. 그래서 애인스워스Ainsworth는 안전기지secure base가 되어줄 양육자가 필요하다고 제안한다. 낯설고 두려운 세상에 던져진 아기가 산을 오르듯 삶을 오를 수 있도록 용기를 주는 대상 말이다. 이제 애착의 세 가지 유형에 대해 알아보자.

안정 애착

따뜻하고 다정한 양육자가 아기의 필요에 적극적으로 반응할 때 안정 애착secure attachment이 형성된다. 속상할 때 안아주고, 배고플 때 젖을 물리고, 추울 때 이불을 덮어주면 아기는 그 순간을 마음에 담는다. 미소 지어주고, 품어주고, 볼을 비벼주는 순간도 마음에 담는다. 아기는 이 세상에 나를 위한 존재가 있다는 사실을 배우고, 언제나 나의 편이 되어주는 다정한 사람이 있다는 사실을 믿기 시작한다. 이 경험이 퇴적되어 아기의 인생길에 단단한 지반이 되어준다. 이제 아기는 삶이라는 산을 오르는 게 두렵지 않다. 언제든 쉬어 갈 베이스캠프가 있기 때문이다.

안정 애착을 형성한 아기는 자기가 사랑받아 마땅한 존재라는 사실을 배우고 당당히 매력을 뽐낸다. 그 매력으로 관계의 영역을 넓혀간다. 사랑받은 만큼 사랑스러워지고 그 사랑스러움으로 다시 사랑을 받아낸다. 끊임없는 관심과 애정의 선순환은 자신과 세상을 사랑스럽게 볼 줄 아는 사람으로 만들어준다.

주위를 둘러보면 유독 여유로워 보이는 사람이 있다. 상대의 좋은 소식에 기꺼이 기뻐하고, 시기하지 않으며, 크고 작은 어려움을 너끈히 이겨내는 사람. 우리는 이런 사람을 사랑받은 티가 난다고 표현한다. 이들이 바로 양육자와 성공적으로 애착을 형성한 사람이다.

회피 애착

양육자가 냉정하게 굴 때 아기는 어떻게 될까? 울어도 봐주지 않고 웃어도 시큰둥하다면 아기는 실망한다. 그러나 인간은 적응하는 존재다. 하루하루 지나면 받아들이게 된다. 양육자를 통해 편의가 돌아오지 않고, 문제가 해결되지 않는다는 사실을 말이다. 세상에 나를 도울 사람이 없다는 확신이 생기기 시작할 때, 아기는 알아서 생존하는 길을 선택한다.

혼자서 척척 해내는 아이는 얼마나 키우기 편할까? 깨우지 않아도 혼자 척척 일어나고, 밥도 알아서 척척 먹고, 잔소리하지 않아도 양치를 척척 하고, 학교 갈 준비를 척척 한다면. 씩씩하게 학교에 다녀와, 보채지 않아도 척척 숙제를 끝마치고, 알아서 척척 잠자리에 드는 아이. 이 꼬마 척척박사는 얼마나 사랑스러운가. 아니, 이건 안쓰러운 것이다. 도움받는 것도 연습이 필요한데, 아이에게는 그 연습의 기회가 주어지지 않았기 때문이다. 아이의 인생에는 '함께'라는 선택지가 없었다. 그래서 '홀로' 견뎌내는 법을 익힌 것이다. 이것이 바로 회피 애착avoidant attachment이다.

회피 애착을 형성한 아이는 떼쓰지 않는다. 독립적이고 생산적인 모범생으로 자라난다. 어딜 가나 잘하는 사람으로 인정받는다. 그러나 어쩐지 정 안 가는 스타일이다. 연대의 의미를 모르는 사람으로 성장하기 때문이다. 이들은 인생의 무게가 무겁다. 혼자 모든 것을 해내야 한다고 믿기 때문이다. 갈 길이 먼 이들의 인생에서 관계는 가치가 아니라 사치다. 우정도 적당히, 연애도 적당히, 불편하지 않을 정도로 적당히 거리를 두며 살아간다.

이들은 또한 갈등하지도 않는다. 갈등은 기대가 전제되어야 성립되는 것인데 타인에 대한 기대가 0이기 때문에 갈등할 필요성조차 느끼지 못한다. 쓸데없는 에너지 낭비처럼 느껴지는 것이다. 상대방의 행동에 불만을 표출하지 않고, 괜찮다고만 한다. 분명 불편해 보이지만 아무렇지도 않다고 한다. 대신 마음속으로 상대의 행동 하나하나에 점수를 매긴다. 이 행동은 플러스, 저 행동은 마이너스. 그러다 어느 순간 자기만의 기준점 밑으로 떨어지면

굿-바이, 관계를 정리한다. 그리고 잠수. 동굴로 들어간다.

한 번 형성된 애착은 양육자가 되어서도 묻어난다. 자신이 그랬던 것처럼 자녀도 알아서 척척 잘 해내길 바란다. 그러나 아기가 어디 처음부터 잘할 수 있을까? 일일이 요구하고 징얼거리고 안길 것이다. 회피 애착을 가진 양육자는 아기의 어리광을 수용하기가 힘들다. 그렇다고 아이와 관계를 정리할 수는 없는 노릇이다. 결국 아이에게 반응하지 않고, 밀어낸다. 그런 양육자와 함께 자란 아이는 또다시 회피 애착을 형성한다.

이들이 마음의 문을 굳게 닫은 이유는 불안 때문이다. 열심히 사는 것 역시 불안 때문이다. 아무도 도와주지 않는 세상에 살고 있는 이들에게는 노닥거릴 여유도, 도움 바랄 기대도 없다. 잘난 인생 저 혼자 우아하게 사는 것 같지만 실상은 물밑에서 바둥거리는 백조처럼 처절하다. 그들은 무덤덤해 보이나 외로운 사람이고, 당돌해 보이나 지쳐 있는 사람이다.

이들에게 필요한 것은 '같이의 가치'를 경험해 보는 것이다. 세상 모든 사람이 양육자와 같지 않다는 것, 세상 어딘가에는 나를 도와줄 기회를 기다리고 있는 사람이 있다는 사실을 깨달을 계기가 필요하다. '도와줘!' 한 마디 용기를 낼 때 그 용기에 손 내미는 사람들을 만날 때 자신을 가둬둔 투명한 벽은 허무하게 무너질 것이다.

저항 애착

양육자의 미숙함으로 아기에게 혼란을 주는 경우가 있다. 아기는 어제 받은 사랑을 오늘도 받고 싶다. 지난번에 받은 관심을 지금도 필요로 한다. 하지만 미숙한 양육자는 날마다 다른 태도로 아기를 대한다. 바쁜 날엔 뒷전이고, 한가한 날엔 다가간다. 들쑥날쑥한 양육자의 모습은 아기의 욕구를 부추긴다. 이때 아기는 불만을 느끼고 저항 애착resistant attachment을 형성한다.

이미 맛본 사랑은 아기를 애타게 한다. 그래서 반응을 이끌어내기 위해 전략을 짜게 만든다. 처음에는 어여쁜 행동을 할 것이다. 방실방실 웃고, 귀여운 옹알이 소리를 내고, 양육자가 좋아했던 모습을 시도해 본다. 그러나 양육자는 다른 이유로 무관심하다. 바쁘거나 아프거나 잘 몰라서.

첫 번째 방법이 통하지 않으면 아기는 좀 더 강렬한 '짓'을 시도한다. 떼를 쓰며 오열하거나, 숨이 넘어가도록 울다 토를 하는 것이다. 격렬한 반응에 양육자의 우선순위가 바뀐다. 모든 것을 제쳐 두고 아기에게 달려온다. 오호라, 이것이로구나. 아기는 드디어 만족스러운 상황을 마주한다. 이제 원하는 것이 생길 때마다 격렬한 행동을 하기로 작정한다.

원하는 반응을 얻어내려는 부정적이고 격한 방식은 인생 전반에 유용한 기술로 사용된다. 격한 감정과 주체 못할 흥분, 집착하고 불같이 화내는 행동, 죄책감을 유발하여 상대를 통제하려는 시도는 상대의 관심을 이끌어내기 위한 주된 전략이다. 심하게는 자해를 하거나 극단적 선택을 암시할 수도 있다. 이런 행동에 놀란 상대는 어린 시절의 양육자처럼 우선순위를 바꾼다. 오호라, 역시 이 방법이 통하였도다.

그러나 염려와 불안 때문에 돌아온 관심은 받아도 받아도 아쉽고 허기진다. 이들에게는 껍데기가 아닌 본질이 충족되는 경험이 필요하다. 격렬한 흥분을 진정시키기 위한 시도가 아니라 있는 그대로 사랑해 주는 경험 말이다. 나쁘게 대하지 않아도, 아니 나쁘게 대하지 않을 때 오히려 편안해지는 느낌을 받아보는 것. 얻기 위해 치열하게 굴지 않아도 사랑받을 수 있다는 것을 알게 될 때, 아니, 그래야 사랑받을 수 있다는 것을 알게 될 때 비로소 자신을 괴롭히던 감옥으로부터 탈출할 수 있다.

애착은 인생의 가장 처음에서 시작되어 생의 끝자락까지 우리를 이끈다. 그래서 한편으로는 씁쓸한 이론이다. 어린 시절의 경험이 나의 앞날을 결정한다니 말이다. 하지만 양육자가 아이의 미래를 만들 수 있다는 건, 새로운 양육자로부터 또 다른 미래를 이끌어낼 수 있다는 희망이기도 하다. 그 양육자가 반드시 부모여야 하는 건 아니다. 모든 관계는 서로를 보듬어주고 성장시켜 주는 존재가 될 수 있기 때문이다. 나의 과거가 현재가 되었듯, 우리의 현재는 미래를 만들 수 있다.

얼룩덜룩 인생 도화지

: 타뷸라 라사

내 나이 네 살 즈음, 저녁 반찬으로 조기가 올라왔다. 엄마는 생선 살을 바르기 위해 젓가락으로 머리와 가슴 부위를 벌렸다. 그 순간 나는 까무러쳤다. 조기의 목에서 작은 물고기 한 마리가 빼꼼 얼굴을 내밀었기 때문이다. 큰 물고기는 맛있게 먹으면서 작은 물고기를 불쌍하게 여기던 모순적인 어린 고은은 적잖은 충격을 받았다. 그 뒤로 성인이 되어서도 머리 달린 생선은 먹지 못한다(머리 잘린 생선은 잘 먹는 나는 여전히 모순적인 어른 아이다).

타뷸라 라사tabula rāsa. 빈 종이라는 뜻으로 인간은 날 때부터 백지 상태로 태어난다는 걸 비유적으로 이르는 말이다. 우리는 아무것도 없는 마음의 종이에 경험이라는 물감으로 형태를 채우며 작품이 되어간다. 물론 현대 심리학에서는 유전과 환경의 상호작용으로 개인이 만들어진다고 하지만 우리는 유전적으로 프로그램화된 밑그림에 경험이라는 색칠이 더해지면서 완성되는 것이다. 경험은 한 사람의 인생을 방향 짓는다. 머리 달린 생선을 먹지 못하는 나처럼 말이다.

아이는 마치 경험에 따라 어디로 튈지 모르는 얌체 공 같다. 양육자가 던진 말 한마디는 얌체 공의 방향을 틀어버린다. 안전한 방향으로 날아가게도 하지만, 이웃집 창문을 깨게 할 수도 있다. 우리는 어떤 경험으로 지금의 모습이 되었을까?

누가 그랬어

우리는 행동에 따른 결과를 기억한다. 그리고 그 상황에 대한 각본을 머릿속에 형성한다. 이를 사회적 각본social script이라고 부른다. 연기자가 대본을 보고 연기하듯, 비연기자인 우리는 사회적 각본을 떠올리며 행동한다. 결과가 만족스러웠다면 비슷한 상황에서 비슷한 행동을, 결과가 나빴다면 비슷한 상황에서 다른 행동을 하는 것이다.

예상치 못한 작은 사고로 아기의 울음이 터질 때, 자동으로 나오는 반응이 있다. '누가 그랬어!' 자매품으로는 '때찌! 때찌!'가 있다. 아이를 울린 대상을 응징하며 아이의 기분을 달래려는 선한 시도다. 누가 그랬냐며 식탁을 때리고 바닥을 발로 구르고, 이모 삼촌을 '이놈' 해주면, 아이들은 자지러지게 웃고 속상했던 마음이 이내 풀린다. 그러나 아이에게 하나의 각본을 형성해 주었다는 사실을 잊어서는 안 된다. 이제 아이의 마음에 한 줄이 추가된다. 오예! 짜증 날 때마다 남 탓해야지.

아이가 울면 어른들은 거의 자동반사급으로 이렇게 반응한다. '오구오구, 누가 그랬어?' 누구긴 누구냐. 자기가 그런 거다. 조심하지 않았고, 위험한 곳에 갔고, 하지 말라는 행동을 했고, 그러다 서러움이 폭발하는 사태를 맞이한 거다. 길을 걷다 넘어진 건 부주의 때문이다. 자신을 탓해야 다음부터 조심할 수 있다. 그런데 '돌부리 이놈 새끼, 너 왜 하필 여기 있었니?' 하고 원망한다면 어떻게 될까? 또 그놈의 돌부리에 넘어지게 될 것이다. 남을 탓하는데 익숙해진 아이는 잘못을 직면하는 데 서툴러진다. 직면을 안 하니 해결도 안 되고, 해결이 안 되니 문제는 반복된다.

아픔을 공감하는 것은 중요하다. 하지만 그 방식이 남 탓이라면 바람직하지 않다. 공감할 때는 힘든 상태 자체에만 초점을 맞춰야 한다. "아팠지?" 이 말만으로도 충분히 위로할 수 있다. 굳이 아프게 한 누군가를 비난할 필요는 없다. 비난은 각본이 되고 각본은 습관이 된다.

아저씨가 이놈 한다

중학교 때 새로 부임한 교사가 아이들의 기에 눌린 적이 있다. "자리에 앉아!" 소리치면 아이들은 "에에~ 재래예 앤째" 말투를 흉내 내며 선생님을 조롱했다. 몇 번의 놀림감이 된 선생님은 학생들을 통제할 수 없다는 사실을 인정하고 아이들이 말을 듣지 않을 때마다 옆 반에 있는 학생주임 교사를 불러왔다. 아이들은 잠시 잠잠해졌으나 담임교사는 더욱 만만해졌다. 결국 그 교사는 그해를 넘기지 못하고 학교를 그만두었다.

훈육에 있어 남의 힘을 빌리려는 사람이 있다. 일시적으로는 효과적일지 모르나, 결과적으로는 안타깝다. 어떤 어머니는 아버지의 힘을 빌린다. '너, 이따 아빠 오면 혼날 줄 알아!' 어디서 많이 보던 장면 아닌가. 그래서인가, 우리는 엄마랑은 싸웠다고 말하고 아빠한테는 혼났다고 말한다. 아들러Adler에 따르면 아버지가 처벌을 떠안을 때 몇 가지 불행이 생긴다. 먼저 어머니를 나약한 사람처럼 보이게 한다. 이 신념은 어머니를 혼내지 못하는 사람임과 동시에 보호해 주지 못하는 사람으로 만든다. 도움이 필요한 순간에도 아이가 어머니를 의지할 수 없게 된다.

또한 아버지가 사랑이 아닌 두려움의 대상이 되어 거리감이 생긴다. 어머니는 사랑, 아버지는 분노라는 잘못된 인식을 품으면 아버지와 관계가 돈독해질 리 없다.

어머니가 아버지를 통해 처벌하는 이유는 아이의 애정을 잃을까 봐 두려워서인 경우가 많다. 좋은 어머니로 남고 싶다는 욕심은 나쁜 아버지를 만들어버린다. 그러나 사랑을 지키기 위해서 가장 중요한 것은 의무다. 어머니가 자신의 의무를 저버리는 것은 무책임한 사랑에 불과하다.

우리는 종종 아버지뿐만 아니라 다양한 대상을 통해 일종의 '협박 양육'을 한다. 아이의 잘못을 바로잡기 위해 악역을 탄생시키는 건데, 이는 고정관념stereotype을 형성시키기 때문에 반드시 피해야 한다.

고정관념은 어떤 범주에 속한 사람의 개성을 무시하고, 그 집단의 부정적인 특징으로 상대를 보는 것이다. 식당에서 떠드는 아이에게 '경찰 아저씨가 잡아간다'라고 했다 치자. 선량한 시민을 돕는 경찰은 순식간에 나를 잡아가는 무서운 사람이 되고, 아이는 경찰에게 쫓기는 범죄자가 된다. 경찰에 대한 두려움이 고정관념으로 형성되면 아이들은 위험에 처했을 때 경찰서로 달려가는 대신 경찰서로부터 멀리 도망가게 된다.

길 가는 낯선 어른을 빌린 삼아 '아저씨가 이놈 한다'라고 말하기도 한다. 이 표현은 낯선 성인 남자를 잠재적 공격자로 인식하게 만든다. 이 두려움이 확장되면 세상에 대한 신뢰를 잃고 교류에 서툰 사람이 되는 것이다. 그리고… 이놈 할 생각도 없던 아저씨는 얼마나 억울할 것인가. 이제 우리 마음속에서 얼굴은 험상 궂어도 마음만은 착한 아저씨를 제발 그만 놓아야 한다(고 같이 사는 남자가 말한 적 있다).

버리고 간다

외출 중 아이가 고집을 부릴 때 효과적인 방법은 버리고 간다는 협박이다. 보통 기센 아이가 아니고서야 이 방법은 효과 빠른 변비약처럼 직방이다. 낯선 공간에 혼자 남겨지게 될 예정인 아이는 오열한다. 종종걸음으로 양육자의 바지 끄덩이를 잡고 울부짖으며 고집을 부리지 않겠다고 애원한다(물론 저항 애착의 아이들은 더욱 극단적인 행동으로 양육자를 사로잡는다). 결과에 만족한 양육자는 이후로도 아이가 떼쓸 때마다 버리고 간다는 협박을 애용한다. 말 안 듣는 아이만 집에 남겨두고 나가버린다거나, 문을 쾅 닫고 공간적으로 분리하는 것, 이혼한 상대 배우자에게 가라고(네 아빠랑 살아, 네 엄마한테 가) 하는 것도 마찬가지다.

아이에게 양육자는 우주 그 자체다. 그들이 떠난다는 건 아이의 세상이 멸망하는 것과 같다. 물론 양육자는 진심이 아닐 테고 그 사실을 우리는 안다. 양육자 자신도 안다. 그러나 문제는 정작 아이가 모른다는 데 있다. 이때 느끼는 공포가 바로 유기 불안fear of abandonment이다. 유기 불안은 버림받아서 느끼는 불안이 아니다.

버림받았다는 주관적 믿음에서 비롯된 두려움이다. 상대의 부재 여부는 중요하지 않다. 그러니까 양육자가 떠날 생각이 없고, 곁에 머물러 있다 해도, 떠날 수 있다는 일말의 절망이 아이를 공포감에 매몰되게 만드는 것이다.

유기 불안을 경험한 아이는 관계에 어려움을 겪는다. 상대의 사소한 행동도 민감하게 받아들이고, 거절 신호로 인식한다. 모든 문제의 원인을 자신에게 돌리고 버림받지 않으려고 노력한다. 치열하게 비위를 맞추거나 심각하게 눈치를 보고, 집착으로 이어지는 경우도 많다. 양육자 말을 잘 듣는 아이는 세상의 말도 잘 듣는다. 부모 눈치를 보듯 세상의 눈치를 보게 된다. 그러나 이제 우리는 눈치보지 않아도 된다. 누구도 '감히' 나를 버릴 수 없고, 혹여나 떠난다 해도 혼자서도 잘 해낼 어른이 되었으니까.

너 하는 거 봐서

요구에 조건을 다는 경우가 있다. 앞으로의 네 태도를 보고 수용할지 말지 결정하겠다는 뉘앙스다. 물론 아이의 요구를 모두 들어줄 수는 없다. 올바른 행동 뒤에 보상이 따른다면 그것 또한 훌륭한 교육이다. 하지만 세상에 온전히 바른 사람은 없다. 마흔이 되고 쉰이 되고, 100세를 앞두어도 우리는 온전해지는 과정 안에 있을 뿐이다. 그 과정에서 무너지지 않게 이끄는 힘은 믿음이다.

결국 너는 해낼 수 있다는 기대.

인본주의 심리학자인 칼 로저스Carl Rogers는 무조건적 존중 unconditional regard의 중요성을 강조한다. 무조건적 존중이란, 상대가 어떠한 잘못을 저질렀더라도 존재 자체로 귀하게 여겨주는 것이다.

닭이 먼저냐, 달걀이 먼저냐 하는 질문이 있다. 그럼 이런 질문은 어떨까? 뿌리가 먼저냐, 열매가 먼저냐. 뿌리를 단단히 내린 나무는 열매를 맺는다. 그리고 뿌리를 내리기 위해서는 물과 햇빛이 필요하다. 만약 열매를 맺어야 물과 햇빛을 준다고 조건을 달면 어떨까? 하는 거 봐서 결정하겠다는 말이 바로 이 말이다. 더 나은 사람이 되기 위해 존중부터 해주는 것이 아니라, 더 나은 사람이 되어오면 존중을 해주겠다는 것이다. 기억하자. 양육자의 임무는 뿌리를 내려주는 것이지, 열매가 맺혔는지 검사하는 것이 아니다.

한 예능 프로에서 연기자가 우연히 만난 아이와 인터뷰를 나누었다. 그리고는 '잘 가고 훌륭한 사람 되어라!' 하고 마지막 인사를 던졌다. 그러자 옆에 있던 이효리가 비웃는 듯 말했다. '뭐 훌륭한 사람이 돼, 그냥 아무나 돼.' 어떤 말이 아이에게 더 큰 힘이 되었을까? 아무나 되어도 된다는 말은 훌륭한 사람이 되어야 한다는 말보다 큰 격려가 된다. 아이는 조건 없는 격려에 힘입어 더 튼튼하게 뿌리를 내릴 것이다. 훌륭한 사람이 되려고 고민하고 있거든 그냥 아무나 되십시오. 아무나 되어도 당신은 훌륭할 테니까요.

하지 마

인간의 3대 심리적 욕구가 있는데, 그중 하나가 바로 자율성 autonomy에 대한 욕구다. '내'가 결정하고, '내'가 선택하고, '내'가 행동하고, '내'가 책임지려는 건 인간의 본능이다. 그러니 아무리 맞는 말이라 할지라도 하지 말라는 말은 고깝게 들린다.

다섯 살쯤 되어 보이는 외국 아이가 생양파 먹는 영상을 봤다. 터져 나오는 콧물과 그렁그렁 맺힌 눈물과는 별개로 아이는 아삭아삭 맛나게(?) 생양파를 씹고 있었는데 사연인즉 이랬다. 어쩐 일인지 아이는 양파를 사과라고 우겼다. 그냥 그러고 싶었던 모양이다. 그러나 참교육을 원했던 엄마는 어디 한번 먹어보라고 응수했다. 아기는 자신의 뱉은 말을 주워 담을 수 없어서 맛있다며 생양파를 냠냠 먹었다. 그 모습은 우습게 처절했다. 이 영상을 본 많은 양육자들은 '하…' 이상의 말을 할 수 없었다. 원래 집집마다 양파 먹는 아이 한 명쯤은 있잖아요. 체념하면서.

에릭슨Erikson의 심리 사회적 발달단계에 따르면, 인간에게는 발달단계마다 이루어야 할 과제가 있다. 3~5세는 목표를 정하고 주도적으로 행동하는 법을 배우는 시기다. 이 경험을 통해 새로운 과제에 도전하는 내적인 힘이 생긴다. 물론 과정은 험난하다. 아이들은 주로 실패하고 좌절한다. 잘못된 판단을 내려 후회하기도 한다. 그러나 그 과정을 모두 책임질 때 스스로 해내는 아이가 된다.

문제는 이 모습을 참아주지 못하는 마음 급한 양육자에 있다. 그들은 아이가 실수하지 않도록 미연에 방지하고, 미리 해결해 주고, 아이를 통제하려 한다. 아이가 실수한 후에는 크게 꾸짖고 '그러니까 엄마가(아빠가) 한댔지!' 같은 말로 주눅 들게 한다. 아이는 자신의 판단을 의심하게 된다. 스스로 계획을 짜거나 목표를 설정하는 것도 어려워진다.

하지 말라는 말은 아이의 자율성 욕구를 좌절시킨다. 주도성을 기를 수 없게 방해한다. '아니, 그럼 알아서 다 하다가 사고를 치든 망나니가 되든 방치하라는 말입니까! 당신 새끼 아니라고 거너무 무책임한 것 아니오!' 아이고, 그렇지 않습니다. 워워, 진정하세요. 막아서지도, 방치하지도 않고 옳은 길로 이끄는 방법이 여기에 있다. 모든 행동에는 공존할 수 있는 양면성이 존재하는데 이때 통제 대신에 그 반대편에 있는 행동을 제안하는 것이다. 이를테면 이런 식이다. '식탁에서 장난치지 마!' 대신 '식탁에 멋지게 앉은 형님이 누굴까?' 말하는 것처럼 말이다.

왜 나만 덕선이냐고!

: 출생 순위

    한국의 장녀, 이름하여 K장녀는 역사상 가장 서글픈 캐릭터가 아닐까 싶다. 학술적으로 실체가 증명된 적은 없으나 한국에서, 여자로, 게다가 장녀로 태어나 남존여비 사상의 잔재와 집단주의 문화의 콜라보로 탄생한 희생양이 바로 K장녀이기 때문이다. K장녀의 탄생은 이렇게 시작된다. 갑자기 하늘에서 뚝 떨어진 동생의 존재가 K장녀를 보던 부모의 시각을 바꾼다. 어제까지만 해도 아이였던 딸이 갑자기 다 큰 어른처럼 보이는 것이다.

    어른이 된 아이가 듣는 말은 이러하다. "엄마 없을 때는 네가 엄마야.(제가 왜요?)", "동생들 잘 돌볼 수 있지?(저도 돌봄이 필요해요)", "동생은 어리니까 네가 참아야지.(저도 아직 어린데요)", "언니는 원래 양보하는 거야.(그런 게 대체 어딨어요)" 이런 말에 세뇌된 K 장녀는 가정이라는 사회에서 형성한 자신의 역할을 내면화하고, 사회에 나가서도 역할을 고수한다. 그렇게 공동체를 위해 희생하고 바라는 바를 억누르며 살다가 문득 생각한다. 나 왜 이렇게 살고 있지? 그렇다고 서운함을 토로할 수도 없다. 돌아오는 말은 매정하기 짝이 없다. '누가 그렇게 살라고 시켰어? 혼자 잘해주고 상처받지 마.'

가정에서 몇 번째로 태어났느냐가 그렇게 중요할까? 심리학자 아들러는 출생순위birth order에 따라 성격이 달라질 수 있다는 주장과 함께, 출생순위와 성격에 대한 이론을 제시했다.[5]

첫째 아이

어느 왕국에 왕이 살고 있었다. 백성들은 왕을 사랑했다. 매일 찬미하고 왕께 영광을 돌렸다. 왕은 세상이 언제까지나 자신을 중심으로 돌아갈 거라고 믿었다. 하지만 비극이 찾아왔다. 젊고 멋진 젊은이가 등장한 것이다. 백성들은 그에게서 관심을 거두고 젊은이를 새로운 왕으로 추대했다. "왕은 그만 자리에서 내려오라!" 백성들의 아우성에 왕은 분노했고 새로운 왕을 해쳐서라도 사랑을 되찾고 싶었다. 그러나 젊은이를 물리치려 할수록 백성들의 저항은 거셌다. 이 폐위된 왕이 바로 첫째 아이다.

첫째 아이는 비련의 주인공이다. 동생이 태어나기 전까지 왕 같은 존재였다가 한순간에 나락으로 떨어진다. 첫째 아이는 한 번도 이런 일이 생길 거라고 상상해 본 적 없기에, 대비책도 마련해 놓지 못했다. 급한 대로 권력을 되찾으려 시도한답시고 동생을 꼬집고 때려보지만, 사랑을 되찾기는커녕 부모님에게 혼쭐만 날 뿐이다.

인간을 가장 불행하게 하는 방법은 가장 높은 자리에 올려놓은 후 끌어내리는 것이라고 한다. 상실에 대한 경험은 마음에 생채기를 남기고, 첫째 아이가 경험한 아픔은 오래도록 삶에 흉터 자국으로 남는다. 성인이 된 첫째 아이는 상실에 대해 두려워한다. 사랑하는 사람이 또 다른 누구를 사랑할까 봐 겁이 나고 행복이 어느 순간 사라져버릴까 봐 두려워진다. 실패와 좌절에 대한 불안으로 마음을 놓지 못해 발을 동동 구르며 살아낸다.

성인이 된 첫째는 권력을 되찾으려는 노력을 계속한다. 그러나 질투가 기저에 숨어 있다면, 사회적 관심이 부족한 채 열정만 드세진다면, 첫째는 지배적 인간이 될 수 있다. 관계 내에서 주도권을 잡으려 하고 상대의 행동을 통제하고 싶어 하기 때문이다. 그래서 첫째와 첫째가 만나 인연을 맺으면 갈등이 잦다.

이 글을 읽고 있는 첫째들의 반란이 벌써부터 느껴진다. '뭐라는 거야! 아닌데? 나 정도면 괜찮은 사람인데?' 부디 노여움을 풀고 들어보시길. 그렇다. 모든 첫째가 부적응적으로 성장하는 것은 아니다. 상실의 경험이 오히려 공감을 키워주기도 하니까. 빼앗겨 보지 않은 사람은 빼앗긴 심정을 이해하지 못한다. 하지만 첫째는 누구보다 그 심경을 이해할 수 있다. 여기에 돌보려는 첫째 특유의 기술까지 더해진다면 이들은 보살핌의 고수가 된다. 세상에 대한 긍정적 관심에 열정까지 더해진다면 어디 내놓아도 부족함 없는 슈퍼히어로가 된다.

막내

박연준 시인의 소설 『여름과 루비』에서 화자는 할머니가 해주는 아버지의 어린 시절 이야기를 좋아한다. 아버지는 할머니의 사랑을 듬뿍 받고 자랐다. 비위가 약해서 밥도 잘 안 먹고 다섯 살 때까지 젖을 먹었다던 아버지. 그래도 병아리처럼 예뻤다던 아버지. 막내였기에 모든 것이 사랑스럽던 아버지 이야기를 좋아했다. 하지만 화자는 사실 그 이야기를 좋아한 것이 아니었다. 그런 사랑을 받아온 아버지, 막내의 삶을 부러워했던 것이다. 그래서 자꾸 이야기를 들려달라고 한다. 무한한 사랑에 대리만족하려고.

막내는 어떤 존재일까? 인스타그램에 들어가 둘째라는 단어를 검색해 보자. 자동으로 잡히는 해시태그는 '#둘째는사랑입니다'이다. 글을 쓰고 있는 지금의 시점에서 26만 개가 넘게 잡힌다.

반면 '#첫째는사랑입니다'라는 해시태그는 고작 천 개를 넘어선다. 왜 둘째는 사랑이고 첫째는 아닌 겁니까(라고 외치며 광대가 승천하는 둘째인 나)!

출산율이 저조한 이 세대에서 둘째는 막내나 다름없다. 이들은 특별한 존재로 인식된다. (소설 속 아버지처럼) 중요한 존재도 아니면서 모두의 사랑을 받는 존재로 말이다. 사랑을 받은 만큼 사랑스러워지고 '#둘째는사랑'이 된다.

막내는 쉽게 말해 폐위당할 일 없는 최후의 왕이다. 영원히 영광을 누리며 경쟁하지 않아도 원하는 것을 얻을 수 있는 절대적 존재다. 그러니 인생이 낙천적이지 아니할 수 없다. 두려움을 모르는 막내는 도전에 능하고 정상에 서는 경우가 많다.

성경 속 인물 요셉도 막내의 전형을 보여준다. 요셉은 야곱의 열한 명의 아들 중 막내로 태어난다(참고로 더 어린 동생이 태어나지만, 너무나도 늦둥이이므로 요셉은 오랫동안 막내의 자리를 차지한다). 성경에 기록된 내용을 보면 '이스라엘은 늘그막에 요셉을 얻었으므로, 다른 아들들보다 요셉을 더 사랑하여서, 그에게 화려한 옷을 지어서 입혔다'고 한다. 무명옷을 입고 땀 흘려 일하는 동안 예쁜 옷을 입고 아버지 품에서 쉬는 동생을 보면 어떤 마음이 생길까? 형제들은 요셉을 시기하여 노예로 팔아넘긴다. 그러나 요셉은 고난에 개의치 않고 시련을 이겨낸다. 우여곡절 끝에 이집트의 총리가 되고 곤경에 빠진 나라와 가족들을 구하는 영웅이 된다. 종교적인 내용을 차치하고서라도 막내가 영웅이 되는 우화는 적지 않다. 막내이기 때문에 받은 무조건적 사랑이 고난을 이겨내는 자양분이 되기 때문이다.

'내가 본 막내는 그렇지 않던데?' 하고 고개를 갸웃거릴 수도 있다. 물론 모든 막내가 영웅이 되는 것은 아니다. 작고 소중한 아이 취급을 받다 보니 과잉보호 아래서 자라고 사소한 결정도 누군가 대신해 주고, 실수도 눈감아주며 쉽게 해결되는 일이 많아질수록 편안한 삶은 이어진다. 동시에 스스로 결정하는 기회를 놓치기도 한다. 사랑받는 법은 알지만 혼자 하는 법을 모르면, 타인의 도움이 당연하다고 느끼는 사람으로 자랄 수 있다.

중간 아이

드라마 〈응답하라 1988〉에서 여운을 길게 남긴 장면이 있다. 덕선의 생일 파티 날이었다. 온 가족이 모여 앉아 케이크에 초를 붙인다. 하지만 먼저 초를 부는 건 언니 보라다. 가족들은 연기가 아직 가시지 않은 초 중 몇 개를 뽑고 남은 초에 다시 불을 붙인다. 다시 노래가 시작된다. "생일 축하합니다. 생일 축하합니다. 사랑하는 덕선이. 생일 축하합니다." 한마디로 재탕이었다. 표정이 굳은 덕선은 울부짖으며 언니랑 파티하기 싫다고 따진다. 가족들은 이번 한 번만 넘어가자고, 내년부터는 따로 하자고 달랜다. 하지만 그 말은 작년에도, 재작년에도 들었던 말이다. 달랜다고 엄마가 "덕선아" 부른다. 덕선은 또다시 서러움이 터진다. "왜 나만 덕선이야, 언니는 보라고 동생은 노을인데, 왜 나만 덕선이냐고!" 어떻게 보면 귀여운 투정 같다. 그러나 그 장면이 내 눈엔 얼마나 섧던지.

형제 자매 중 가장 짠한 캐릭터를 꼽으라면 바로 중간 아이일 것이다. 낀 아이라고도 불리는 이 아이들은 불공평한 세상에 태어난다. 중간 아이는 첫째가 쓰던 것을 물려받느라 새것을 온전히 소유하는 경험이 극히 드물다. 어쩌다 자신을 위해 선물해도 마음이 편치 않다. 옷장에 고이 모셔둔 새 옷은 첫째가 홀랑 입고 나가고, 새로 산 아끼는 물건은 동생이 실수로 망가뜨리기 때문이다. 그래봤댔자 위로가 돌아오는 법은 없다. '가족끼리 같이 쓰면 되지, 동생이 그럴 수도 있지.' 내 것을 내 것이라 부르지 못하고, 헌것만 내 것이 될 수 있는 인생이 중간 아이의 숙명이다.

누구나 처음은 서툴기에 그만큼 많은 에너지를 쓴다. 첫째에게 부모가 보이는 태도다. 그러나 중간 아이에게는 여유를 부릴 수 있다. 안달복달하지 않아도 아이는 자란다는 것을 이제는 알기 때문이다. 그렇게 너그럽게 대하는 만큼 관심도 줄어든다. 물론 중간 아이에게 동생이 생기기 전까지는 그들도 막내이므로 무한한 사랑을 받는다. 그러나 영광의 시간은 그리 길지 않다.

태어날 때부터 첫째라는 경쟁 상대가 있던 중간 아이는 곧 막내와도 경쟁해야 하는 처지에 놓인다. 그러다 보니 눈치가 빨라진다. 알아서 자기 몫을 챙기는 데 능숙해진다. 저녁 식사 후 널브러져 있는 첫째, 막내와 달리 자기가 먹던 그릇은 싱크대에 착착 옮긴다. 누가 깨우지 않아도 알아서 척척 일어난다. 이런 태도는 부모를 기쁘게 한다. 중간 아이는 그런 부모의 반응을 기대하며 잘하는 아이로 자란다.

중간 아이의 삶은 적당히 노력해서는 안 된다. 불공평한 세상에서 벗어나려면 아주 열정적으로 살아야만 하는데, 모든 걸 뒤집어엎을 때 비로소 얻을 수 있다고 믿는다. 그래서인지 둘째들은 혁명가 체질이 많다. 세상을 바꾸는 일에 관심이 많고, 불공평을 바로잡는 데 관심이 많다.

외동아이

외동아이에 대해서는 여러 편견이 있다. 버르장머리가 없다, 자기밖에 모른다, 이기적이다, 어리광이 심하다 등등. 과연 그럴까? 외동아이는 첫째이자 막내다. 시작부터 끝까지 사랑을 독차지하는 호사를 누린다. 온 가족이 아이를 중심으로 생활하고 존중하다 보니, 세상의 중심은 자기라는 생각이 뿌리를 내릴 수 있다. 그래서 때로는 주인공이 되지 못하는 순간을 참기 어려워한다.

때래와의 갈등은 그 과정 자체로도 많은 것을 배우게 한다. 그러나 외동아이는 또래 형제자매가 없다 보니 아이답게 교류할 기회를 만나기가 어렵다. 어른들과 상호작용이 더 잦은 외동아이는 투닥이기보다는 온전히 이해받으면서 지내는 시간이 많고, 갈등으로 얻는 기술을 더디게 습득한다. 때로는 어른처럼 행동하게 되는데, 말투와 행동이 아이답지 않아서 우습게 보이기까지 하다.

여기까지만 볼 때 외동아이에 대한 편견은 사실인 것처럼 보인다. 그러나 이 모든 모습은 어린 시절에만 한정되는 이야기다. 외동아이도 유치원, 초등학교를 들어가 또래 친구들을 만나기 시작하면 빠르게 사회적 기술을 배운다. 심지어 단점인 줄 알았던 부분이 장점이 되기도 한다.

외동아이를 잘 설명하는 두 단어는, 무경쟁과 외로움이다. 외동아이는 경쟁심이 적다(결정적 시기에 결핍과 경쟁의 필요성을 느껴 보지 않았기 때문이다). 이기려고 아등바등하지 않는 너그러움은 큰 자원이 된다. 지나친 경쟁사회에서는 오히려 여유로운 사람이 승자가 되기 때문이다.

외동아이는 외로움을 많이 느끼는 편이다. 이것 또한 단점처럼 보이는 장점이다. 외로운 시간은 사유할 시간이 되므로 생각의 깊이를 만든다. 자신을 되돌아보는 데 익숙한 아이는 고민도 많고 변화도 많고 발전도 빠르다. 외동아이의 전형적인 모습은 어린 시절 잠시 보일 뿐 편견에 불과하다.

출생 순위 이야기를 나누다 보면 고개를 주억거리며 공감하게 된다. 우리 부모들이 가정과 가정을 뛰어넘어 참 닮은 자세로 아이들을 대하는 모양이다. 물론 이 이론만으로 모든 사람의 성격을 설명할 수는 없다. 인간의 성격을 형성하는 데 영향을 주는 요인은 출생 순위 외에도 많은 것들이 있기 때문이다. 어떤 가정은 출생 순서와 상관없이 아이들을 동등하게 대하기도 하고, 처한 상황에 따라 달리 아이를 대할 수도 있다. 그러니 출생 순위를 통해 누군가를 예단하려는 오류는 피하도록 노력하자. 너는 첫째니까, 너는 외동아이니까 이게 문제야 같은 말을 삼가잔 말이다. 대신 어떤 모습이 아쉬울 때는 그럴 수도 있겠구나, 이해하는 마음을 품어보자.

성격에 대한 이론은 누군가의 잘잘못을 평가하고 그 사람을 판단하기 위해 공부하는 것이 아니다. 그 사람의 잘못된 태도에 낙인을 찍기 위한 증거 자료를 모으는 것이 아니다. 오히려 누군가를 이해하고 보듬어주는 데 필요한 것이다. 나와 너를 알기 위해 과거를 거스르는 용기가 필요하다.

미안한데 억울하긴 할 때

: 초두 효과와 최신 효과

　　운전 중 성질을 돋구는 상황을 종종 마주한다. 그러나 상대가 깜빡이를 켜면 화는 누그러진다. 상대가 자신의 잘못을 인지하고 있다는 사실 자체가 화를 가라앉히기 때문이다. 잘못을 인정하는 태도는 용서를 부른다.

　　사과할 때는 상대가 듣기 원하는 말을 해줘야 한다. "미안해, 내 잘못이야." 그래야 빨리 끝난다. 올바르게 사과하려면 어쩌고 저쩌고 핑계 대서는 안 된다. 잘못을 있는 그대로 인정해야 한다.

　　그런데 솔직히 말하면 억울할 때가 많다. 일부러 잘못하는 사람이 어딨느냐 말이다. 억울하긴 한데, 결과적으론 내가 잘못한 것도 맞다. 그래서 사과는 해야 한다. 그럴 땐 미안하단 말도 할 거지만 상황도 설명하고 싶은 욕구가 스멀스멀 올라온다. 문제는 그런 식으로 사과를 했다가는 꼬리에 꼬리를 무는 다툼으로 흘러간다는 것이다. 이건 기술의 문제다. 다음의 예시를 보고 자신은 어떤 스타일로 사과하는지 곰곰이 고민해 보자.

A: 늦어서 미안해, 오는 길에 차가 너무 막히더라. 왜 하필 지금 공사를 하는 건지.
B: 오는 길에 공사를 해서 차가 너무 막혔어. 기다렸지? 늦어서 미안해.

짧은 문장으로 축약된 두 상황의 오묘한 차이가 갈등을 사과로 끝낼지 파국으로 끝낼지 결정한다. 우리는 지난달 먹었던 음식보다 방금 먹은 음식을 더 잘 기억한다. 수많은 정보가 순서대로 들어올 때 가장 마지막 항목이 기억에 남기 때문이다. 이런 현상을 최신 효과recency effect라고 부른다. 최신 효과는 최근에 접한 정보가 의식을 사로잡는 것이다.

처음으로 아빠 심부름을 했던 날, 담배, 우유, 그리고 먹고 싶은 것(당시에는 어린이도 담배를 살 수 있었으나 나의 나이를 상상하지 마시라)을 사오라는 주문을 받았다. 담배, 우유, 먹고 싶은 것, 담배, 우유, 먹고 싶은 것, 까먹지 않으려고 이 말을 내내 반복했다.

계산 전까지만 되뇌면 나의 첫 심부름은 성공이었다. 그런데 슈퍼 가는 길목에서 난관에 봉착했다. 친구를 만나고 만 것이다. 친구는 외쳤다. "나 지금 엄마랑 떡볶이 먹으러 가!" 이 말에 머릿속이 오염되었다. 담배, 우유, 떡볶이? 떡볶이, 담배, 고추장?

우리는 감각기관에 닿은 모든 정보를 받아들이지 않는다. 수많은 정보 가운데 필요한 몇 가지 정보에만 주의를 기울이고, 선택받은 정보는 아주 잠시 기억에 머문다. 이를 단기기억short-term memory 혹은 적극적으로 기억을 처리한다고 하여 작업기억 working memory이라고 부른다. 시험이 끝나자마자 잊힌 내용, 안내를 받고 잠시 되뇐 전화번호, 식당 앞을 지나다 맡은 냄새처럼 분명 기억했지만 지나가버리면 다시 떠올릴 수 없는 정보가 있다. 단기기억에 머물다 곧 휘발되기 때문이다.

단기기억은 마치 구멍 뚫린 짤 주머니 같다. 반죽이 계속해서 채워지면 먼저 채워진 반죽이 구멍으로 빠져나가는 것처럼 정보가 계속해서 들어오면 먼저 들어온 기억은 밀려난다. 그래서 사람들은 상대의 이야기를 전반적으로 기억하지 못하고 직전에 들은 이야기만 마음에 남는다.

메시지 중 가장 기억에 남는 것은 마지막에 한 말이다. 그러므로 상대가 듣고 싶은 이야기가 맨 마지막에 오는 것이 좋다. "미안해, 오늘따라 차가 많이 막혔어"보다는 "차가 많이 막혔어, 미안해"가 낫다. 사과한 다음 상황을 설명하면, 사과 메시지는 상황 설명에 밀린다. 구질구질 핑계가 전부인 것처럼 오인된다. 이 불편함을 참지 못한 상대는 반박을 시작한다. "그 시간에 원래 차 막히는 거 몰라?" 그럼 사과한 사람은 이렇게 말한다. "그래서 미안하다고 했잖아!" 그러나 사과는 이미 기억 짤 주머니에서 밀려난 지 오래다. 결국 돌아오는 대답은 뻔하다 "미안하다는 사람의 태도가 그래?"

다툼은 별것도 아닌 데서 시작된다. 그러나 표현 순서의 문제로 말꼬리가 잡히기 시작하면 지금부터 다툼은 다툼을 위한 다툼, 싸움을 위한 싸움, 반대를 위한 반대가 된다. 본질에서 벗어난 쓸모없는 감정 소모전으로 확장되는 것이다. 지난주, 한 달 전, 1년 전 문제까지 언급되고 어느 순간 왜 싸움이 시작되었는지조차 잊게 된다. 고작 10분 늦었을 뿐인데 선악과를 따먹은 태초의 죄인처럼 비난받는다.

상황 설명은 내가 하고 싶은 말이지, 상대가 듣고 싶은 말이 아니다. 그러니 간단하게 언급한 뒤 미안하단 말로 마무리하는 것이 좋다. 그래야 더 이상 반박할 물꼬가 트이지 않는다(물론, '뭐가 미안한데?' 공격이 들어올 수도 있으므로 정확히 뭐가 미안한지 짚어주는 것도 좋다).

또한 미리 던질 상황 설명은 장황해서는 안 된다. 처음에 들은 메시지가 너무 강력하면 기억에서 떠나질 않게 된다. 영원한 저장고인 장기기억long-term memory에 남는 것이다. 여러 정보를 접할 때 가장 처음 접했던 정보를 잘 기억하는 것은 초두 효과primacy effect라고 한다. 상황 설명이 장황해지면 변명의 초두 효과가 나타난다. 아무리 사과해도 핑계에 꽂힌 상대는 말꼬리를 물기 시작할 것이다. 어쩌면 사과를 하기 전부터 이미 "그래서 하고 싶은 말이 뭔데?"라는 공격을 받을 수도 있다. 이제 곧 사과하려고 했는데, 빈정 상한다.

최악의 싸움은 왜 싸우기 시작했는지도 모르는 싸움이다. 시비와 비난이 꼬리에 꼬리를 물면서 감정에 불이 붙는 것. 이런 싸움을 반복하는 사람들이 생각보다 많다. 별것도 아닌 시작으로 파국을 맞는다면 내 메시지의 순서가 어떤지 곰곰이 생각해 보자. 마지막 말은 여지를 준다. 시비 걸 여지. 갈등을 빠르게 해결하는 방법은 상대방에게 여지를 주지 않는 것이다. 가장 깔끔한 마무리는 이것이다.

"미안해."

예민한 게 아니라 세심한 겁니다

: 성격 5 요인 이론

성격을 유형으로 구분하려는 시도는 오래전부터 시작되었다. 먼저 아주 먼 옛날 히포크라테스는 체질로 성격을 구분했다. 인간의 몸은 네 가지 종류의 체액으로 구성되어 있는데, 어떤 체액이 우세하느냐에 따라 성격과 행동 방식이 달라진다는 주장이었다.

그다음으로는 체형을 근거로 한 성격론이 주장되었다. 뚱뚱한 사람은 성격이 좋고 사교적이지만, 마른 사람은 내성적이고 소심하다는 주장이었다. 시간이 지날수록 좋은 성격이 되고 있으니, 참으로 다행인 건가. 혈액형으로 사람의 성격을 구분하던 시절을 지나 바야흐로 16가지 유형으로 사람의 성격을 정의하는 MBTI의 시대가 도래하였다.

성격을 유형으로 나누는 것은 단순하고 직관적이며 이해가 쉽다. 그러나 그만큼 여러 문제점이 따른다. 특히 기존의 성격 유형론들은 과학적 근거를 토대로 유형을 구분하지 않고 단순히 성격을 기술하는 데 지나지 않는 경우가 많은데, 이를테면 이런 식이다.

• 성격 검사의 문항
나는 짜장면을 좋아한다: A 타입
나는 짬뽕을 좋아한다: B 타입

• 해설
A 타입: 짜장면을 좋아하는 편이다
B 타입: 짬뽕을 좋아하는 편이다

물론 이 정도의 단순화는 비약이지만, 조금만 풀어서 생각해본다면 충분히 이해할 수 있는 이야기다. 예를 들어 사람을 좋아한다는 문항에 체크를 해서 외향성이 높다는 결과가 도출되면, 외향적인 사람들은 사람을 좋아한다고 해석한다. 이 결과가 틀리려야 틀릴 수가 있을까?

또한 성격의 유형론은 사람들을 하나의 범주에 넣어 단순화

시킴으로써 이해를 쉽게 하는 동시에 같은 범주 안 다른 사람들과의 차이를 반영하지 못한다는 치명적 단점도 지닌다. 그러므로 누군가의 성격을 파악할 때는 질적 차이가 아닌 양적 차이로 이해해야 한다.

현대 심리학에서는 사람의 성격을 가장 잘 설명하는 이론으로 성격 5요인big five 이론을 꼽는다. 성격 5요인을 발전시킨 맥크레Robert McCrea와 코스타Paul Costa는 신경성, 외향성, 개방성, 우호성, 성실성이라는 다섯 가지 요인으로 인간의 성격을 설명할 수 있고 이 특질들은 성인이 되어서도 제법 안정적으로 유지된다고 주장한다. 성격 5요인 이론에 따르면 모든 사람에게는 다섯 개의 성격 차원이 존재하고(이 차원들은 요인 분석이라는 통계적 기법을 통해 도출된 과학적인 친구들이다), 사람에 따라 각 차원의 높고 낮음이 달라 성격이 달라진다는 것이다. 자, 이제 그 다섯 가지 차원을 살펴보며 자신의 성격 패턴을 그려보자.

신경성

모기가 팔을 물고 날아갔을 때 어떤 사람은 자기 할 일을 하면서 무의식적으로 팔뚝을 벅벅 긁고 말지만, 또 어떤 사람은 모기 물린 부분이 신경 쓰여 할 일에 집중하지 못하고 불쾌해한다.

이는 신경성Neuroticism 정도의 차이를 보여주는 장면이다.

신경성은 같은 자극이라도 부정 정서를 훨씬 예민하게 받아들이는 특질을 말한다. 이들을 잘 설명하는 단어는 긴장, 불안, 불만, 감정적, 불안정이다. 신경성이 높은 사람은 부정적 자극을 쉽게 알아채고 반응하기 때문에 타인에 비해 괴로움을 크게 느낀다. 같은 상황이라도 쉽게 우울해하고, 상대에 대한 적대감을 가진다. 스트레스를 쉽게 받고, 스트레스에 취약하다는 단점이 있다.

신경성이 높은 사람과 낮은 사람의 궁합은 어떨까? 신경성이 낮은 사람은 상대의 예민함을 이해하기 어렵다. 조금만 더 편하게 마음을 여겨보라며 날카로움을 지적한다. 그러나 부정적 자극을 예민하게 받아들이는 것은 하나의 능력이다. 사람에 비해 청각 능력이 일곱 배나 높다는 개에게 작은 소음에 반응하지 말라고 말할 수 없는 것처럼, 마음가짐을 통해 능력을 둔감화 시킬 수는 없는 노릇이다.

오히려 신경성이 높은 사람에게는 민감하게 자극을 경계하고, 위험 상황을 빠르게 예측한다는 장점이 있다. 불편하게 할지언정 그들의 선택은 대부분 틀리지 않고, 문제 상황을 맞닥뜨릴 때 빠르고 정확한 해결책을 제시한다. 남의 편이면 싫지만, 내 편일 땐 누구보다 든든한 사람이 신경성이 높은 사람이다.

예민함을 통해 상대가 이룰 수 있는 다양한 결과를 존중하고,

강점을 활용할 기회를 모색하며 인정해 주려는 태도로 바라보면 서로가 가지지 못한 부분을 채워주는 든든한 관계로 나아갈 수 있다.

외향성

책 『다독임』에서 오은 시인은 혼자 영화를 보러 간다는 자신의 말에 의아해하는 친구를 보며 생각한다. '친구와 나는 혼자라는 말을 서로 다른 뜻으로 사용하고 있다는 게 느껴졌다. 친구는 혼자가 갖는 동떨어진 느낌에 무게를 둔 반면 나는 혼자가 주는 자유로운 느낌을 떠올린 것이다.' 누군가에게는 혼자라는 것이 동떨어진 상태이고, 누군가에게는 자유로운 상태가 된다. '혼자'의 의미가 왜 사람마다 다르게 가닿는 걸까?

코로나19가 한창 창궐하던 시기에 어떤 사람들은 답답함에 괴로워했다. 그러나 또 다른 사람들은 삶의 변화에 굉장히 만족감을 느꼈다. 나 역시 그랬다. 사람들과 만나지 않고 일 처리가 가능해진 세상이 반갑기까지 했다. 키보드 몇 번을 두드리며 중요한 사항을 주고받을 수 있다니! 이렇게 편한 세상이 또 어디 있을까? 누군가는 이런 나를 이해하지 못하겠지만, 이건 옳고 그름이 아니라 성격의 다름에서 오는 모습이다. 바로 외향성Extraversion의 차이다.

외향성은 대인관계에서 적극성을 추구하려는 성향을 말한다.

이들을 표현하는 단어는 수다, 자기주장, 모험, 활력, 대담성이다. 외향성이 강한 사람은 활동 수준이 높아 밖으로 나가기를 즐긴다, 사교 모임이나 레저와 같은 에너지 넘치는 활동에 즐거움을 느끼고, 발산적 활동을 통해 에너지를 얻는다.

외향성이 높은 사람과 낮은 사람은 함께 시간을 보내는 모든 순간 갈등할 수 있다. 예를 들어 외향적인 배우자는 주말마다 밖으로 나가길 원한다. 부부 동반 모임을 잡고, 친구의 친구를 소개받고, 활동적인 계획을 짠다. 반면에 외향성이 낮은 배우자는 주말 동안 조용히 집에서 영화 보고, 책 읽고, 차 마시며 시간 보내길 원한다. 자신이 원하는 방식을 고수하면 상대의 만족도가 떨어지고, 상대의 방식에 맞추다 보면 지나치게 지치거나 지루하게 느껴질 수 있다.

모든 시간을 함께할 필요는 없다. 외향적인 사람은 바깥으로 향한 활동을 통해, 외향적이지 않은 사람은 내면에 집중하는 시간을 통해 충전이 이루어진다. 따라서 각자의 방식을 존중하며 따로 시간을 보내는 연습을 하는 것도 필요하다.

외향성이 낮은 내가 살아가면서 아쉬운 점은 외향성이 높을수록 좋은 사람으로 평가받는 경우가 많다는 것이다. 외향성이 높을수록 긍정 정서를 더 잘 경험하기 때문에 이들에게서 밝은 에너지가 더 자주 느껴지는 것은 사실이다. 아무래도 혼자 구석에 꿍

하게 앉아 있는 사람보다는 먼저 다가와 한 마디라도 건네주는 사람이 더 인간미 있게 느껴진다.

그러나 외향적이라서 늘 좋은 사람인 것도 아니다. 외향적이어서 밝은 사람이 많은 만큼 외향적이어서 사람들을 피곤하게 하는 경우도 많다. 당신을 힘들게 하는 사람을 잘 떠올려 보라. 그는 외향적이지 않은가?

외향적이지 않은 사람은 답답할지언정 문제를 일으키지는 않는다. 그들의 에너지는 자신을 향해 있기 때문에 타인에게 상처를 주지도 않는다. 만약 내향적인 사람이 불편하게 느껴진다면 그 불편함은 나의 기대에 맞지 않는 아쉬움에서 비롯된다. 지루하다거나, 적극적이지 않다거나, 잘 어울리려 하지 않는다거나. 다시 말해 나의 욕심을 채워주지 않아서 느끼는 불편이다. 그들의 행위가 잘못되어서 상처를 주는 경우는 드물다. 반면 외향적인 사람이 친절하거나 다정하거나 따뜻하지 않다면 에너지가 상처로 치환된다. 불타는 금요일에 회식을 잡고, 피곤한 상황에도 2차 가자고 우기고, 진동벨 억지웃음으로 분위기를 맞추는 데도 눈치 없이 자기 이야기만 계속하는 사람은 대부분 외향적인 사람이다.

우호성

우리가 외향적인 사람을 좋은 사람이라고 여기는 이유는 세 번째 요인인 우호성_{agreeableness}과 외향성을 구분하지 않기 때문이다. 우호성이란 친화적이고 협력적인 성향을 말한다. 우호성이 높으면 따뜻하고 이타적으로 상대를 대한다. 말 한마디를 해도 예쁘게 하고 타인을 기분 좋게 해주며, 상대의 마음에 공감을 잘해준다. 이들을 설명하는 단어는 친절, 협동, 이타심, 신뢰, 관대함이다.

외향적이지 않아도 우호적일 수 있으며, 외향적이어도 우호적이지 않을 수 있다. 물론 외향적일수록 우호적일 가능성이 더 크지만 말이다.

그러나 모든 성격 특질이 그렇듯 무조건 좋은 특질은 없다. 우호적인 사람은 타인에게 맞추는 데 익숙한데, 이 모습이 때론 단점이 된다. 타인의 의견을 따르는 경향 때문에 새로운 아이디어를 내는 데 주춤하고 결과적으로 창의적인 결과물을 만들지 못할 수 있다. 의존성이 높은 사람 중에는 우호성이 높은 사람이 많은데 주도적으로 결정하지 못하는 성향이 아쉽게 발현된 경우다. 사이비 종교에 빠지고 보이스 피싱을 당하고 다단계에 노출되는 사람 역시 대부분 우호적인 사람이다.

반면에 우호성이 낮은 사람은 공감 능력이 부족하고 개인적이며 적대적인 것처럼 보인다. 대신 공사 구분이 철저하고 감정이 태도가 되지 않는다. 정말 중요한 상황에서는 우호성이 낮은 사람이 현실적이고 객관적인 답을 내리기도 한다. 무엇보다 그들은 왠

만해서는 당하지 않는다. 인간미가 없게 보일 뿐, 각박한 현실을 살아가는 데 굉장히 유리한 성격이다. 우호성이 높은 사람은 모든 관계가 우호적이지 않다는 것을 인지하고, 관계 안에서도 자신을 지킬 수 있게 노력해야 하며, 우호적이지 않은 사람은 조금 더 다가가며 관계를 통해 따뜻함을 경험해 보는 것이 좋다.

개방성

요즘 케이푸드K-food가 세계적으로 유행이다. 살아 움직이며 목젖에 달라붙는 산 낙지부터 골 때리는 매운맛으로 혀를 강타하는 불닭볶음면, 모양은 징그럽지만 씹으면 맛있는 닭발에 도전해 보려는 외국인이 늘어나고 있다. 이런 시도를 즐기는 것은 경험에 대한 개방성 openness to experience 때문이라고 볼 수 있다.

경험에 대한 개방성은 낯선 일에 대해 마음을 여는 특질을 말한다. 그 경험이 반드시 자극적인 것은 아니다. 새로운 분야에 대한 지적 관심도 개방성에 포함된다. 개방성을 설명하는 단어는 상상력, 창의력, 호기심, 신기한 체험, 다양한 생각이다. 개방성이 높은 사람들은 먹어보지 않은 음식, 해보지 못한 활동을 시도하는 것을 즐긴다. 그 경험의 결과가 비록 유쾌하지 않더라도 만족해하는데, 이들이 바라는 것은 결과적인 유쾌함이 아니라 새로운 도전을 해봤다는 사실 그 자체이기 때문이다.

개방성이 높은 사람과 낮은 사람이 함께 떠나는 여행은 꽤나 끔찍하다. 개방성이 낮은 사람은 관습적이고 익숙한 것을 추구하기 때문에 해외를 가더라도 김치, 컵라면, 햇반을 챙기고 한식 식당을 찾아다닐 가능성이 크다. 새로운 장소보다 작년에 찾았던 곳을 재방문하며 편안함을 느끼는 것을 즐긴다. 반면에 개방성이 높은 사람은 처음 가본 곳, 안 먹어본 음식, 낯선 놀이하는 것을 즐긴다. 개방성이 낮은 사람은 새로운 도전에 힘이 빠지고, 개방성이 높은 사람은 익숙한 체험이 지루하다. 그들의 여행 스타일은 완전히 반대일 수밖에 없다.

자꾸만 바꾸려는 사람과 그 자리에 머물려는 사람은 서로 갈등할 수밖에 없다. 개방적인 사람은 도전을 추구하는 만큼 삶이 불안정한 편인데, 그렇다 보니 전통을 중시하고 보수적인 사람들의 눈엣가시처럼 느껴진다. 특이한 사람으로 봐주는 것은 감지덕지고 한심한 사람 취급을 받는 경우가 다반사다.

그러나 새로운 도전을 하는 사람에게는 그만큼 기회가 자주 찾아온다. 지금처럼 개개인의 개성이 존중받고 뻔하지 않은 인생이 대세가 된 시대에서 개방적인 사람에게 성공 기회가 더 자주 찾아오는 건 부정할 수 없는 사실이다. 누가 상상이나 했겠는가. 개인 여행 다니며 영상을 찍고, 희한한 음식을 먹고, 기괴한 취미를 가진 사람이 큰돈을 버는 세상이 올 줄을 말이다.

성실성

마지막 요인은 성실성conscientiousness이다. 성실성은 통제력과 책임감이 높은 특질로, 이들을 표현하는 단어는 책임감, 현실감, 철저함, 근면, 성실, 체계성이다. 성실성이 높은 이들은 계획적이고 계획을 실행에 잘 옮기며 질서를 중요시한다. 주어진 일에 최선을 다하고 좋은 결과를 이끌어낸다. 원칙을 고수하고, 약속을 잘 지키며 체계적으로 생활한다. 그만큼 많은 일에서 성취감을 느낀다.

그러나 성실성이 지나치게 높으면 일 중독에 빠지기 쉽고, 무엇보다 일을 중요하게 여기느라 주변 사람들에게 소홀해진다. 규칙을 완고하게 지키다 보니 빡빡한 사람으로 비춰지고 주변 사람에게 피곤하다는 인상을 심어줄 수 있다. 일은 잘하지만 인간미가 느껴지지 않는 이들은 관계도 효율적으로 생각하기 때문에 계산적으로 보일 가능성이 크다.

반면 성실성이 낮은 사람은 나태하고 계획이 없으며 오늘만 산다는 마음가짐으로 지낸다. 이 모습이 자유로운 영혼처럼 여유로워 보이기도 하나 한편으로는 책임감이 부족해 보인다. 실제로도 그렇다는 단점도 있다. 성실성의 양극단에 있는 사람은 서로를 이해하기가 어려워 자신의 방식을 강요하며 갈등을 일으킨다.

드라마 〈그해 여름은〉의 주인공 웅과 연수는 성실성의 양극단에서 서로의 다름을 극복하지 못해 이별을 맞이한다. 연수는 어려운 환경에서 할머니와 단둘이 살며 성실하게 살아간다. 전교 1등을 놓치지 않고 열심히, 잘, 완벽하게 해내려고 노력하는 한편 그만큼 '싸가지 없다'는 소리를 자주 듣는다. 반면 웅은 잘나가는 가게 몇 개를 소유한 부모 밑에서 소위 금수저로 자라 열심과는 거리가 먼 하루하루를 보낸다. 하루는 웅과 연수가 꿈에 대해 이야기하는데 웅은 복잡한 것은 딱 질색이라며 평화롭게 빈둥대며 살고 싶다고 고백한다. 이런 이상적인 모습이 치열한 현실을 살아가는 연수에게 열등감을 불러일으킨다.

최선을 다하는 사람에게 빈둥거리는 모습이 한심해 보이고, 여유를 가진 사람에게는 열심히 사는 모습이 숨 막히게 느껴질 수 있다. 그러나 저마다 살아온 환경과 가지고 태어난 기질이 만나 가장 적절한 태도에 편안함을 느끼는 것일 뿐, 누가 옳다 그르다 말할 수 없는 문제라는 것은 모두 알고 있을 것이다.

인간의 성격은 다섯 가지 요인의 높낮이에 따라 다른 패턴을 보인다. 단순화시켜 차원을 3단계로만 나눈다 해도 패턴은 $3 \times 3 \times 3 \times 3 \times 3 = 243$개가 나올 것이다. 이렇게 많은 패턴의 인간이 존재하는 세상에서 서로가 다르다는 것은 얼마나 당연한 일일까, 오히려 이 안에서 같은 패턴을 한 사람을 만나는 것이야말로 기적일 테다.

빨강을 좋아하는 사람과 파랑을 좋아하는 사람이 있다. 빨강을 좋아하는 사람을 인정하라는 것은 '너는 빨강을 좋아하는구나, 나는 파랑을 좋아해' 여기까지다. '네가 빨강을 좋아하니 나도 빨강을 좋아할게'가 아니다. 그러나 우리는 이렇게 말하며 살고 있지 않나. '내가 빨강을 좋아하지 않으니까 너도 좋아하지 마.' 다름은 틀림이 아니라는 교과서적인 말을 내면화하지 못하는 것은, 다름을 인정하라는 말이 마치 동화하라는 압박처럼 들리기 때문이다.

성격의 다름을 이해할 수 없을 땐, 성격을 키라고 생각하자. 사람에 따라 키가 크거나 작은 유전자를 가지고 태어난다. 선호가 있을 순 있지만 강요할 순 없다. '너는 왜 170센티미터를 넘지 못하니? 조금만 더 노력해 봐' 하는 것처럼 말이다. 더 외향적으로 되어 봐, 더 성실해져 봐, 더 개방적으로 받아들여 봐 모두 할 수 없다는 뜻이다.

모든 성격 차원의 높고 낮음은 다를 수 있지만, 이 차이가 옳고 그름의 기준이 될 수는 없다. 누군가의 모습이 나와 다를 땐 그저 단순하게 생각하자. 아, 그럴 수도 있구나, (나는 아니지만 너라면) 그럴 수도 있겠다! 이거면 충분하다.

설득이라는 가면을 쓴 협박

: 지각적 방어

채식주의 단체의 동물 보호 시위 영상이 온라인을 떠돌았다. 영업 중인 햄버거 가게에 난입해 난동을 부리는 모습이었다. 그들은 식사 중인 손님을 향해 확성기를 틀었다. 꽤액 꽤액! 괴로워하는 동물의 울음 소리가 울려 퍼지자 그들은 바닥에 가짜 피를 뿌리기 시작했다. 그리고 이렇게 외쳤다. "당신들은 동물 학살자입니다!" 시위 당사자가 자랑스럽게 공개한 이 영상은 세계적으로 급격하게 퍼졌다.

채식주의를 존중한다. 나 역시 비건 생활을 조금씩 시도하고 있다. 그러나 이 영상을 보며 미간을 찌푸릴 수밖에 없었다. 비단 나만의 생각은 아니었다. 영상이 공개된 이후 많은 이들이 격분

했다. 남에게 피해 주는 사람의 신념에서는 배울 게 없다에서부터 시작해 입에 담을 수 없는 끔찍한 댓글이 오갔다.

다양한 신념과 가치관이 갈등하는 세상이다. 타인을 설득하려는 시도도 끊임없이 나타난다. 그러나 어떤 시도는 하지 않느니만 못해 보인다. 진정한 변화를 위해 우리는 어떤 방식을 선택해야 할까?

누구도 시켜서 하는 행동을 원치 않는다. 강요는 개인의 자율성 욕구를 침해한다. 게다가 변화는 어렵다. 그래서 급진적 설득은 사람을 불편하게 한다. 불편하게 만들기. 물론 이 방식이 의도적으로 선택된 전략일 수 있다. 불편하게 만들면 빨리 신념과 행동을 바꾸겠지, 하고 말이다. 그러나 기대는 들어맞지 않는다. 불편함은 사람의 마음을 더욱 견고하게 만들기 때문이다.

딩크족을 결심한 부부가 TV를 보다가 출산율 저하에 대한 문제점을 지적하는 장면을 목격한다. 그들은 어떻게 할까? 아이를 낳기로 마음을 돌릴까? 아니다. 채널을 돌린다. 애연가가 담배로 인해 폐암에 걸린 환자의 다큐멘터리를 마주한다. 어떻게 할까? 역시나 채널을 돌린다. 사람들은 자신의 신념에 어긋나는 자극이 나타날 때 주의를 다른 데에 돌린다. 불편한 상태로부터 벗어나기 위한 보호기제다. 이를 지각적 방어perceptual defense라고 부른다. 상대의 주장이 나의 신념에서 멀어지면 멀어질수록, 불편하면 불편할수록 방어막은 단단해진다. 그 주장이 옳은지 그른지, 윤리적인지 아닌지는 중요하지 않다.

급진적 설득은 부정적인 뉘앙스를 풍긴다. 물론 부정적 기분에도 순기능이 있다. 몰입하게 만든다는 것이다. 부정적인 감정을 자주 느끼는 예술가는 행복할 때보다 더 집중해서 작품 활동을 한다. 그러나 이 장점이 단점이 되기도 한다. 몰입은 깊이 생각하게 해 주의의 폭을 좁힌다. 확산적인 사고를 방해한다. 그래서 부정에 사로잡힌 사람은 남의 이야기에 귀 기울이지 않는다. 자신에 깊게 몰두하느라 다른 소리가 들리지 않는다. 신념과 반대되는 주장은 사람을 부정적으로 만들고 부정적인 감정은 자신에게 집중하게 만들고, 더욱더 고집을 부리게 만든다.[6]

신념은 사람에 따라 다르지만 우리는 다름을 틀렸다고 규정한다. 상대를 비난하면서 우리 편이 되라고 한다. '이 바보 같은 독자야! 왜 소설만 읽어? 지혜로워지려면 내 책을 읽으라고!' 내가 이런 메시지로 책을 홍보한다면, 출판사에서 많이 슬퍼할 것이다. 싫은 소리로 설득되는 사람은 어디에도 없다. 상대를 내 편으로 만들려면 순응시켜야 한다. 순응은 말 그대로 순순히 응하는 것이다. 치열하고 격렬하게 저항하다가 억지로 딸려오는 것이 아니다. 나의 의견을 타인에게 피력하고 싶을 때는 복종이 아닌 순응을 시켜야 한다. 마음을 몽글몽글하게 해주는 것이다.

상대의 마음을 사로잡는 방법은 무엇이 있을까? 호감을 사면 마음이 열린다! 이것이 바로 호감의 원칙이다. 호감을 얻는 법은 간단하다. 상대방에게 관심이 있다는 사실을 티 내는 것이다. 예를 들면 이름 불러주기. 대학원 면접 날이었다. 졸업한 지 5년도 지났는데 한 교수님이 "오랜만이다! 고은아!" 하고 인사를 건넸다. 그 교수님과 강의 도중 의견이 달라 부딪힌 적이 있었는데, 내 이름을 기억해 주는 순간 응어리가 녹았다. 면접 상황에 긴장감이 풀렸고, 덕분에 성공적으로 면접을 볼 수 있었다.

작은 선물을 주는 것도 좋다. 세상에 받는 것 싫어하는 사람은 없다. 그러나 그 의도가 뻔히 보이는 큰 보상은 부담감을 준다. 아주 작고 사소한 것을 건넬 때 상대는 호의를 기쁘게 받는다. 예를 들면, 주머니 속에서 꺼낸 젤리 한 개처럼 말이다.

충고를 구하는 것도 하나의 방법이다. 충고를 구한다는 것은 상대를 존경하고 있고, 그 사람에게 배울 만한 점이 있다는 사실을 인정하는 것이다. 별로 궁금한 것이 없어도, '이 음식은 어떻게 만들었어요?' 하고 묻는다거나, '이건 어디에 쓰는 물건이에요?' 하고 호기심을 보인다든가 나보다 먼저 개척한 분야에 관해 물어본다든가(여기서 중요! 정보를 캐내는 느낌을 주지 않도록 조심한다!),

조언을 구하는 사람에게는 모두가 너그러워진다. 최선을 다해 줄 수 있는 것을 준다. 그런 사람의 설득에 한 번쯤 관심 갖게 되는 건 당연한 순리다.

한 취객이 지하철역에서 난동을 부렸다. 지나가는 사람에게 욕을 하고 침을 뱉고, 기물을 파손했다. 진상도 그런 진상이 없었다. 경찰이 출동해 삼단봉으로 그를 제압하려 했지만 위협할수록 그의 저항은 거세졌다. 바로 그때 시민 한 사람이 그에게 다가갔다. 시민들이 조마조마하며 이 장면을 지켜봤다. 무슨 일이 일어나려나? 그때 놀라운 일이 벌어졌다. 시민이 취객을 힘껏 안아준 것이다. 처음에 취객은 모르는 사람의 포옹에 당황해 몸부림을 쳤다. 그러나 발버둥은 이내 잠잠해졌다. 잠시 후 그는 시민의 품에서 어린아이처럼 꺼이꺼이 울기 시작했다. 무엇이 그를 화나게 했는지 우리는 알 수 없다. 그러나 무엇이 그를 우리 편으로 돌려놨는지는 알 수 있다.

사람의 마음을 변화시키는 것은 공격과 충격이 아니다. 온화하고 다정한 메시지다.

우리 안의
나를 지키기 위하여

당신의 불행을 기원하기 전에

: 자아 고갈 이론

"어느 대학에서 공부하시는데요?"

"야, 왜 그래. 그만해. 알겠다잖아"

"봐봐, 마음공부 하신다잖아. 제가 어지간하면 누가 누군지 다 알거든요. 어디서 공부하시는데요?"

사이비 종교가 판을 치면서 심리학자들이 의심의 눈초리를 받기 시작했다. 그들이 소위 '마음공부'한다는 명목으로 사람들에게 접근하기 때문이다. 그날도 그런 날이었다. 친구들과 맛집을 찾아가던 중 미소를 띤 여자가 다가왔다. 마음공부를 하자며 연락처를 물었다. 나는 날카롭고 공격적으로 시비를 따졌다. 친구들마저 민망해지는 상황이었다. 그럼에도 나의 화는 멈출 줄 몰랐다. 이런 일은 여러 번 일어났다. 길에서 실수로 어깨를 부딪친 사람에게 눈에 불을 켜고 성질을 내거나, 애정 행각을 벌이는 연인을 보고 모텔을 가라며 비아냥댔다. 나의 까칠함에 친구들은 불편해했다. "너 요즘 좀 이상해."

당시 나는 한 대학에 근무하며 극도로 스트레스를 받고 있었다. 교내에 미친놈으로 정평 난 직원이 있었는데, 안타깝게도 그의 직속 부하직원이 되었기 때문이다. 그는 모든 사람을 적으로 삼고 괴롭혔다. 귀신 잡는 해병대 출신 조교도 밥을 먹다 눈물을 훔칠 지경이었다. 그곳에서 근무하는 동안, 나와 동료들은 점점 괴팍해졌다. 작은 일에도 쉽게 욕을 뱉었으며 공격적인 행동이 거침없이 튀어나왔다. 도서관에서 고르는 책은 늘 '살인', '저주', '협박'과 같은 단어가 포함되어 있었다. 하루는 한 동료가 열심히 무언가를 검색하고 있었는데, 그것은 바로 '데스노트'였다.

성격 파탄자와 함께한다는 것이 얼마나 끔찍한 일인지 겪어보지 않은 자는 모른다. 그런데 더 끔찍했던 것은 나 또한 변하고 있었던 것이고 그 사실을 인지할 수 없었다는 것이다. 가랑비에 옷 젖듯 나는 서서히 흑화되고 있었다.

내 마음 상태를 확인해야 했다. 동료 상담사에게 심리 검사를 부탁했다. 검사 결과를 본 그녀는 참담한 표정을 지었다. 그리고 그저 이렇게 말했다. "선생님도 결과 해석할 줄 알잖아. 자기 자신을 사랑해야 해." 동료가 자리를 뜨고 한참 동안 결과지를 들여다 봤다. 말을 잇지 못했다. 자살 충동, 공격성, 우울 점수 모두 위험 수준을 훌쩍 넘어 있었다. 고작 직장 내 괴롭힘 때문에 이렇게 무너진다고?

사회 심리학자 로이 바우마이스터Roy F. Baumeister는 일명 '무실험'이라고 불리는 흥미로운 연구를 실시했다. 연구자는 실험 진행을 위해 모든 참여자에게 한 끼 식사를 굶고 오라고 요청했다. 얼마나 배가 고팠을까? 연구진의 잔인함은 여기서 멈추지 않았다. 배고픈 그들이 대기하는 실험실 옆에서 초콜릿 쿠키를 굽기 시작한 것이다.

참여자는 두 그룹으로 나누어졌다. 한 그룹의 참가자에게는 끝내주는 냄새가 나던 초콜릿 쿠키를 주었고, 다른 그룹의 참가자에게는 무를 주었다. 그렇다. 그 '무' 말이다.

어느 정도 시간이 지난 후 모든 참가자는 퍼즐을 풀어야 했다. 원리상 결코 풀 수 없는 한붓그리기 과제였다. 문제에 답이 없다는 사실을 모르는 참가자들은 최선을 다해 과제에 임했고 연구진은 그들이 포기할 때까지 시간을 쟀다. 결과는 선명했다. 초콜릿 쿠키를 먹은 사람들이 무를 먹은 사람들보다 훨씬 오랫동안 도전을 멈추지 않았다.[7]

자아 고갈 이론ego depletion theory에 따르면 사람들에게는 저마다 정해진 수준의 통제력이 있다. 인내심 혹은 의지력이라고 부르기도 한다. 이 힘은 무한히 생성되는 신비로운 능력이 아니고 한 번 쓰면 고갈되는 한정된 자원이다. 하나의 사건에 에너지를 사용하면 다른 사건에 대응할 에너지가 부족해진다. 다시 말해 통제할 힘을 잃는 것이다.

무를 먹은 사람들은 쿠키 냄새를 맡으며 배고픔을 견뎌야 했다. 그 과정에서 그들의 통제력은 소진되었을 것이다. 다음 과제를 위해 비축해 놓아야 할 에너지가 모두 고갈되었으므로 풀 수 없는 과제를 붙들고 견딜 수 없었다.

감정은 언제나 자신의 존재감을 드러내려 노력한다. 그러나 우리는 자제력으로 이들을 누르며 인간다운 삶을 살아간다. 그러나 어떠한 이유로 에너지가 고갈되면 사소한 감정이라도 조절할 수 없게 된다. 나와 직장 동료들은 무를 먹은 사람과 같았다. 직장 내 스트레스를 견뎌내느라 모든 에너지를 소진했고 결국 통제력을 잃었다. 그 결과 가까운 친구에게 짜증 내고 모르는 사람에게 공격적으로 대했다.

이기호 작가의 소설 『눈감지 마라』는 지방대를 졸업한 후 취업에 실패해 고군분투하는 정용과 진만의 이야기를 다룬다. 편의점에서 일하던 정용은 서비스직의 스트레스 탓으로 점점 까칠해진다. 그 모습을 보고 함께 살던 진만은 위로랍시고 친절도 병이 된다는 심리학자의 말을 들었다며 조언한다. 그 순간 정용이 욱하며 소리친다. "그 새끼 교수 맞아? 네가 그 새끼 유튜브에 들어가서 댓글 좀 달아. 똑똑히 알고 지껄이라고. 너 왜 가난한 사람들이 화를 더 많이 내는 줄 알아? 피곤해서 그런 거야. 몸이 피곤해서. 몸이 피곤하면 그냥 화가 나는 거라고. 안 피곤한 놈들이나 책상에 앉아서 친절도 병이 된다는 헛소리를 늘어놓는 거라고!"

이 장면에서 움찔했다. 심리학자랍시고 이런 말을 지껄인 건 아닌지 나를 돌아봐야 했기 때문이다. 피곤하면 자아가 고갈되고 통제가 어려워진다. 갈수록 까칠한 모습을 보이고, 한순간의 실수가 사고로 연결되기도 한다. 경험해 본 사람만 아는 괴로움이다. 몸이 피곤하면 화가 난다. 아니, 화가 참아지지 않는다.

심리 검사 결과를 확인한 그날, 나는 퇴사를 결정했다. 쉬운 선택은 아니었다. 어떤 사람에게는 포기마저 용기가 필요한 일이니까. 그러나 퇴사 일이 정해지자 놀랍게도 모든 것이 달라졌다. 하늘의 구름도 이쁘고, 지나가는 아이들이 지르는 소리도 활기차게 느껴졌다. 예전 같았으면 시끄럽다고 생각했을 텐데. 오랜 저주에서 풀려난 기분이었다.

마음에 여유가 찾아오니 문득 그런 생각이 들었다. 그 사람이 나를 힘들게 한 만큼, 나도 누군가에게 힘든 사람이었겠지? 그럼 그 사람이 내게 힘든 사람이었던 이유도?

어딜 가나 우리를 힘들게 하는 사람이 있다. 그 아픔이 너무 크면 내가 받은 상처만큼 아프길 바란다. 그 사람이 불행해지길 바란다. 데스노트를 검색하던 동료의 마음처럼 말이다. 하지만 그럴 필요 없다. 이유 없이 나를 힘들게 하는 사람이 왜 그러는지 생각해 보자. 그는 이미 삶의 어느 부분에서 에너지가 소진된 상태일 것이다. 그래서 통제할 수 없는 마음으로 괴롭혔을 것이다.

불행을 바라는 마음을 걷어내자. 그는 이미 불행 가운데 있기 때문이다. 그가 주는 상처는 불행을 받아야 할 업보가 아닌 불행으로 드러난 결과물이다. 안타깝게도 불똥이 나에게 튀어버린 것일 뿐이다. 물론 불행한 삶을 산다고 그들의 잘못을 정당화하자는 것은 아니다. 다만 나를 위해 이해하자는 것이다. 이해하는 건 용서하고 다가가라는 말도 아니고, 품어주고 보듬어주라는 뜻도 아니다. 그저 내 마음을 지키자는 뜻이다. '도대체 왜 저래' 하고 받는 상처가 100이라면, '그럴 수도 있구나' 했을 때 받는 상처는 10으로 줄어드니까.

원망하고 저주한다고 나아질 것도 없다. 어차피 가서 때릴 것도 아니지 않는가. 미움은 마음만 더럽힐 뿐이다. 그러기엔 우리 인생에 너무 많은 꽃길이 기다리고 있다. 누군가의 행동이 이해되지 않을 때 원망 대신 이렇게 생각해 보자. 저 사람 견뎌내고 있구나.

이기려면 패를 까세요

: 면역효과

누구나 자기만의 인생을 살겠다는 꿈을 꾼다. 나에게도 그런 꿈이 있었고, 첫 번째 시도는 검정고시였다. 평범의 궤도를 조금만 벗어나도 지탄받던 시절이었는데, 내가 해냈다.

사실 검정고시보다 어려운 것은 따로 있었다. 부모님을 설득하는 일. 세상 어느 부모도 자녀의 자퇴를 응원하진 않을 테니까. 처음에는 오기로 밀고 나갔다. 방문을 닫고 자퇴서를 써주지 않으면 한 발자국도 나가지 않겠다 고집부렸다. 나흘 정도는 버틸 만했지만 곧 주린 배를 움켜쥐고 방문을 나설 수밖에 없었다. 다음으로는 감정에 호소했다. 학교 다니는 것이 얼마나 힘든지 아느냐고 눈물로 토로했다. 하지만 힘들 때마다 회피하면 앞으로 더 힘들어질 거란 부모님 말씀은 반박할 수 없는 사실이었다.

결국 통한 것은 마지막 방법이었다. 문제에 직면하고 확실하게 계획을 전달하는 것이었다. 스타트 업의 경쟁 PT처럼 자퇴의 목적, 일정, 향후 구체적 계획을 일목요연하게 설명했다. 하지만 더 중요한 것이 있었으니 그건 예상 질문에 답을 내리는 것이었다. 아침에 혼자 일어날 수 있느냐, 나태해지지 않을 자신이 있느냐, 교과과정을 혼자 따라잡을 수 있느냐. 예상 질문의 대답은 당연히 NO였다. 그래서 내가 먼저 말했다. 내가 가장 자신 없는 부분이 이거라고. 그래서 재수 학원을 등록할 것이라고. 준비된 대응책도 발표했다. 부모님은 만족했고 나는 원하는 결과를 얻어냈다.

살다 보면 의견이 팽팽히 대립하는 순간이 온다. 이때 상대를 설득하기 위해 어떤 방법을 쓰는지 떠올려 보자. 막무가내로 원하는 것을 들어달라고 보채기에 우리는 너무 늙었다. 성숙하고 효과적인 방법을 찾아야 한다. 어떤 메시지를 전할 것인가!

소비자 심리학에서는 메시지의 방향을 일방과 양방으로 나눈다. 일방 메시지one-sided communications는 설득하려는 내용의 좋은 점, 주요 근거만 주장하는 방식이다. 반면에 양방 메시지two-sided communications는 내 주장의 허점, 불필요한 정보까지 공개하는 방식이다.[8]

많은 사람이 자신에게 불리한 패를 선뜻 꺼내지 않는다. 굳이 마이너스를 얻고 들어갈 필요는 없기 때문이다. 하지만 상대가 누구냐에 따라 전략이 달라져야 한다. 그 시작은 상대가 내 편인지 아닌지를 구분하는 것이다.

상대가 우호적이라면 일방 메시지가 효과적이다. 이미 내 편이기 때문에 확신만 주면 된다. 예를 들어 이미 '이 가게'에서 옷을 사기로 결심한 고객에게는 옷의 좋은 점만 말해주면 된다. 얼마나 고급스러운 재료를 사용했는지, 디자인이 얼마나 특출난지, 얼마나 잘 어울리는지. 그러면 상대는 결정에 확신을 품고 기쁘게 설득당한다.

반면 상대가 비우호적이고 반박하려는 의도를 가질 때는 방법을 달리해야 한다. 내가 치아 교정을 받을 때 일이다. 세 군데 치과에서 상담을 받았다. 두 군데 의사는 자랑과 확신을 늘어놓았다. 얼마나 많은 경험이 있는지, 가격이 얼마나 경쟁력 있는지. 하지만 세 번째 치과 의사는 이런 말을 꺼냈다. "우리 병원이 다른 병원에 비해 비싸죠. 이해합니다. 하지만 실력에 맞는 금액을 책정하려니 어쩔 수가 없군요. 그 대신 믿어주시는 만큼 결과는 책임지겠습니다." 솔직한 태도에 마음이 열렸다.

판단 중인 사람은 남의 편에 가깝고, 언제라도 뒤돌아설 준비가 되어 있다. 100퍼센트 신뢰하지 않는 상대는 허점부터 찾기 마련이다. 이땐 양방 메시지가 더 효과적이다. 문제가 해결되지 않는다면 수긍하기가 어렵지만, 불리한 점을 먼저 공개하면 진실해 보인다. 그래, 세상에 완벽한 게 어딨어, 라는 마음에 시선이 너그러워진다.

맥과이어McGuire와 파파죠지스Papageogis는 약점을 인식하게 해주는 것이 대처에 큰 도움이 된다는 사실을 발견했다. 연구에 참여한 사람들은 세 그룹으로 나누어졌다. 연구진은 첫 번째 그룹의 의견을 적극적으로 지지했고, 두 번째 그룹의 의견에 사소한 비판을 했다. 마지막 그룹에게는 아무 말도 해주지 않았다. 이 절차가 끝난 이후 연구진은 모든 참여자를 강하게 비난했다. 과연 누가 가장 잘 저항했을까? 작은 비판을 받았던 사람들이었다.

예상치 못한 공격에는 속수무책으로 당하는 게 인간이다. 예상한 공격이라도 너무 강력하면 마찬가지다. 하지만 자신의 약점을 잘 파악하기만 하면 대처 능력이 올라간다. 내공이 쌓이는 것이다. 이것이 바로 면역 효과inocilation effect다. 신체에 죽은 균을 투입하면 이를 연습 삼아 몸이 저항할 능력을 갖추고 이후 진짜 균이 들어와도 대처할 수 있게 된다. 문제를 직면하는 것은 면역력을 키우는 예방 주사다. 이후 공격을 별것 아니게 만드는.

여기에 더해 내가 스스로 나를 공격한다면 어떤 일이 벌어질까? 내가 놓은 주사는 남이 놓는 주사보다 덜 아플 테니 말이다.

조롱거리를 숨기려고만 한다면 갑자기 들어오는 공격에 당황할 것이다. 공격이 오지 않아도 언제 걸릴지 몰라 좌불안석일 테다. 하지만 먼저 패를 까면 상대는 힘을 잃는다. 이미 공개된 약점을 공격하는 것은 무력하다.[9]

설득하는 사람은 을이다. 그렇다고 숨기는 것이 능사는 아니다. 연극은 언젠가 끝나고 문제는 결국에 드러난다. 차라리 미리 패를 까자. 먼저 손을 쓰는 것이다. 하지만 여기서 멈추는 것은 안 된다. 그래서 어쩌라고? 해결 방법도 제시해야 한다. '그래, 난 게 을러! 일찍 일어날 수 없어! 그래서 재수 학원에 등록할 거야!' 멋지게 설득한 나처럼 말이다. 내가 가진 빈틈을 정확히 알기에 메꿀 준비도 되어 있다는 선포가 상대방의 반박할 입을 꿰매 버린다. 먼저 선수 치는 것, 그것이 바로 마음을 사로잡는 선수가 되는 법이다.

거, 사람 고쳐 쓰는 거 아닙니다

: 가스라이팅

사람 고쳐 쓰는 것이 아니라는 말을 싫어한다. 느리지만 마침내 배우고 마는 나처럼 사람은 누구나 나아질 수 있기 때문이다. 갈등이 있어도 노력한다면 극복할 수 있다. 스스로 의지만 있다면 변할 수 있다. 하지만 모든 관계가 그렇다는 건 아니다. 정리가 필요한 사람도 존재한다.

정신분석가 로빈 스턴Robin Stern은 관계에 어려움을 느끼는 내담자들에게서 이상한 공통점을 발견했다. 상대에게 명백한 문제가 있는데도 갈등의 원인을 자기에게로 돌리는 패턴이었다. 학대하는 부모를 편들고 자기가 말을 안 들어서 그렇다거나, 폭력 쓰는 배우자를 이해하며 자신이 화를 돋우었다고 하거나, 바람피우는 애인을 용서하며 자기가 더 잘해주지 못해서 그랬다고 말하는 것이다. 로빈 스턴은 분명히 존재하면서도 명확히 정의할 수 없는 이 현상에 이름을 붙였다. 바로 '가스라이팅gaslighting'이다.[10]

가스라이팅의 어원은 영화 〈가스등〉에서 비롯되었다. 주인공 폴라는 세계적으로 유명한 오페라 가수 이모와 행복하게 살고 있었다. 그러나 이모는 그녀의 재산을 노린 괴한에게 살해당한다. 이후 폴라에게는 그레고리라는 애인이 생긴다. 그는 이모와 살던 집에 들어가 가정을 꾸리길 원하고, 폴라는 그 집으로 돌아가기로 한다. 하지만 트라우마 때문이었을까, 폴라의 정신에 문제가 생기기 시작한다. 물건을 자주 잃어버리고, 자기가 한 말을 기억하지 못하고, 가스등이 흐려진다며 헛소리를 반복하기 시작한 것이다. 폴라는 자신이 미쳤다고 확신하며 자책한다.

사실 이 모든 건 그레고리가 꾸민 일이었다. 그가 바로 이모를 죽인 괴한이었고 의도적으로 폴라에게 접근해 전 재산을 독차지하기 위한 계략을 짠 것이었다. 폴라를 정신병원에 보내면 일이 더 편해질 텐데, 억지로 보내는 것보다 더 좋은 방법은 제 발로 들어가게 하는 것이기에 그레고리는 환경을 조작해 폴라가 스스로 미쳤다고 믿게 만든다.

로빈 스턴은 영화 속 그레고리처럼 상황을 조작하거나 심리를 조종해, 스스로 의심하게 만드는 정신적 지배를 가스라이팅이라 명명했다. 가스라이터gasligter(가스라이팅 주도자)는 목적을 가지고 상대에게 접근한다. 관계의 주도권을 잡기 위해 죄책감과 무기력감을 심어주고 자신의 악의를 포장한다. '이게 다 널 위하는 말이야', '내가 널 위해 얼마나 희생했는데', '너는 아무것도 모르잖아', '내가 힘든 게 보이지 않아?', '너 때문에 이렇게 된 거라고', '너만 아니면…', '내가 너 그럴 줄 알았어' 이런 말들이 반복되면 정말 문제의 원인이 자신에게 있는 것처럼 느껴진다. 상대는 날 위하는데, 나는 늘 부족한 것 같다. 가스라이터는 이렇게 잘못의 방향을 바꿔버린다.

드라마 〈우리들의 블루스〉 속 은희와 미란이의 이야기가 인상적이었다. 가난한 가정에서 자란 은희를 미란이 도와주면서 두 사람은 우정을 꽃피웠다. 두 사람은 둘도 없는 친구처럼 보였지만 실상을 들여다보면 그렇지 않았다. 은희는 미란의 가방도 들어주고, 밥도 차려주고, 차로 데리러 오가며 모든 비위를 맞추는 사람이었다. 친구보다는 공주와 무수리의 모습에 닮아 있었다.

하루는 미란이 은희에게 자살을 암시하는 말을 남긴 채 연락을 끊는다. 제주도에 사는 은희는 걱정되는 마음에 서울까지 한달음에 달려가지만 친구들과 술 파티하는 미란의 모습을 목격한다.

땀 범벅이 된 은희를 보며 미란은 친구들 앞에서 으스댄다. 미란은 은희의 충성심을 테스트했던 것이다. 내가 부르면 언제든 달려오는 애라고. 이 일을 겪고 나자 은희는 미란이 밉다. 너무 당연한 감정이다. 그러나 은희는 미워하는 마음에서 머물지 못하고 그런 감정이 드는 자신을 자책한다. 어렵던 시절 도와준 미란을 배신하는 것처럼 느껴졌기 때문이다. 결국 은희는 미란에게 다시 다가간다.

세 번의 이혼 경험이 있는 미란은 은희에게 말한다. 나는 가정도 제대로 꾸리지 못하고, 가족들도 나를 미워하고, 딸마저도 시어머니처럼 대하기 어려운데 이런 내가 너 하나 만만하게 생각하면 안 되느냐고. 이 말에 은희는 다시 한번 자신을 자책한다. 나는 이 장면이 너무나도 끔찍하게 느껴졌다. 내가 힘드니까 만만하게 대하면 안 되느냐니? 당연히 안 된다. 안 되고 말고. 자신의 불행이 타인에게 주는 상처를 정당화할 수 없는 건데, 그 말로 오히려 은희를 죄책감 들게 하고 있다. 은희는 미란의 아픔도 이해하지 못하는 속 좁은 사람이 되었고, 미란은 그럼에도 불구하고 은희를 품어주는 너그러운 친구가 되었다.

두 사람의 관계는 어떻게 될까? 관계의 형태는 영원히 변하지 않을 것이다. 미란은 언제나 여왕으로 군림할 것이고, 은희는 몸종처럼 굴 것이며, 미워하고 자책하는 불행한 삶을 반복할 것이다. 은희는 마땅히 기분 나쁠 수 있는 상황에도 못난 마음을 품은 자신을 탓할 것이다. 미란이 뻔뻔한 태도를 지킬 것이기 때문이다. 이런 것이 바로 가스라이팅이다. 잘못을 인정하지 않는 것은 물론, 상대가 자신에게 책임을 돌리게 하며 원하는 방향으로 관계를 이끌어 가는 것.

정상적인 관계에서는 진심이 가닿는다. 그러나 가스라이팅에는 이득을 위해 상대를 쥐락펴락하려는 본심이 깔려 있다. 자신에게 문제를 찾지도 않고 변화의 필요성을 느끼지도 못한다. 이들에게 진심을 다하는 것은 오히려 목적을 달성시켜 주는 것이고 악행을 지속하게 만드는 것이다. 당하는 사람이 배려하면 배려할수록 가스라이터는 기세등등하게 군림하려 든다. 그래서 이 관계는 단절이 답이다.

내 노력으로만 지속되는 관계, 나만 놓으면 끝나는 관계가 있다. 내가 연락해야 연락이 닿고, 내가 참고 맞춰줘야 평화롭고, 내가 사과해야 갈등이 멈추는 관계. 주는 건 있으나 받는 건 없고, 주면 줄수록 공허해지는 관계, 그런 관계는 소모적이다. 가스라이팅이 그렇다. 상대에게는 노력 없이 원하는 것을 얻겠다는 명백한 목적이 있기 때문이다. 노력하면 할수록 기우는 관계는 희망이 없다.

우리는 사이좋게 지내라는 말을 들으며 자랐다. 그러나 어떻게 모든 사람과 사이좋게 지낼 수 있을까? 나를 갉아먹으면서까지 모든 사람에게 맞춰줄 필요는 없다. 좋은 사람, 맞는 사람과 잘 지내면 된다. 내가 손만 놓으면 언제든 끝나버릴 관계라면 그 손을 놓아야 한다. 그 손마저 놓았다가 빈손이 될까 걱정하지 않아도 된다. 손이 비어야 다른 손을 잡을 기회가 온다. 나 혼자 애쓰는 관계는 끝내도 된다. 그래도 괜찮다. 아니, 그래야 괜찮아진다.

제발, 예쁘다고 하지 마세요

: 무조건적 존중

축하합니다! 김준호

-아무 이유 없음-

'웃긴 현수막 대회' 사진 중 가장 웃겼던 문구였다. 커다란 나무 사이에 걸린 이 현수막은 김준호를 아무 이유 없이 축하해 주고 있었다. 한참을 웃다가 나는 과연 살면서 아무 이유 없이 박수를 받아본 경험이 있나 생각해 봤다.

자랑은 아니지만 자랑인데, 학창 시절엔 예쁘다는 소리를 제법 들었다. 그래서 근 20년 동안 내가 굉장히 예'뻤'던 사람이라는 환상에 빠져 살아왔다. 이래 봬도 내가 왕년엔 한 미모 했거든? 현실이 환상이 되어버린 건 결혼하며 신체적 변화를 크게 겪었기 때문이다. 몸무게 앞자리가 바뀐 건 물론이고 허리둘레가 무려 4인치 늘어났다. 설상가상 눈에 문제가 생기면서 콘택트렌즈 금지령이 내려졌고, -5.5디옵터 시력을 가진 나는 눈 크기가 절반으로 작아지는 마법의 안경을 끼고 살아야 했다.

누군가에게 정이 떨어지면 밥 먹는 모습이 '처'먹는 모습으로 보인다고 한다. 밥을 먹다 문득 유리에 비친 내가 보였는데 분명 나는 처먹고 있었다. 그때부터 자기혐오에 빠졌고 오랫동안 자존감을 갉아먹으며 나를 미워했다. 그러나 며칠 전 아버지가 보내준 20년 전 사진은 나를 까무러치게 만들었다. 그때의 내 미모와 지금 내 모습 사이에 큰 차이가 없었기 때문이다.

예나 지금이나 평범한 외모의 소유자였던 나는 변한 외모 때문에 힘든 게 아니었다. 나를 괴롭게 만든 건 기대치였다. 이쁘다니까 정말 이쁜 줄 알았지, 근데 그게 아니니까 참을 수 없던 것이다. 이처럼 외모에 대한 칭찬은 누군가를 더 괴롭게 만든다.

칭찬의 역습은 외모에만 국한되지 않는다. 드라마 〈안나〉의 주인공 안나는 어린 시절 똑 부러지는 성격으로 높은 성적을 뽐냈는데, 그녀를 회상하던 담임교사의 말이 인상 깊다. "어릴 때부터 똑똑하다는 소리를 듣고 자란 아이들은 시간이 지날수록 실패에 취약해요." 칭찬은 순간적으로는 힘이 된다. 그러나 지속적으로는 힘을 뺀다. 칭찬의 본질을 지키는 데 에너지를 쏟게 만들기 때문이다.

칭찬은 사람을 줄 세우고 나은 사람과 그렇지 않은 사람을 구분한다. 칭찬을 받는 순간은 쓸모 있는 사람이 되지만 칭찬거리가 사라지는 순간 존재의 이유도 사라진다. 그들에게 실패는 성공의 디딤돌이 아니라 인생의 걸림돌이 된다. 결국 우리가 선의로 던진 칭찬은 누군가의 행복한 미래를 빼앗는다.

결혼 전 예비 시부모님과 밥을 먹다가 이런 질문을 받았다. "우리 아들 어디가 좋아서 결혼하려 해요?" 당황한 나머지 아무런 대답도 하지 못했다. 머뭇거리는 내 모습이 사랑의 크기를 대변하는 것 같아 후회되었다. 하지만 지금 생각해 보니 그 머뭇거림이야말로 진짜 사랑이었음을 느낀다. 어디가 좋아서가 아니라 그냥 좋았던 거니까.

사랑하는 사람에게 장점이 있을 수 있다. 하지만 장점이 그 사람을 사랑하게 만드는 이유는 아니다. 돈이 많아서 좋았다면 사업에 실패한 후 내쳐질 거고 잘생겨서 좋았다면 노화한 모습에 마음이 떠나지 않을까? 사람을 사랑하는 데 이유가 있다면, 이유가 사라지면 사랑도 끝이 난다.

인본주의 심리학자 칼 로저스Carl Roger는 타인을 대하는 태도에 '무조건적 존중unconditional regard'이 필요하다고 말한다. 잘하고 뛰어나서 사랑하는 게 아니라 있는 그대로를 바라봐주라는 것이고, 상대에게 어떠한 문제가 있든 잘못을 저질렀든 일단 존중하라는 것이다. 누군가는 되물을지 모른다. "그러면 더 나아지려고 노력하지 않고 부족한 상태에 머물려 하지 않나요?" 아니다. 무조건적 존중을 받은 사람은 가치 판단적 상처로부터 자유로워진다. 이 마음은 새로운 도전을 격려한다. 부족함을 보완하려는 용기를 주고 진짜 가치를 찾아 발을 내딛게 한다. 남이 시켜서 하는 발전이 아닌 내가 선택한 진정한 발전이 시작된다.

보라색을 칠하는 아이가 있다. 보통은 이렇게 칭찬한다. "보라색 너무 예쁘다!" 이제 아이는 매일 보라색으로만 그림을 그린다. '보라색=예쁘다'라는 모범답안이 생겼기 때문에 다른 답을 선택하지 못한다. 만약 "보라색을 칠했네?" 하고 만다면 어떨까? 아이는 관심만 받을 뿐 정해진 정답에 갇히지 않는다. 이제 다른 색도 집을 수 있게 된다. 그때 또 관심을 주면 된다. "이번엔 노란색으로 칠했구나!" 어떤 행동을 해야 관심을 받는 것이 아니라, 어떤 행동을 해도 관심을 받는다는 걸 느낄 때, 선택의 결과가 아닌 '나'의 선택이 존중받는다고 느낀다. 그 마음은 나라는 존재 자체가 소중하다는 믿음을 심어준다. 조건 없는 인정의 시작은 존재 자체를 읽어주는 것이다. 관심을 주되 판단은 배제하는 것.

좋은 대학에 합격하지 않아도, 대회에서 수상하지 않아도, 정계에 진출하지 않아도 축하받은 현수막 속 김준호처럼 우리에게도 그런 경험이 필요하다. 아무 이유 없이 그냥 나라서, 존재만으로 사랑받아 마땅하다는 느낌. 아무 이유 없이 사랑하고, 아무 이유 없이 사랑받자. 독자님, 사랑합니다! 아무 이유 없이!

허술함의 매력

: 실수 효과

    강의를 준비하면서 부딪히는 마음의 난관은 완벽해지고 싶다는 욕심이다. 완곡 조절을 하며 사람들의 웃음과 눈물, 그리고 감동을 뽑아내는 스티브 잡스처럼(어쩌면 사이비 교주처럼) 완벽하게 무대를 마치고 싶다. 그러고 나면 많은 사람들의 인정과 사랑을 받을 수 있을 거란 기대가 든다. 하지만 그 기대에 맞출 수 없다는 긴장감이 나를 작아지게 만든다. 우린 정말 완벽해야 할까?

    미국의 심리학자 에론슨Elliot Aronson은 대학생을 대상으로 유쾌한 실험을 진행했다.[11] 연구진은 퀴즈왕을 뽑는 대회인 척 퀴즈 쇼 장면을 녹음했다. 그리고 쇼 장면의 음성파일을 학생들에게 들려주고 누구를 퀴즈왕으로 선발할지 투표하도록 했다. 음성파일에는 네 명의 참가자가 등장했다. 첫 번째 참가자는 문제를 대부분 맞혔고, 두 번째 참가자는 반도 맞히지 못했다. 세 번째 참가자는 첫 번째 참가자처럼 모든 문제를 맞혔고, 네 번째 참가자는 두 번째 참가자와 같은 정답률을 보였다. 다만 달라진 것이 있다면 세 번째, 네 번째 참가자에게는 퀴즈 도중 옷에 커피가 쏟아지는 돌발 상황이 펼쳐진 것이다.

에론슨은 실험에 참가한 학생들에게 네 사람 중 가장 호감 가는 사람이 누구인지 물었다. 학생들은 입을 모아 세 번째 참가자를 지목했다. 정답을 모두 맞히고 커피를 쏟은 참가자였다. 못 하는 사람보다 잘하는 사람이 기왕이면 매력적이다. 그러니 두 번째, 네 번째 참가자가 지목받지 못한 것은 이해할 수 있다. 하지만 왜 첫 번째가 아닌, 세 번째 참가자였을까? 커피나 쏟는 멍청이보다는 완벽한 사람이 더 훌륭해 보이지 않을까?

인간은 흐트러진 모습을 보이는 사람에게 호감을 느낀다. 이를 실수 효과pratfall effect라고 부른다. 사람들은 빈틈없는 사람을 좋아하지 않는다. 이유는 단순하다. 자신에게 빈틈이 있기 때문이다. 탐스러운 A급 사과들 사이에 흠과가 있다면 더 눈에 띈다. 너는 상품성이 떨어지는구나. 골라내기도 쉽다. 인간도 마찬가지다. 빈틈없는 사람 곁에 있다 보면 나의 빈틈은 도드라지게 마련이다. 그러니 나와 닮은, 빈틈 있는 사람에게 호감을 느끼게 되는 것이다.

완전무결한 사람은 부러울지언정 솔직히 말하면 재수 없다. 다가가기 어렵고, 친해지기 불편하다. 어쩐지 잘 안되는 모습을 보고 싶어 사고가 터지길 은근히 기대하기도 한다. 하지만 완벽할 줄 알았던 사람에게 허점이 보일 때 닫혔던 마음의 문이 열린다. 너도 별반 다를 게 없구나, 그러니까 나와 닮았구나. 동질감은 상대를 내 편으로 인정하게 하고 그가 잘되길 바라는 마음까지 품게 만든다.

행복한 사람에게 불행을 털어놓는 사람은 없다. 결점을 보이는 것은 중요한 게임에서 패를 까는 것과 같기 때문이다. 언젠간 그 사실로 인해 경쟁에서 질 수 있다는 두려움이 생긴다. 그래서 완전한 사람과는 피상적 관계만 유지하게 된다. 하지만 상대에게 사연이 있다는 사실을 알게 될 때 나도 모르게 술술 비밀이 나온다. 그의 결여와 나의 결여는 균형을 이루고, 서슴없이 약점을 공개하며 친밀한 사이가 된다.

우러러보기만 했던 유명인과 내적 친밀감이 생기는 시기는 언제일까? 작품 속 완벽해 보였던 연기자가 어설픈 사생활을 공개할 때 매력을 느낀다. 이슬만 먹을 것 같던 연예인이 곱창을 먹고 배가 아프다며 화장실로 달려가는 모습이 우리를 웃음 짓게 한다. 더듬거리며 수상 소감을 말하고 감격의 눈물을 흘리느라 못생긴 표정을 숨기지 못할 때 우리는 환호한다. 그들이 못나서가 아니라 나와 같아서 그렇다. 인간적이라는 건 허술하다는 말과 동의어 아닐까?

2013년 나는 한 남자를 알게 되었다. 이성으로 본 것은 아니다. 가볍게 저녁 식사를 마치고 헤어지려는데, 그가 계산하겠다고 고집을 부렸다. 알겠다는 말과 함께 그를 뒤로한 채 먼저 가게 문을 나섰다. 기다리고, 기다리고 또 기다렸다. 하염없이 기다렸지만, 그는 가게에서 나올 기미도 보이지 않았다. 가게로 다시 들어간 나는 귀까지 벌게진 그와 눈이 마주쳤다. 택시에 지갑을 놓고 내린 모양이었다. 당황하는 모습이 귀엽게 느껴졌고 없던 관심이 피어오르기 시작했다. 그렇게 귀가 벌게졌던 남자는 지금 우리 집 안방에서 코를 골며 자고 있다.

그는 지금도 종종 그런 말을 한다. 그날의 기억은 참으로 끔찍했다고. 멋지게 계산하는 모습을 보이고 싶었는데 너무나 꼴사나웠다고. 지갑을 찾느라 허둥거리는 모습이 부끄러웠다고 말이다. 하지만 나는 생각한다. 그가 그날 계산까지 멋지게 했다면 다음 약속을 잡을 일은 없었을 거라고.

한 공단의 신입사원 교육을 앞둔 날이었다. 교육생의 마음을 어떻게 사로잡을까? 긴장한 나에게 친구가 이런 말을 건넸다. "나는 강의 들을 때 강사한테 눈에 불을 켜거든? 네가 얼마나 잘 가르치나 보자, 하고. 특히 거들먹거리는 사람일수록 더 그래. 그런데 강사가 적당히 긴장하면 마음이 열리더라. 진솔해 보이고, 괜히 응원해 주게 되고, 집중해서 들어주고 싶어져. 그렇게 듣고 나면 강의에서 얻는 것도 많고. 그러니까 너무 걱정하지 마. 잘하면 좋지, 근데 못해도 못하는 대로 좋아. 그럴수록 오히려 사람들은 네 편이 되어줄 거야."

친구의 조언은 이미 사람의 마음을 사로잡는 일을 업으로 하는 전문가들에게 기정사실화된 이야기이기도 하다. 〈토이 스토리〉, 〈몬스터 주식회사〉, 〈니모를 찾아서〉, 〈라따뚜이〉 등 픽사의 히트작을 만들어 낸 스토리 제작자 매튜 룬은 그의 저서 『픽사 스토리텔링』에서 이렇게 말한다. "화면에서 캐릭터의 '인간적 면모'를 보여줄 때 관객과 더 깊이 교감할 수 있다. 완벽함은 공감을 이끌어내지 못한다. 스토리에서 캐릭터의 약한 면모를 솔직하게 드러낼 때 관객은 공감하고 진정성을 느낀다." 그가 만들어낸 캐릭터가 얼마나 많은 사랑을 받고 있는지 잘 아는 우리에게 의심의 여지가 없는 조언이다.

누구나 완벽을 꿈꾼다. 좋은 사람으로 보이고 싶기 때문이다. 그러나 내가 완벽한 상대를 바라지 않듯, 타인도 마찬가지다. 그들은 나에게서 완벽함을 바라지 않는다. 아니, 완벽할수록 좋아하지

않는다. 인정받으려는 노력은 아이러니하게도 거부 반응을 불러
일으킨다. 대단한 사람보다 그들과 닮은 사람이 되는 것이 낫다.
사람들은 실수하는 사람을 사랑한다. 실수는 사람을 부족하게 만
들고, 부족할수록 친밀감은 커지기 때문이다.

완벽하지 않아도 괜찮다. 사랑은, 우정은, 관계는, 지지는 불
완전에서 비로소 시작된다.

인정의 빈 그릇을 채우는 법

: 자존감

예능 프로 〈나 혼자 산다〉를 보던 중이었다. 그날의 에피소드는 방송인 전현무의 생일 파티였다. 한 동료가 그에게 축시를 읊어주었는데, 내용은 예능답게 엉뚱했다. 예전에 그가 TV에 나오면 육두문자를 던지며 채널을 돌렸는데 지금의 형을 보며 자신이 얼마나 오만했는지 반성하게 된다는 고백이었다. 분명 웃긴 내용이었는데 전현무는 예능인으로서의 본분을 잊고 진지하게 공감하며 눈물을 훔치고 말았다. 본인도 그 당시 방송이 나오면 꼴 보기 싫어 채널을 돌린다면서 말이다. 연기 대상까지 수상한 예능인이 왜 과거의 자신은 사랑하지 못하는 걸까?

과거 전현무는 아나운서 생활을 멈추고 예능인으로서 새로운 도전을 시작했다. 낯선 만큼 어떻게든 튀려고 노력했다. 하지만 과장된 행동은 어색했고 스스로가 느끼기에도 볼썽사나운 모습이었다고 고백할 정도였다. 다행히 방송에 적응한 그는 솔직하고 유쾌하며 무엇보다 자기다운 모습을 보여주기 시작했다. 그때부터 그의 진면목이 드러났다. 자신을 믿고, 자신답게 행동한 순간부터 매력이 발산된 것이다.

주는 것 없이 미운 사람이 있는가 하면 가만히 있어도 퍼주고 싶은 사람이 있다. 무엇이 매력의 원천일까? 자존감self-esteem이란 말 그대로 자기를 존중하는 느낌으로, 나의 능력이나 매력에 대해 가지는 긍정적인 신념을 말한다. 자존감이 높은 사람은 자신을 사랑스러운 눈으로 바라본다. 반면에 자존감이 낮은 사람은 자신을 믿지 못하고, 긴장이 높은 상태에서 자신을 포장한다. 이 자연스러움의 차이가 매력적인 사람인지 아닌지를 결정한다.

언제부턴가 대한민국에 자존감 붐이 불었다. 뭘 해도 자존감이 높아야 한다며 사람들을 격려했다. 열패감에 찌든 우리에게 꼭 필요한 메시지였다. 그러나 자존감이라고 해서 높으면 높을수록 좋은 건 아니다. 땅콩을 접시에 담아 대령하지 않고 봉지째 주었다고 비행기를 돌린 용자가 있었다. 그녀의 행동은 단순히 인격적인 문제로부터 파생되지는 않았을 것이다. 살아온 환경에서 쌓아온 지극히 높은 자존감이 그녀에게 또다른 방향의 용기를 주었을 것이다.

자존감이 '매우' 높다는 건, 자신을 과장되게 존중한다는 것과 같다. 이 신념은 '내가 나를 인정하는 만큼 너희도 나를 인정해야지?' 같은 태도로 가지를 친다. 만약 기대만큼 대우가 돌아오지 않는다면 '감히 나에게?'라는 생각이 싹튼다. 그땐 자신이 가진 힘으로 상대를 제압해서라도 자신의 신념을 지키려 한다.

실제로 한 연구에 따르면 비행 청소년들의 자존감은 높은 편이라고 한다.[12] 그들은 자신이 남들보다 낫다고 믿기에 친구를 함부로 괴롭힌다. 그리고 폭력을 통해 성취감을 느끼고 다시 자존감을 높인다. 자존감이 높은 비행 청소년에게 괴롭히는 행위는 유능감과 우월감을 주는 놀이다.

물론 '적당한' 자존감은 자신을 긍정적으로 보게 한다. 자신감 덕분에 수행 능력이 오르고 성공 경험이 많아진다. 이 경험은 또 자신을 긍정적으로 바라볼 수 있는 근거가 되어준다. 단단한 마음으로 임하는 태도는 실패에 잘 견디게 한다. 그 상황을 큰 문제로 받아들이지 않을 뿐만 아니라, 혹여나 무너져도 회복도 빠르다.

반면에 자존감이 낮은 사람은 약점에 주의를 둔다.[13] 못하는 것, 부족한 것, 실패한 것만 보인다. 이 마음 상태는 자세부터 말투, 태도에 고스란히 드러난다. 꾸부정하고 불편해 보이는 모습이 매력적일 리 없다. 보기에 좋지 않으니 사랑받을 기회도 줄고, 부정적 피드백은 자신을 더 낮게 평가할 명분이 된다. 이러니 자존감, 자존감 하지 않을 수 없다.

K는 자존감이 낮아 심리학을 공부하기 시작했다. 그러나 K에게는 엄청난 장점이 있었다. 말주변이 정말 좋은 것이었다. 그녀가 말을 꺼내면 모든 사람이 푹 빠져버렸다. 그 모습에 내가 한마디 건넸다. "이야기를 진짜 맛깔나게 하세요!" 돌아오는 대답은 이랬다. "아니에요! 저 말 진짜 못해요!"

사람은 익숙한 대우에 편안함을 느낀다. 그 익숙함이 나쁘더라도 말이다. 홀대당하며 살아온 사람은 홀대가 편하고 인정받지 못한 사람은 인정받지 않는 것이 편하다. 그래서 자존감을 키울 영양분이 들어와도 퉤 하고 뱉어낸다. 나의 인정을 뱉어낸 K에게 이렇게 말해주었다. "이럴 땐 그냥 '고마워요!' 하면 돼요!" 그제야 그녀는 머쓱해하며 웃음을 보였다.

자존감이 낮은 사람은 장점엔 도무지 관심이 없고 단점만 돋보기로 키워본다. 그러다 보니 타인의 인정도 쉽게 믿지 않는다. '빈말일 거야, 형식적인 말이야.' 심하게는 '비웃는 말일 거야, 저렇게 말하고 좋아하는 나를 속으로 놀릴 거야' 하고 왜곡하기도 한다.

선물을 주는 상상을 해보자. 상대가 '아니에요! 나 이거 필요 없어요!' 할 때와 '어머! 정말 필요했던 건데 감사해요!' 할 때 중 어떤 반응에 마음이 훈훈해질까? 칭찬은 선물 같은 것이다. 주기 싫은데 억지로 주는 사람은 없다. 상대가 기뻐하는 모습을 보여준다면 당사자는 더할 나위 없이 행복할 것이다. 여기서 센스를 더 발휘해 칭찬을 되돌려 주는 것도 좋다. K의 예를 들자면, "그렇게 말씀해 주셔서 고마워요! 선생님 말씀도 정말 좋아요!"처럼. 물론 내가 그 말을 들으려고 칭찬한 것은 아니지만!

우리 안에는 인정의 빈 그릇이 있다. 그 빈 그릇은 자신이 가득 채워지길 간절히 고대한다. 인정욕구가 채워지면 편안해진다. 편안해지면 나다워지고, 나다움은 나를 더 매력적으로 만든다.

인정을 놓치지 말자. 거절하지 말자. 그 인정이 하등 하찮아도, 때로는 진심이 빠진 빈말이어도 상관없다. 칭찬을 믿고 그런 나를 믿을 때 자존감은 시나브로 자란다. 그러다 문득 나답게 살아가는 근사한 나를 발견하게 될 것이다. 그날의 나는 사랑하지 않을 수 없는 모습일 것이다.

좋은 게 좋은 겁니다

: 아첨 심리

왕들이 통치하던 시대가 있었다. 왕을 섬기는 이들 중에는 충신도 있고 간신도 있었다. 간신은 왕이 좋아하는 말만 골라 했지만, 충신은 왕이 듣고 싶지 않은 말도 서슴없이 했다. 그래서 왕은 충신보다 간신을 더 좋아했다. 역사를 돌이켜 미련한 왕들을 떠올리며 우리는 혀를 찬다. '쯧쯧, 싫은 소리도 들을 줄 알아야 훌륭한 인물이 되지.' 자, 그렇다면 우리는 쓴소리도 마다하지 않는 사람을 진심으로 사랑할 수 있을까?

심리학자 드라크만Drachman D.과 데카루페DeCarufel A., 그리고 인스코Insko C. A는 아첨의 효과를 알아보기 위해 실험을 했다.[14] 연구진은 실험 참여자에게 의도적인 평가를 건넸는데, 첫 번째는 듣기 좋은 말만 주야장천 했고, 두 번째는 좋은 말과 나쁜 말을 적당히 섞어 했다. 마지막은 나쁜 말만 했다.

현명한 사람이라면, 어떤 말을 가장 선호해야 할까? 좋은 말과 나쁜 말을 골고루 해줄 때 만족해야 할 것이다. 하지만 연구 결과는 그렇지 않았다. 대다수의 참가자가 무조건 좋은 말을 해줄 때 큰 호감을 느꼈다. 더 민망한 사실은, 진심이 아닌 아부성 발언이라는 걸 알고 있을 때도 좋아했다는 것이다. 좋은 게 좋은 거라더니 정말 그런 모양이다.

좋은 소리와 나쁜 소리를 같이 해주는 사람에게 더 신뢰가 가지 않을까? 입에 발린 말이 뭐가 좋다고, 사람들이 참 미성숙하다 생각했다. 하지만 며칠 지나지 않아 나에게도 이런 모습이 있다는 걸 발견하게 되었다. 때는 더운 여름날이었다. 남편과 함께 길거리를 거닐며 마실 커피를 포장하기 위해 카페로 들어갔다. 한 잔을 살까, 두 잔을 살까, 고민이 되었다. 입은 두 개라지만 지금 한 잔을 나눠마시면, 조금 후에 다른 카페에서 시원한 커피를 또 한 잔 마실 수 있으니까.

고민하는 사이 주인이 나의 의식을 깨웠다. "어머, 어쩜 그렇게 이마가 예쁘세요?" 저게 무슨 말이지? 나는 이마 콤플렉스가 있다. 넓기도 하고 이마에 살이 없어 뼈 모양이 도드라지기 때문이다. 울퉁불퉁한 이마가 싫어 필러까지 고민했던 나에게 그 말은 진실성이 없게 느껴졌다. 그런데도, 기분이 좋았다. 그 사람에게 어떤 의도가 있든지, 그 말이 사실이든 아니든 간에 카페를 나설 때, 나의 손에는 두 잔의 커피가 들려 있었다.

우리 인생에는 엄청난 중대사도 있지만 그렇지 않은 소박한 순간이 훨씬 더 많다. 그럴 때마다 시시비비를 가리고, 사사건건 평가하는 사람과 함께하고 싶을까? 그렇지 않을 것이다. 살아가는 모든 순간이 옳고 그름을 따질 만큼 중요하지도 않고, 그럴 필요도 없기 때문이다. 우리는 왕이 아니고 그들은 신하가 아니다. 굳이 필요하지 않다면 나쁜 말은 지양하는 것이 낫다.

물론 부정적인 말을 하는 사람 중에는 악의 없는 사람도 많다. 상대를 위하는 마음에, 솔직하게 있는 그대로 말하는 걸 수도 있다. 그러나 그 마음이 정말 상대를 위한 것일까? 너무 마른 조카를 보고 매일 이렇게 말하는 친척이 있다. "너 너무 말랐다. 살 좀 쪄야겠다." 과연 당사자가 그 사실을 모르고 있을까? 어쩌면 이미 매일 밤 살을 찌우려고 라면 두 봉지씩 해치우고 있을지도 모른다. 그런데도 살이 안 쪄서 스트레스일 수도. 그렇다고 만나는 사람마다 먼저 "저 지금 살찌려고 노력 중이에요!" 하고 말할 순 없는 노릇이다.

당사자야말로 문제에 대해 가장 고민하는 사람이다. 내 눈에 보이는 상대의 단점이라면 그 사람은 더욱 잘 안다. 제3자인 나보다 훨씬 더 정확하게. 그러니 굳이 말하지 않아도 된다는 것이다. 조언과 잔소리의 차이는 상대가 바라느냐 아니냐에 달려 있다. '나 요즘 이 문제가 걱정이야. 조언해 줘'라고 부탁하기 전에 나오는 모든 말은 잔소리다.

때로는 칭찬을 강조하기 위해 반전을 주려는 의도로 나쁜 말을 먼저 하고 좋은 말을 하기도 한다. 병 주고 약 주면 효과가 극대화될 거라는 생각에. 하지만 그렇다 한들 기분이 나아지는 것은 아니다. 기분은 이성보다 이르고, 한 번 정해진 기분은 쉽게 달라지지 않기 때문이다.

미용실에 다녀온 사람을 보고 이런 말을 하는 친구가 있다. "머리 했네? 지난번 스타일은 별로더니 이번에는 예쁘게 잘 됐다!" 분명한 칭찬이지만 부정적 표현이 포함되어 있다. 이전에 별로였다는 말은 진심일 테니 기분을 상하게 한다. 아무리 지금이 예쁘다 해도 그 사람이 나를 평가해 왔다는 느낌을 지울 수 없다. 이런 표현을 쓰는 친구와는 대화를 나누고 싶지 않다. 그냥 "머리 했구나, 예쁘게 잘 됐다!" 이 정도면 충분하다. "넌 바지보다 치마가 어울려"보다는 "넌 치마가 잘 어울려"라고 말하는 게 낫고, "수학은 못 해도 국어는 진짜 소질 있어"보다는 그저 "국어를 잘하는 구나" 하고 말하는 게 낫다.

좋은 관계를 유지하기 위해 알아야 할 한 가지는 부정적인 이야기는 불가피한 순간이 아니고서야 넣어두는 게 좋다는 것이다. 대부분의 경우는 사족이 된다. 가능하면 좋은 말만 건네자. 가식적으로 보이지 않을까, 위선 떠는 것처럼 느껴지지 않을까, 걱정하지 않아도 된다. 많은 사람이 위로받고 응원받을 때, 칭찬과 격려가 돌아올 때 진위 여부를 따지지 않는다. 100퍼센트 진심이 아니란 것을 알아도 힘을 얻는다. 이마가 못생긴 나처럼 말이다.

좋은 게 좋은 거다. 좋은 말은 좋은 관계를 만든다. 좋게 좋게 말하자.

싸움의 고수가 되려면

: 아이 메시지

어느 부부가 있었다. 두 사람은 사소한 의견 차이로 종종 싸웠는데, 아내의 행동이 독특했다. 싸우고 난 날 SNS에 이런 글을 꼭 올리는 것이었다. '내가 좋아한다고 우리 남편이 사온 깜짝 케이크 선물' 그 포스팅을 본 사람들은 '좋아요' 버튼을 누르고 부럽다는 댓글을 달았다. 아내는 남편과 종종 싸웠지만 그런 날일수록 더 행복한 모습을 보여주려 했다.

불특정 다수가 보는 SNS에 굳이 나의 일거수일투족을 올릴 필요는 없다. 하지만 관계에서의 갈등을 용의주도하게 숨기고 포장하는 사람이 있다면 관계에 능숙하지 않은 사람이다. 그들은 잘못된 가정을 하고 있을 가능성이 큰데, 바로 갈등이 관계의 문제를 의미한다고 착각하는 것이다. 그래서 갈등의 존재를 무의식적으로 숨긴다.

만약 자신은 몇 년간 한 번도 싸운 적 없다고 자랑하는 사람이 있다면 옆 사람의 반응을 살펴봐야 한다. 함께 맞장구치며 "우리 진짜 대단해!" 하고 생색내는 사람은 거의 없다. 그저 조용히 웃을 뿐이다. 나는 그 미소가 참는 이의 정신승리라고 믿는다.

갈등이 없는 관계란 존재할 수 없다. 갈등이 없다는 건 두 사람이 견디고 있거나, 한 사람이 일방적으로 맞춰주는 관계라는 뜻이다. 그러나 상처를 주는 사람은 상대가 꿈틀거리지 않기에 자신이 상대를 아프게 하는지조차 알지 못하고, 참는 사람은 갈등을 드러내지 않으려고 견디고 숨기는 데 온 힘을 쓴다.

갈등은 두 사람의 관계를 무너뜨리는 것이 아니다. 무너지기 전에 보수할 틈을 찾아준다. 갈등하지 않으면 문제가 드러나지 않고, 오히려 더 큰 문제에 봉착하게 된다. 7년을 연애하고 얼마 전 8주년 결혼기념일을 맞이한 우리 부부가 그랬다. 우리는 결혼 준비 기간 동안 단 한 번도 다투지 않았다. 안 맞는 의견이 있으면 서로의 바람을 들어주었다. 모든 과정이 순탄히 흘러갔다. 남들은 결혼 준비 중 파혼을 하니 마니 한다더니 우리는 정말 완벽한 부부가 될 거라는 기대가 샘솟았다.

한데 결혼은 현실이었다. 내가 포기했던 것은 내 눈엣가시가 되었고 남편이 포기했던 것은 남편을 불편하게 만들었다. 불만이 하나둘씩 쌓이기 시작했고, 어느 정도 수준을 넘자 관계에 균열이 생기기 시작했다.

남편은 갈등을 회피하는 사람이었고 나는 문제를 반드시 풀어야 하는 성정의 사람이었다. 다시 말해 남편에게 나는 꼬리를 무는 피곤한 사람이었고 나에게 남편은 문제를 모른 척하는 비겁한 사람이었다. 그렇게 시비 거는 나와 도망가는 그의 꼬리잡기는 1년간 계속되었다.

그러나 갈등도 결국 기술의 문제였다. 1년 동안 우리는 잘 싸우는 법을 터득했다. 싸움이라기보다는 갈등을 해결하려는 목표를 달성한 것이다. 서로의 감정을 건들지 않으면서 하고 싶은 말을 전하기. 이 기술은 갈수록 능숙해졌다. 다툼이 있기 전에 조심해야 할 행동을 인지하게 되었고 싸움의 횟수도 점차 줄었다. 종종 불만을 나누는 시간이 생겨도 한 시간을 넘기지 않았고, 모든 대화가 끝난 후에는 서로를 칭찬했다. 가끔 남편은 오늘 나 좀 잘 싸우지 않았느냐며 너스레를 떤다. 그러면 나는 도망가기에 바빴던 그의 발전에 엄지를 들어준다. 잘 싸우는 기술 같은 게 있을까?

분명한 목적을 가지고 싸우기

행복한 관계는 싸우는 관계다. 대신 싸움의 목적이 분명해야 한다. 한 커플이 길거리에서 남부끄러운 줄 모르고 싸우고 있었다. 두 사람의 감정이 점점 격해지는 와중에 갑자기 비가 후드득 쏟아졌다. 그러자 남자가 손에 있던 우산을 펼쳐 여자를 씌워줬다. 그러나 그 상황에서도 두 사람의 싸움은 끊기지 않았다. 멋진 싸움이었다. 서로를 아프게 하는 것이 목적이 아닌 싸움.

갈등이 시작되면 관계의 단절을 담보로 협박하는 사람이 있다. 그들의 목적은 기 싸움에서 이겨 상대를 굴복시키는 것이다. 관계에서 주도권을 잡으려는 사람은 공격적이다. 이럴 거면 헤어지자고 감정적으로 대응하거나 그래서 어쩌라는 거냐며 비극적 결말을 유도한다. 너는 이래서 안 된다며 더 이상의 대화 시도를 차단한다. 이런 태도는 '갈등은 곧 관계의 단절'이라는 선포로 느껴진다.

멋지게 싸우기 위해서는 먼저 갈등 때문에 관계가 소원해지지 않는다는 바람이 전달되어야 한다. 불만을 토로하기 전, 이 문제를 해결해서 당신과 더 잘 지내길 원한다는 말을 꺼낸다면 큰 도움이 된다. 물론 굉장히 낯간지럽다. 하지만 낯간지러움이 파국보다 낫다. 훨씬 낫다.

비난보다 불만을 이야기하기

비난보다 불만을 중심으로 이야기하는 것도 필요하다. '너 진짜 답 없다'라는 말보다 '네가 바빠서 그런 건 이해하지만 이 부분이 서운해' 하고 말하는 것이 낫다. 나 전달법I-message은 불만을 효과적으로 말하는 좋은 기술이다. 말의 주어를 '나'로 하고 뒤에 내가 느끼는 감정을 덧붙이는 것이다.

나는 억울해.

나는 그 말이 좀 서운하더라고.

나는 그런 표현이 참 좋아.

'너는 어떻다' 하며 주어를 너로 삼는 너 전달법보다 훨씬 부드럽고 덜 공격적으로 받아들여진다. 상대가 '너는…' 하는 순간 우리는 긴장하고 자신을 보호하려 한다. 변명하고 핑계 대거나 반박을 준비한다. 그러므로 그 뒤의 메시지는 전달되지 않는다.

"선생님, 저는 나 전달법으로 하는데도 상대가 맨날 화내요." 이렇게 고민 상담하는 사람이 있었다. 어떻게 말했냐 물어봤더니 이렇게 대답한다. "나는 네가 정말 쓰레기라고 생각해." 나 전달법을 사용하랬더니 주어만 나를 쓰고 뒤에는 비난 내용을 고스란히 붙였다. 이것은 나 전달법의 의도를 퇴색시키는 것이다. 궁극적으로 전달된 메시지가 너 전달법에 해당하기 때문이다. 나 전달법의 핵심은 상대의 문제를 지적하지 않고 상대로 하여금 내 마음의 상태를 들여다보게 만드는 것이다.

한번은 유튜브 채널에 인터뷰가 예정되어 있었는데, 담당자로부터 이런 부탁을 받았다. "나 전달법 이야기는 하지 말아 주세요." 왜인고 물으니 이미 너무 많은 인터뷰이가 언급했다는 것이다. 너무 많은 이가 말했다는 건 무슨 뜻일까? 너무 효과적이라는 뜻 아닐까.

상대의 입장 되어보기

드라마 〈로스쿨〉에서 로스쿨 재학생들이 모의 재판을 하는 흥미로운 장면을 본 적 있다. 한 사람은 검사 역할을, 다른 한 사람은 변호사 역할을 맡았고 교수의 선고에 따라 승소한 사람이 학점을 받는 방식이었다. 학생들은 좋은 성적을 받기 위해 자신에게 유리한 주장을 입증했다. 그런데 판결을 내려야 할 교수가 갑자기 변덕을 부렸다. 재판 도중 검사와 변호사의 역할을 바꾸란 것이었다. 학생들은 자신이 주장한 내용을 정면으로 반박해야 했다. 이 장면을 보며 나는 느꼈다. 사람은 마음만 먹으면 누구 편에든 설 수 있다고.

갈등 안에 속해 있을 때는 나만 옳고 상대의 입장은 도무지 이해되지 않는다. 하지만 내막을 들여다보면 저마다 사연 없는 사람이 없다. 내가 그 상황이었다면 나 역시 그렇게 했을 것이다. 이를 이해하는 순간 갈등은 해소된다.

물론 생각을 바꾸기란 쉽지 않다. 특히 나와 의견이 다른 상대를 이해하려는 시도는 온 마음 다해 저항하고 싶을 것이다. 그 순간, 양보와 패배가 내 몫이 될 것 같기 때문이다. 실제로 이해하는 순간 양보가 되고, 져주게 될 수 있다. 이해했으니 양보'해야' 하고 져'줘야' 하는 게 아니다. 양보가 '되고' 져'주게' 되는 것이다. 이렇게 되면 문제는 쉽게 풀린다. 마음도 한결 가벼워진다. 실제로 상대의 입장을 빨리 알아채는 관계는 서로에 대한 만족감이 더 크다.[15]

사과는 모든 책임을 떠안는 것이 아니라는 것을 알기

이제 막 유치원에 들어간 조카가 놀러 왔다. 장난치며 뛰놀다가 공기청정기를 밀쳤다. 쾅! 소리와 함께 기계가 분해되었다. 혈압이 삐-하고 올라갔다. 순간 조카가 외쳤다! "미안해! 내가 그랬어!" 유치원에서 기계적 사과를 배운 모양이었다. 그 모습에 나는 금세 기분이 풀렸다. "괜찮아, 은호야! 이모도 여기에 공기청정기 놔서 미안해!"

우리는 아주 어릴 때부터 잘못하면 사과해야 한다고 배웠지만 실제 행동으로 옮기지는 않는다. 모든 문제의 책임을 내가 떠안을 것 같기 때문이다. 그러나 나의 사과는 상대의 결백을 인정한다는 의미가 아니다. 하나의 갈등에는 여러 문제가 결합되어 있고, 수많은 문제 중 나의 문제를 내가 책임지는 것뿐이다. 나의 몫은 내가, 상대의 몫은 상대가 책임지면 된다.

내가 먼저 사과하면 상대도 자신의 몫을 사과한다. 서로의 몫을 사과하고 나면 갈등은 끝이 난다.

용서하기

사과하는 것만큼 중요한 것이 용서다. 용서는 상대에 대한 미움을 줄이고 기분 좋은 감정을 키워준다.[16] 그런데 간혹 사과를 받아주지 않고 부정적인 감정을 끌고 가는 사람이 있다. 속으로는 풀렸으면서 민망함과 자존심에 일부러 툴툴거리면서 화난 체한다. 이런 경우 사과한 상대는 좌절감을 느낀다. 큰맘 먹고 잘못을 시인해도 해결된 것이 없기 때문이다. 인간은 학습의 동물이다. 효과가 없는 행동은 다시 하지 않는다. 사과해도 용서받지 못한다면 앞으로도 사과하지 않을 것이다. 결국 두 사람의 갈등은 해결할 수 없는 숙제로 남게 된다.

나의 용서는 갈등에서 져주는 것이 아니라, 다음에도 상대가 잘못을 쉽게 인정하게 하는 경험이 되어준다. 용서하자, 용서하지 않는 것보다 자신에게 이득이다.

싸움의 피날레를 장식하기

아무리 잘 다투고 화해를 해도 뻘쭘함은 계속된다. 재빨리 이 분위기에서 벗어나야 한다. 그러지 않으면 갈등에 대한 부정적 인상이 마음에 남는다. 당장에 기분을 풀 수 있는 작업에 들어가기 위해서는 평소에 미리미리 함께할 수 있는 취미를 만들어두는 것이 좋다. 일상에서 함께 즐거움을 누리지 못한다면 싸우고 난 후에 할 수 있는 일은 더더욱 없기 때문이다.

우리 부부의 경우, 다툼이 끝난 후 평소 즐겨 보던 오디션 프로그램을 보며 참가자에 대해 이러쿵저러쿵 토론을 하거나 산책을 떠난다. 누가 더 힘이 센지 겨루며 가벼운 몸 장난도 한다. 조금 더 쿨하게 굴 때는 아까 싸우다 발음 틀린 걸 놀리기도 한다. 그러다 보면 자연스럽게 낄낄거리게 되고 오늘의 다툼이 성공리에 마무리되었다는 뿌듯함마저 든다. 관계가 한 단계 업그레이드된 것이다.

건강한 관계는 담아두지 않는 관계다. 하지만 무턱대고 쏟아내면 아픔이 배가된다. 싸움에도 기술이 필요하다. 그리고 기술이 쌓이면 누구나 싸움의 고수가 될 수 있다. 잘 싸우시길 바란다! 그렇다고 나에게 싸움을 거는 리뷰를 달고 싶다면 참아주시길.

최고의 복수는 바로…
: 자이가르닉 효과

    오늘의 이야기는 공감하지 못하길 바라는 마음으로 시작한다. 배신에 관한 이야기고, 이 이야기에 공감한다는 것은 누군가로부터 배신당한 경험이 있다는 뜻이기 때문이다. 그러나 살아가다 보면 원하든 원치 않든 누군가로부터 배신을 당할 수 있다. 애인이 다른 이성과 지나가는 걸 보거나, 믿었던 친구가 뒤에서 루머를 퍼트린다거나 하는 일을 말이다.

    관계는 신뢰가 기반이 되어야 하고 배신은 신뢰를 무너뜨린다. 결국 신뢰가 깨지면 우리는 관계를 정리하기로 결심한다. 그러나 관계를 정리하는 방법도 고민이다. 마음속 깊은 곳에서 응징하고 싶은 마음이 샘솟기 때문이다. 문제를 폭로하고 비난하고 내가 받은 상처만큼 상대를 무너뜨리고 싶다. '너 때문에 우리가 이렇게 된 것이다' 탓하고 상대가 충격에 빠지게 하고 싶다. 영원히 사죄하며 불행하게 살길 바란다. 그런데 과연 '내가 모를 줄 알았어?' 이 한마디에 상대가 충격을 받을까? 이런 식의 폭로가 통쾌한 복수가 될까?

배신한 사람은 자신의 잘못을 알고 있다. 알면서도 강행한 것이다. 그러므로 걸렸다는 사실에 죄책감을 느끼진 않는다. 당황스러울 뿐이다. 알고도 잘못한 사람은 걸렸을 때의 당혹스러움보다 걸리지 않기 위한 불안이 더욱 괴로운 법이어서 상대가 알았다는 걸 인지하는 순간 오히려 죄책감으로부터 자유로워진다. '올 것이 왔다' 하며 말이다.

모든 사람에게는 자기를 보호하려는 본능이 있다. 지적받는 순간 그 본능은 힘을 얻는다. 그래서 방패를 들기 시작한다. 명백히 틀렸을 때도 마찬가지다. 비난의 화살이 날아오는 순간, 그럴 수밖에 없던 이유를 찾아 합리화한다. 그 이유에는 배신당한 사람이 반드시 포함된다. '내가 바람피운 건 네가 다정하게 굴지 않아서야.', '네가 욕먹을 짓을 했으니 내가 뒤에서 그렇게 말했겠지.' 잘못의 원인을 상대에게 돌리면서 역으로 비난하기도 한다. 합리화를 통해 배신자는 편해지고 문제로부터 자유로워진다. 당한 사람은 오히려 더 약오르는 상황에 처하게 된다.

나는 지금부터 당신에게 다른 차원의 복수 방법을 안내한다. 바로, 아무 말 없이 떠나가라! 왜 떠나냐는 물음이 돌아온다면 '그냥' 하며 여운을 남겨보라. 말하고 싶겠지만 참아야 한다. 그것이 이기는 것이다. 말 없이 떠나는 당신을 보며 상대는 조급해지기 시작할 것이다. 그냥이 아닐 것 같으니까. 이유를 알고 싶으니까.

러시아의 심리학자 블루마 자이가르닉Bluma Zeigarnik의 이름에서 따온 자이가르닉 효과Zeigarnik Effect는 미완성 효과라고도 부르는데, 완성하지 못한 과제를 마음에 품는 현상을 말한다. 과제를 마무리하지 못할 때, 우리는 매우 스트레스받고 또 집착하게 된다. 듣기 평가 도중 본문을 놓친 기억을 떠올려보자. 이미 돌이킬 수 없는 일이기에 다음 문제에 집중해야 한다. 하지만 머릿속은 온통 풀지 못한 문제 생각으로 가득하다. 결국 이 생각으로 당장에 주어진 문제를 푸는 데 실패하고, 문제마다 집착을 남기며 시험은 도미노처럼 망한다.[17]

연애가 끝나는 날, 연인으로부터 헤어지는 이유를 듣게 된다면 어떤 마음이 들까? '네 성격이 별로야', '애인이 생겼는데 여자랑 친구인 게 불편하대'라거나 하다못해 '우리 엄마가 너랑 놀지 말래' 같은 유치한 이유라도 말이다. 아마 문제를 해결하려고 애쓰거나 변명하기 위해 노력할 것이다. 그럴 수 있겠다며 이해하거나, 나도 너 별로였다며 정신 승리할 수도 있다. 무슨 생각이라도 해보면 결국에 헤어진다 해도 후회는 남지 않을 것이다. 생각이든 행동이든 할 만큼 했으니까. 하지만 이유를 말하지 않고 떠나거나 잠수 이별의 희생자가 된다면, 어떠한 대처도 불가능하기에 미련에 사로잡힌다.

　미련에 빠진 인간은 나름의 답을 내리기 위해 노력한다. 그 답은 상상의 나래로 만들어진다. 현실을 반영한 증거들 사이에 공백을 나의 경험과 신념으로 채워나가려 한다. 처음에는 자신을 되돌아본다. 결정적 실수를 한 건 아닌지, 상대를 속였던 사소한 잘못까지 떠올리며 사죄의 시간을 갖는다. 술에 취해 상대의 이름을 부르며, '내가 잘못했어, 제발 돌아와!' 같은 애원 타임을 갖는다. 상대는 우리가 알고 있는 잘못은 물론 몰랐던 잘못까지 되돌아볼 것이다. 우리가 원하는 '진정한 반성'이 이뤄지는 것이다.

　물론 상대가 반성하지 않아도, 여전히 복수는 효과적이다. 어쨌든 사람은 깔끔하게 마무리되지 않은 모든 상황에 긴장감을 느끼기 때문이다. 이 긴장감을 어떻게 풀지 고민하던 사람은 이제 떠난 사람을 비난하기 시작한다. 그 비난의 명분을 찾기 위해 그가 해야 할 일은 잘못을 상상하는 것이다. 그런데 상대가 아무런 잘못도 하지 않았다면? 그래도 찾아낸다. 방어기제를 사용해서라도 말이다. 자신의 인정하고 싶지 않은 욕망이나 욕구를 상대방에게 돌리는 방어기제를 투사projection라고 한다. 평소 거짓말을 잘하는 사람은 상대의 말을 신뢰하지 않는다. 상대의 말이 거짓말처럼 느껴지기 때문이다. 문제가 많은 사람은 타인의 모습에서 자신의 잘못을 발견한다. 분명 자기 안에 있는 문제이지만 타인을 탓하게 된다.

미완성된 관계 종결의 원인을 찾아나가다 보면 자신의 잘못을 상대에게 투사한다. 자신이 바람을 피웠다면 상대가 바람피우고 있었던 것이라고 의심되고, 자신이 마음이 식었다면 상대가 먼저 마음이 떠났을 것이라고 상상한다. 그렇게 남을 탓하면 마음이 좀 편해질 것 같겠지만 실상은 그렇지 않다. 바람피우는 장면을 목격하는 것보다 바람피우는 장면을 상상하는 게 더 끔찍한 법. 상상은 현실보다 훨씬 과장된다. 그래서 당하지도 않은 배신에 치를 떨게 된다. 웰컴 투 셀프 지옥. 우리가 바라는 것이 이것 아닌가? 내가 느낀 감정 그대로 상대도 느끼고 괴로워하는 것.

복수를 멈추고 가만히 지켜보라. 이것은 용서하라는 말이 아니다. 자신을 지킬 수 있는 최선의 방법을 선택하라는 말이다. 복수는 뜨겁게 달궈진 쇠막대기로 상대를 찌르는 행위다. 타인을 아프게 하는 만큼 막대기를 쥔 내 손도 덴다. 하지만 아무것도 하지 않으면, 막대기를 바닥에 내려놓기만 하면 그가 직접 그 막대기를 쥐는 날이 온다. 썩은 열매는 알아서 떨어진다.

　　남겨진 상대를 괴롭게 하는 방법은 어떠한 것도 하지 않는 것이다. 이유도 말하지 않고 잠잠히 떠나는 것이다. 미완성만큼 인간을 괴롭게 하는 것은 없기 때문이다. 그럼에도 나의 말을 신뢰할 수 없다면 다음 증거를 믿어보길. 인간이 참지 못하는 두 가지가 있는데, 그중 하나는 말을 끝까지 하지 않는 것이고…,

04

당연한 것들로부터
벗어나기

이타심의 토대는 이기심

: 형평 이론

    왜 어떤 사람은 사서 상처를 받는 걸까? 퍼주다가 실망하면서 말이다. 처음에는 진심이던 마음도 일방적으로 가닿다 보면 지친다. 위하는 행동이 피로가 될 때, 피로에 대한 대가를 받고 싶어진다. 한 만큼 알아주겠지, 한 만큼 돌아오겠지. 하지만 기대만큼 쉬이 반응이 돌아오지 않을 때 그러면 이렇게 외치게 된다. '내가 너에게 어떻게 했는데!' 그러나 상대방의 반응은 이렇다. '누가 너한테 해달라고 했어?' 반박 불가인 말에 대꾸도 못하고 억울함만 배가된다. 피로하게 만든 건 나 자신이지 상대가 아니기 때문이다. 우리는 혼자 북 치고 장구 치다가 장구를 찢는다.

    내 친구 P는 반드시 회사에 가서 똥을 눈다. 똥을 누면서 돈을 받는다고 생각해야 위안이 된다나 뭐라나. 월급이 많다면 그 시간에 더 열심히 일했을 거라고. 형평 이론equity theory에 따르면 사람들은 노력에 따르는 보상이 적절히 돌아오길 바란다. 노력만큼 보상이 돌아오지 않으면 불공평하다는 생각에 빠지고, 보상과 노력 사이의 갭을 줄이기 위해 동기화된다. 주고받는 마음도 마찬가지다. 모든 사람은 관계를 통해 이득을 취한다. 내가 투자하는 만큼 적절한 이득이 돌아올 때 관계가 유지된다. 만약 잃기만 하는 관계라면 우리는 고민할 것이다. 이 관계를 지속하는 게 맞을까? 우리는 늘 저울질한다.[18]

이런 메시지는 사람들의 마음을 불편하게 만든다. 속물 취급 당하는 것 같으니까. 하지만 인간은 원래 계산적이다. 계산은 본능이다. 오늘 나의 배변 사정을 누구에게도 밝히고 싶지 않겠지만 화장실 가지 않은 사람은 없듯이 계산하는 마음은 들키기 싫은 진실이다.

관계에서 보상을 바란다는 사실에 거부감이 드는 건, 물질적 보상을 요구하는 것처럼 보이기 때문이다. 다정하게 대해줬으니 가방 사줘, 즐겁게 해줬으니 신발 사줘, 같은 느낌이다. 하지만 관계를 통해 얻는 건 물질적인 것에 국한되지 않는다. 우리는 왜 사랑할까? 설레기 때문이다. 친구는 왜 사귈까? 속을 털어놓을 수 있기 때문이다. 관계를 통해 얻는 가장 큰 보상은 '마음'이다. 심리적인 보상 말이다.

손이 큰 사람들이 있다. 잡채를 만들어도 한 소쿠리, 고기를 재워도 한 소쿠리, 아랫집 윗집 옆집에 나눠주고 행복해한다. 과일을 살 때도 잔뜩 사서 나눠주고는 만족감에 젖는다. 누가 달라고 하지도 않았는데, 왜 그러는 걸까? 보통의 사람은 도움의 대가가 돌아오기를 바라고 만족스러운 보상이 따르지 않기에 상처받는다. 그러나 어떤 사람은 상대가 나의 노고를 알아주든 말든, 보답을 하든 말든 상관하지 않는다. 베푸는 것 그 자체가 보상이 되기 때문이다. 돕는 행위, 나누는 행위로 만족감을 느끼는 사람은 하고 싶은 행위를 함으로써 충분히 만족한다. 이런 유의 사람이 특별한 사람이라고 말할 순 없다. 그저 그들이 바라는 보상의 형태가 남들과 다를 뿐이다. 희생하는 행동, 베푸는 행동 그 자체가 자신의 신념을 지키는 보상인 것이다. 베푸는 행위로 '내'가 뿌듯하고, 돕는 행위로 '내'가 즐겁다면, 상대가 주지 않아도 내 안에서 보상이 나온다면 이것 역시 계산적인 행위다.

몇 해 전, 부모님께 리마인드 웨딩 촬영을 선물했다. 그 과정과 결과에 만족할 줄 알았던 엄마는 못내 아쉬워했다. 할머니, 할아버지를 찍어드리고 싶다는 마음 때문이었다. 내가 리마인드 촬영할 돈을 아껴 부모님을 찍어드린 마음과 마찬가지였다. 진짜 사랑은 직접 경험할 때보다 상대가 얻는 기쁨을 볼 때 더 큰 만족을 주기도 한다. 물론 그것 역시 '내' 만족이다.

짜장면이 싫다고 하신 어머니는 짜장면 먹는 아이를 보며 행복해한다. 이런 희생에 따르는 행복은 진짜다. 짜장면을 입에 넣었을 때보다 훨씬 큰 행복. 그러나 어머니가 간과한 사실이 하나 있다. 어머니의 희생을 깨달은 철든 아이는 행복하지 않다는 사실. 오히려 죄송한 마음에 불효자가 된 기분을 느끼기도 한다. 그렇다면 이 희생은 누구를 위한 걸까? 희생은 결국 자기만족이다.

아이유의 미니 앨범 〈러브 포엠〉에는 '인간의 이타성이란 그것마저도 이기적인 토대 위에 있다'라는 문장이 나온다. 선한 행동마저 이기적이라니 인간미 없는 말로 들릴지 모르겠다. 그러나 좌절할 이유는 없다. 나에게 보상인 일이 타인에게도 달콤하다면 그만큼 좋은 일이 어디 있겠는가. 인생은 비극적인 고전문학이 아니다. 반드시 누구 한 사람 죽는 결말로 끝낼 필요 없다. 내 기쁨이 상대에게도 기쁨이 된다면 그야말로 금상첨화다!

호의를 돌려받겠다는 기대는 우리를 힘겹게 한다. 베풂이 의도가 될 땐 괴롭고, 희생이 손해로 돌아올 땐 실망스럽다. 하지만 이타성마저 이기심 위에 있다는 사실을 인정하면 조금 나아진다.

내 안의 만족감 그 자체를 보상으로 받는다면 마음을 달리 먹을 수 있다. 새로운 계산기로 마음을 두드리자. 너에게도 나에게도 플러스가 되는 셈을. 그때 우리 삶은 셀 수 없이 풍요로워질 것이다.

받는 걸 당연하게 생각하는 사람들
: 사회교환이론

이유미 작가는 자신의 저서 『편애하는 문장들』을 통해 작가만의 애로사항을 고백한다. "지인 중 누군가 책을 내면 왜 새 책을 당연히 공짜로 줘야 한다고 생각하는지 모르겠다. 안도현 시인의 말처럼 차 만든다고 새 차 나오면 한 대씩 주는 것도 아니면서. 책과 차를 비교하는 게 억지스럽다고? 차 한 대 만드는 것만큼 책 한 권 쓰는 데 저자가 들이는 공을 왜 따져보지 않는 걸까?"

주변에 작가가 탄생하는 것은 신기한 경험이다. 기념으로 선물을 받고자 하는 마음도 든다. 이왕이면 사인본으로 저자에게 직접 받는다면 그보다 더 영광도 없을 것이다. 그런데 말이다. 저자도 자신의 책을 '구매'한다는 사실을 알고 있는가. 한 권의 책을 선물로 주면 일고여덟 권의 책을 팔아야 이윤이 남는다. 그러다 보니 어떤 저자는 판매 수익보다 선물로 지출하는 금액이 더 큰 상황에 빠지기도 한다.

평화로운 귀농 생활을 꿈꾸며 제주살이를 시작한 사람이 있다. 그러나 친구들 때문에 그 생활을 청산하고 말았다. 친구들이 그리워서 육지로 돌아온 것이 아니다. 친구들에게 시달리다가 제주 생활을 포기한 것이다. 제주로 여행 오는 친구들은 늘 그를 찾았다. 공항으로 마중 나와라, 관광지로 안내해라, 맛집을 찾아놔라. 멀리서 온 친구들은 도무지 지갑 여는 법을 몰랐고 숙박도 그의 집에서 해결했다.

'전화 좀 그만했으면 좋겠어. 특히 양화대교 지나갈 때.' 〈양화대교〉란 노래를 부른 가수 자이언티는 지인들이 양화대교를 지날 때마다 전화하는 바람에 진절머리가 난다고 고백하는 새 노래를 만들었다. 제주에 사는 그 사람도 그랬다. 전화 좀 그만했으면 좋겠어. 특히 너네 제주 여행 계획할 때. 꿈꾸던 전원생활은 무료 봉사도 아니고 비용이 드는 유료 봉사로 끝이 났다.

무리한 부탁을 받을 때 우리는 두 가지 옵션 중 하나를 선택해야 한다. 1번, 손해를 감수하면서까지 이미지를 지킨다. 2번, 사양하고 상대에게 실망을 준다. 두 번째 선택은 쉽지 않다. 내가 이정도도 못 해주는 이기적인 사람인가, 사소한 희생도 어려운 좀생이인가 하고 자신을 비난하게 되기 때문이다. 누구나 좋은 사람이 되고 싶고 거절하는 치졸한 사람이 되기를 원치 않는다. 그러나 염두하자. 우리는 무한동력의 사나이가 아니다.

다섯 살 조카와 놀이터에 갔다. 조카는 자지러지게 웃으며 시소에 올라탔다. 하지만 우리 하중에는 빈부격차가 컸기에 내 허벅지는 터질 것 같았다. 그래도 행복한 조카의 얼굴을 보고 있노라니 발 구르기를 멈출 수는 없었다. 문제는 체력이 약한 내가 몸살로 며칠을 앓은 것이다. 그 뒤로 놀이터에서 놀자는 조카의 요청에 딴청 피우기 시작했다. 그러면서 또 죄책감이 생겼다. 이 정도도 못 해주는 게 이모인가?

시소는 양쪽 무게가 비슷할 때 재미있는 놀이다. 한쪽이 더 무겁다면 그 사람의 고생이 커진다. 무거운 사람은 더 많은 에너지를 소진하고 앓거나 포기하게 된다. 몸살 나게 놀아주는 것도 멋진 이모의 자세지만, 그림을 그리거나 영화를 보는 것처럼 내가 감당할 수 있는 체력 안에서 즐거움을 찾는 게 우리 둘 모두에게 행복일 것이다. 어른이라고 모두 슈퍼 파워는 아니니까.

이런 원리는 다양한 관계에서 적용해 볼 수 있다. 한 사람이 더 힘을 내야 균형을 맞출 수 있는 관계는 둘 중 한 사람을 지치게 한다. 관계에 몸살을 앓거나, 관계를 포기하게 만든다. 그 전에 서로가 맞춰가는 방식을 찾아야 한다. 그것이 바로 적당한 교환이다.

사회 교환 이론social exchange theory에 따르면 관계에 교환은 필수 조건이다.[19] 무언가를 제공하면 그에 대한 응당한 대가가 돌아와야 하고 그 대가는 정성을 쏟은 만큼의 크기여야 한다. 물론 물질적 보상일 필요는 없다. 진심 어린 마음의 표현으로도 충분하다. 그러나 내 노력이 하찮게 치부될 때, 요구가 지나치게 당당하고 뻔뻔할 때, 조금도 고마워하지 않을 때 균형은 무너진다. 관계는 일방적으로 전락하고 더 많은 부담을 짊어진 사람이 지친다.

'에이, 별로 어려운 일도 아닌데' 하는 사람은 어디에나 있다. 매운 양념치킨 한 마리를 주문하고 서비스로 후라이드치킨 몇 조각을 요구하는 사람, 자주 오는 카페니까 커피 한 잔을 서비스로 달라는 사람, 카풀을 부탁하고 '가는 길이니까!' 하며 수고비는 생략하는 사람, 숟가락 하나만 얹으면 된다며 동의 없이 손님을 데려온 가족, 배달 기사에게 나가는 길에 쓰레기를 버려달라거나 심지어 연예인에게 돈 좀 빌려달라고, 아니 달라고 요구하는 사람도 있단다. 이 모든 사람의 공통점은 무리한 부탁을 무리하지 않다고 믿는 것이다. 무리가 아니니 거절당할 것이라고 상상도 못한다. 그러나 사소함의 정도를 판단할 자격은 부탁하는 사람이 아닌 들어주는 사람에게 있다.

파리의 오후, 한 여인이 카페에 앉은 남자를 발견했다. 여인은 다가가 거만하게 말했다. "적당한 사례를 할 테니 나를 그려줘요."

남자는 빠르게 그림을 완성했다. "5천 프랑이오." 한국 돈으로 7백만 원을 웃도는 금액에 여인은 어이없어했다. "고작 3분 동안 그려놓고 그만큼의 돈을 내놓으라고요?" 그러자 남자는 말했다. "나는 이 수준의 그림을 그리기까지 일평생이 걸렸소." 피카소의 유명한 일화 중 하나다.

누군가에게는 고작 3분이면 끝날 일로 보일지라도 행위자에게는 평생이 걸린 결과물일 수 있다. 노력의 가치는 자기만이 부여할 수 있는 것이다. 상대의 판단에 따르다 균형이 무너지면 관계도 무너진다. 이기적인 사람에게 희생은 사치다. 혼자 애쓰지 말자. 내가 느끼기에 무거운 부탁은 무거운 것이 맞다. 거절을 거절하지 말자. 당신의 애씀은 별것이다.

마음을 읽게 하는 내 안의 악마

: 인지적 오류와 독심술

"공감해 달랬더니 진심 없이 기계적으로 말하더라고요. 상황을 면피하기 위해 그런 거죠. 그 태도 때문에 더 언짢아지더라고요. 이런 사람에게 어떻게 대처해야 하나요?"

고민을 토로하는 메시지를 받았다. 긴말하지 않았다. 대신 '진심 없이'와 '상황을 면피하기 위해'에 밑줄을 쳐서 답장을 보냈다. "이 부분이 뭘 의미하는 걸까요?" 그는 오래 고민하지 않고 답했다. "주관적 판단이네요."

중학교 2학년 때 체육 선생님에게 몽둥이로 엉덩이를 작살나게 맞았다. 그날은 100미터 달리기 날이었는데 나의 기록이 무려 23초였기 때문이다. 선생님은 내가 반항하느라 일부러 늦게 뛰었다고 말했다. 장난치지 말고 다시 뛰라고. 목이 피 맛이 나도록 한 번 더 달렸다. 그 결과, 기록은 24초였다. 헉헉거리며 숨이 넘어갈 것 같은 표정을 본 선생님은 그제야 자신이 오해한 걸 알았다.

무슨 말을 하고 싶은 거냐면, 사람마다 잘하고 못하는 것이 있다는 것이다. 나는 달리기를 못한다. 그림도 못 그린다. 아! 노래도 못한다. 볼륨을 작게 튼 노래를 따라 부르다 보면 남편이 묻는다. "무슨 노래를 부르는 거야?" 볼륨을 키워보면 전혀 다른 음으로 노래를 부르고 있다. 나는 정말 예체능의 '능'이 부족하다.

내가 음악, 미술, 체육을 못하는 것처럼 누군가는 공감을 못한다. 공감은 능력이다. 능력은 사람에 따라 차이가 난다. 날 때부터 표정 변화를 예민하게 알아채는 아이가 있는가 하면 피가 흐르도록 다쳐 울어도 거들떠보지도 않는 아이가 있다. 공감 능력이 뛰어나지 않은 사람은 공감해야 한다는 사실은 알지만 잘하지는 못한다. 노력으로 해결되는 문제가 아니기 때문이다. 그렇다고 '너 일부러 공감 안 했지?' 하며 비난해서야 되겠는가. 23초에 혼나고 24초를 뛰어버린 불쌍한 나를 떠올려 보길. 일부러 그런 것은 정말 아니다.

고민을 보낸 사람은 상대가 기계적으로 공감하는 것에 언짢음을 느꼈다. 그러나 기계적인지 의도적인지 우리는 알 수 없다. 물론 기분이 상할 수는 있다. 그렇다고 기분에 취해 마음대로 결

론을 내려서는 안 된다. 인지 행동 치료cognitive-behavior therapy, CBT
의 창시자 아론 벡Aron T. Beck은 인지적 오류cognitive error라는 개념
을 제안했다. 인지적 오류란 사건의 의미를 해석하는 과정에서 범
하는 논리적 오류다. 그중 독심술mind-reading은 충분한 근거도 없
으면서 상대방의 의도를 마음대로 예단하는 것이다.[20]

애인이 두 시간째 연락 두절이다. 기분이 나쁠 수 있다. 그렇
지만 어떻게 하면 안 된다? 기분에 취해 결론을 내리면 안 된다!
마음이 식었다고 단정 짓는 것, 의도를 가지고 연락을 끊었다고
믿는 것. 이것은 인지적 오류다. 매번 생일을 챙겨주던 친구로부터
올해는 연락이 없다. 서운할 수 있다. 그렇지만? 서운하다고 해서
친구가 나를 무시했다고 판단하면 안 된다. 감정이 상할 수는 있
지만 누구에게나 저마다의 사정이 있고 그 사정은 생각보다 보편
적이지 않기 때문이다.

때로는 나도 모르게 원인 제공자가 되기도 한다. PC 메신저
로 대화를 즐겨 하던 친구가 있었는데, 언제부턴가 메시지가 오지
않았다. 그리고 며칠 후 친구로부터 전화가 왔다. "야! 너 왜 대답
안 해!" 황당한 나는 아무런 메시지도 오지 않았다며 프로그램을
뒤적거렸다. 한참을 조용하던 친구가 당황해하며 말했다. "어? 왜
너 차단되어 있지?" 그렇다. 친구가 실수로 내 아이디를 차단해 놓

은 것이었다. 만약 친구가 나에게 전화하지 않았다면 오랫동안 나를 원망했을 것이다. 자기가 잘못한 것도 모르면서 말이다.

상대의 행동이 불쾌할 때는 단도직입적으로 묻는 것이 좋다. 그 과정에서 오해가 풀리기 마련이다. 하지만 사람들은 이런 행동이 구차하다고 느낀다. 쿨cool하게 신경 쓰지 않는다고 말한다. 하지만 누가 봐도 너무 웜warm하다. 아니 핫hot하다. 생각이 계속 침투하고 신경은 더욱 쓰인다. 신경을 쓰지 않는다고 말하는데, 그게 바로 신경을 쓰는 거다. 신경 쓰지 않는 사람은 굳이 신경 쓰지 않는다고 말하지 않는다. 신경이 쓰이니까 사실을 부정하려는 것이다. 짐작이 현실이 될까 두려운 사람은 당당히 묻지 못한다. 정말 무시한 거면 어쩌지, 마음이 떠났으면 어쩌지. 하지만 현실은 상상과 다를 때가 더 많다.

초등학생 때 친구들 여럿이서 모여 지냈는데, 어쩐지 소외감이 느껴지는 날이 있었다. 복도를 걸어도 거리감이 느껴졌고, 오늘따라 내가 모르는 이야기만 오가는 기분이었다. 다음 쉬는 시간에 괜히 울적해져서 책상에 엎드려 훌쩍거렸다. 그러다 점심시간에 쪽지를 보냈다. '내가 뭘 잘못한 게 있으면 알려줘.' 그러자 친구들이 달려와서 나를 안았다! "왜! 뭐가 문제야!" 친구들은 그대로였고, 그날의 기분은 나 혼자만의 착각이었다. 나의 모습이 찌질해 보이는가? 울적하지 않은 척 자존심 세우며 '난 괜찮아! 너희랑 안

놀아도 돼!' 하면서 신경 쓰는 게 더 찌질하다. 상상의 나래를 펼치며 만든 결론은 사실 별것도 아닌 일, 의도치 않은 실수, 들으면 충분히 이해할 만한 상황을 왜곡한다.

C.S. 루이스의 『스크루테이프의 편지』는 삼촌 악마가 조카 악마에게 쓴 편지를 모아놓은 소설이다. 삼촌 악마는 조카 악마가 사람들을 불행하게 만들도록 조언한다. 그중 어머니와 자식 사이를 이간질하는 방법에 대한 편지의 한 단락이다. "두 인간이 오랜 세월 함께 살다 보면 서로 거슬리는 말투나 표정이 생기게 마련이다. 그 점을 노려야 해. 네 환자는 어머니가 눈썹 치켜세우는 표정을 어렸을 때부터 몹시 싫어했으니, 바로 그 표정을 환자의 의식 속에 최대한 부각시키면서 그게 얼마나 꼴 보기 싫은지를 일깨워주거라. 그리고 자기가 그 표정을 싫어한다는 걸 어머니가 뻔히 알면서도 일부러 그런다고 믿게 하는 거야."

악마는 자식이 싫어하는 어머니의 행동을 자식이 의식하게 만든다. 그리고 어머니가 '일부러' 그렇게 했다는 믿음을 심어준다. 제멋대로 어머니를 판단하고 원망하게 만들면 두 사람 사이가 반드시 소원해질 거라는 것이다. 우리의 모습 같지 않은가. 상대가 '일부러' 나를 힘들게 하려는 거라며 상처받는 것처럼 말이다.

우리 마음에는 악마가 산다. 인지적 오류라는 악마다. 나를 불편하게 하는 모습을 의식하게 만들고, 그 행동이 의도적이라고 부추긴다. 그 속삭임에 귀를 기울이면 자존심이 상한다. 그 자존심을 지키기 위해 상대를 미워한다. 그러나 이 왜곡의 승리자는 내가 아니다. 나의 불행을 원하는 악마다. 그들의 요구에 따라 순순히 불행해지고 싶은가? 예단하지 말고 증거를 찾자. 그리고 비웃으며 말하자. 악마야, 애쓴다.

당연한 아픔은 없다

: 일반적 적응 증후군

사람들은 말한다. 스트레스 없이 사는 사람 없다고. 하지만 나는 말한다. 그렇다고 스트레스를 당연하게 여겨서는 안 된다고. 물론 모든 스트레스가 나쁜 것은 아니다.

일반인이 나오는 연애 예능 프로그램에는 '메기' 캐릭터가 존재한다. 프로그램 중간에 투입되는 새로운 인물로 기존에 출연하던 사람들에게 긴장감을 주는 사람들이다. 메기라는 표현은 메기 효과catfish effect에서 유래했다. 미꾸라지를 장거리 운송할 때 수족관에 메기 한 마리를 넣어놓으면 미꾸라지들이 살기 위해서 바둥거리느라 도착하는 날까지 생존한다. 적당한 스트레스가 삶에 활력을 주는 것이다. 그러나 어디까지나 중요한 것은 '적당한' 수준이다. 일정 수준을 넘어가면 우리는 망가진다.

스트레스를 연구한 한스 젤리에Hans Selye는 스트레스 정도에 따라 경고 단계, 저항 단계, 소진 단계로 구분되어 다른 반응이 나타난다고 설명했는데, 이를 일반적 적응 증후군general adaptation syndrome, GAS이라고 부른다. 스트레스원stressor은 사람에 따라 다르지만, 그에 대한 반응은 누구에게나 일반적인 양상으로 나타나기 때문이다.

1단계: 경고에 대비하라

사막의 파수꾼이라 불리는 미어캣은 무리 생활을 하는데, 한두 마리씩은 꼭 돌아가며 보초를 선다. 두 발로 서서 근엄한 표정을 짓고 주위를 살피는 모습이 꽤나 귀엽다. 보초를 서던 미어캣이 적의 움직임을 감지하면 동료 미어캣에게 이 사실을 알린다. 신호를 받은 다른 미어캣은 대응을 준비한다. 그런데 만약 보초 미어캣이 졸거나 먹을 것에 눈이 멀어 제 역할을 하지 못한다면 나머지 친구들은 어떻게 될까?

미어캣을 공격하는 적처럼 우리에게도 삶을 괴롭히는 적이 존재한다. 자연재해, 사고, 부정적 경험, 생활양식의 변화와 같이 스트레스를 주는 요인, 바로 스트레스원이다. 스트레스를 받는다는 건 마음이 몸에 말해주는 것이다. "위험이 쳐들어 와! 조심해."

스트레스원을 경계하면 갑작스러운 위협에 대비할 수 있다. 경계 태세에 돌입하면 긴장하고 각성하고 상황을 예의주시하게 된다. 앞으로의 상황을 대처할 준비를 하게 된다. 그 준비 과정에서 신체 반응이 따라온다.

밤마다 러닝을 하다가 그만두게 된 계기가 있다. 그날의 기억은 아직도 심장을 뛰게 만든다. 인적이 드문 골목, 가쁜 숨을 내쉬며 쉬고 있는데 인기척이 느껴졌다. 마스크를 쓰고 후드를 뒤집어쓴 사람이 뒤에 있었다. 내가 달리면 그도 달리고, 내가 걸으면 그도 걸었다. 나는 판단해야 했다. 단순한 오해인지 아닌지. 어디서 들은 말이 있는데, 미행을 확인하기 위해서는 우회전을 세 번 하란다. 세 번의 우회전은 제자리로 돌아오는 것이므로 목적지가 있는 사람과 제자리로 돌아오는 경로가 우연히 겹칠 수는 없다는 것이다. 멀쩡한 사람을 치한으로 만들고 싶지 않던 나는 이 아이디어를 실천에 옮겼다.

첫 번째 우회전, 그는 여전히 내 뒤에 있었다. 심장이 요동쳤다. 쿵쿵 뛰는 울림이 귓가에 느껴질 정도였다. 두 번째 우회전, 아직도 그는 내 뒤에 있었다. 등줄기에 땀이 나고 팔다리 근육이 경직되었다. 마지막 우회전에서도 그가 뒤에 있다는 걸 알았을 때 호흡은 가빠졌다. 이제는 도망갈 타이밍이었다. 있는 힘껏 달리려 준비하는데 갑자기 남자가 소리쳤다. "어이!" 그 남자는 내 앞에 있던 여자를 향해 손을 흔들고 있었다. 그는 그냥 친구를 기다리면서 거리를 서성이던 무고한 사람이었다.

공포 상황에서 내 몸은 반응했다. 심장은 빠른 움직임을 대비해 피를 힘차게 뿜어내야 했고, 근육은 강한 대응을 위해 경직되었다. 더 많은 산소를 사용하기 위해 숨은 거칠어졌다. 인지하지 못했지만 잘 보기 위해 동공은 커지고, 위급 상황에 대비하느라 항문과 방광 조임근도 잔뜩 긴장되었을 것이다. 또 다른 긴박함을 마주할 수는 없으니까. 이 모든 반응은 교감 신경계sympathetic nervous system가 활성화될 때 나타나는 반응이다. 위기를 대처하기 위해 신체 기능이 최적의 상태로 업그레이드된 것이다.

2020년 10월, 미국 플로리다주에 살던 70대 노인이 자신의 반려견과 함께 호숫가 근처를 산책하고 있었다. 그런데 갑자기 물속에서 악어가 나타나 반려견을 물어가고 말았다. 노인은 본능적으로 호숫가로 뛰어들었다. 엄청난 치악력을 자랑하는 악어의 주둥이를 한 치의 망설임도 없이 벌렸다. 그렇게 반려견을 구해냈다. 이 장면은 야생동물을 추적하던 카메라에 고스란히 기록되어 세계적으로 이슈가 되었다. 노인은 몸 관리에 철저했던 보디빌더였을까? 아니면 경호원 출신? 밝혀진 바는 없지만, 그가 강아지를 사랑하는 노인이었다는 사실은 확실하다. 강아지가 위험에 처하는 것을 죽기보다 싫어했을 것도. 그래서 평소에는 엄두도 못 낼 힘을 발휘할 수 있던 것이다.

스트레스를 마주할 때 우리는 결단할 준비를 한다. 맞서 싸울 것인가, 도망갈 것인가? 스트레스가 만만하다면 이겨버리면 그만이고, 그렇지 않다면 어서 도망가는 것이 유리하다. 어떤 선택을 하든 평소의 에너지로 해결하기엔 어림없다. 100미터 달리기 23초를 기록하는 내가 평소 기록으로 괴한에게서 도망갈 수는 없는 노릇이다. 그래서 긴박한 상황에서는 내가 가지고 있는 에너지가 총동원된다. 이 과정을 투쟁-도피 반응fight or flight response이라고 부른다.

스트레스 상황에 마주하면 우리 몸은 에너지를 총동원해 문제를 해결한다. 플로리다 할아버지처럼 신문에 나고 유명 인사가 될 만큼 괴력을 발휘할 수 있다. 그렇게 모든 문제가 해결되면 우리 몸을 각성시킨 교감 신경계는 잠시 쉬고 부교감 신경계parasympathetic nervous system가 활동하기 시작한다. 부교감 신경계가 활성화되면 모든 게 이완된다. 심장박동이 제 속도를 찾아가고, 경직된 근육에 힘이 빠지고 졸음이 몰려온다. 갑자기 소변이 마려워 화장실에 달려가고 싶을 수도 있다. 중요한 과제를 마치고 나른하거나 기절할 것 같은 경험을 해보았다면 우리 몸의 평형 상태를 맞추기 위한 부교감 신경계의 노력을 체험한 것이다. 그러나 안타깝게도 우리가 마주치는 대부분의 스트레스는 '그 후로 오래오래 행복하게 살았답니다'로 마무리되는 일이 없다.

2단계: 몸의 이상반응이 시작되다

저녁이 되면 왜 피곤할까? 하루에 쓸 에너지가 한정되어 있기 때문이다. 피곤하지 않으려면 주어진 힘을 적당히 아끼며 분배해 사용해야 한다. 하지만 바쁘게 열심히 살다보면 에너지가 고갈되기 일쑤다. 이땐 충전이 필요하다. 그것이 바로 휴식이다. 휴식후 에너지는 다시 차오르고 새로운 생활을 시작할 수 있다. 그런데 휴식할 틈도 없이 지친다면 어떤 일이 벌어질까?

돈이 부족하면 은행에 빚을 진다. 빚을 그때그때 갚아나가면 다행이지만 그러지 못하는 경우가 있다. 더는 감당할 수 없을 만큼 빚이 쌓이면 파산할 수밖에 없다. 에너지도 마찬가지다. 스트레스는 많은 에너지를 사용하게 만든다. 한 번의 스트레스를 해결하느라 오늘 할당량 이상의 에너지를 쓴다면 휴식으로 충전해야 한다. 그러나 우리 인생이 어디 그리 쉬운가. 스트레스는 일생일대 이벤트처럼 드물게 찾아오는 것이 아니다. 오늘의 스트레스는 내일도 지속되고 어쩌면 끝없는 스트레스가 우리를 따라다닐 수도 있다. 이쯤 되면 충전은커녕 오후에 쓸 에너지를, 내일 쓸 에너지를, 다음 주에 쓸 에너지를 계속해서 당겨써야 하는 사태가 벌어진다. 더는 빌려 쓸 수 없는 상태까지 에너지를 당겨쓰면 파산의 위기를 맞게 된다.

우리 몸은 스트레스를 대처하는 모든 과정에서 쉼 없이 각성한다. 이때부터 몸에 이상 반응이 나타나기 시작한다. 지나친 심장 박동은 심장병을 유발하고, 혈압을 치솟게 만든다. 드라마 속 목덜미 잡고 쓰러지는 장면이 현실에서 펼쳐진다. 가빠진 호흡이 반복되면 공황이 오거나, 근육이 경직되어 간을 망가뜨린다. "신경성입니다." 원인도 문제도 없지만 아픈 날이 계속되고 두통, 위염, 과민성 대장 증후군이 우리에게 찾아온다. 스트레스는 만병의 근원이다.

면역계에 이상이 생기면 세균과 바이러스로부터 우리 몸을 지킬 수 없다. 만성적 스트레스는 면역계의 기능을 억제해 감기에 쉽게 걸리고 회복은 느리게 한다. 스트레스가 심할 때 유난히 상처가 자주 생기고 오래 남는 것도 이 때문이다.

면역계가 엉망이 되면 역으로 공격을 당하기도 한다. 면역계가 세균과 바이러스가 아닌 자신의 몸을 적으로 인식하기 때문이다. 이런 질환을 자가면역질환autoimmune disease이라고 부르는데, 대표적인 예가 탈모다. 면역계가 머리카락을 바이러스로 오인하고 공격하는 것이다. 관절에 염증이 생기는 류머티즘 관절염, 피부에 발진이 올라오는 루푸스, 입과 내장에 궤양이 생기는 베체트병 등 어디를 공격당하느냐에 따라 수많은 자가면역질환이 존재한다.

신체 반응이 나오기 시작하면 정말 쉬어줘야 할 단계다. 그러나 우리는 여전히 자신에게 냉혹하다. 이 정도 안 아픈 사람이 어딨나, 하며 삶을 살아간다.

3단계: 모든 것이 끝이 나다

다이어트를 지속하면 어느 순간부터 체중이 유지된다. 같은 방식의 운동에 뇌가 적응하기 때문이다. 같은 시간, 같은 코스 달리기 30분, 같은 근력 운동 20분, 예측할 수 있는 활동은 뇌로 하여금 에너지를 아끼게 만든다. 같은 활동을 해도 최대한 에너지가 들지 않게 말이다. 살이 빠질 리 없다. 그래서 운동을 할 때는 매일 조금씩 루트를 바꾸며 뇌를 속여야 한다.

스트레스도 마찬가지다. 반복되는 스트레스에 에너지가 거의 고갈되어도 우리는 적응한다. 만성적인 스트레스는 예측 가능한 일이기 때문이다. 마치 주유등이 켜진 상태에서 브레이크에 발만 뗀 채 살살 달리는 차처럼 아슬아슬 삶을 버텨나가게 된다. 문제는 우리가 적응한 상태를 괜찮은 상태로 착각하고 주유등이 켜졌다는 사실을 눈치채지 못한다는 것이다. 그러다 예측하지 못한 새로운 스트레스가 다가왔을 때 악셀을 꽉 밟듯 남은 에너지를 홀랑 써버린다. 한순간에 더 이상 버틸 수 없는 상태가 된다. 이게 바로 번아웃 증후군burnout syndrome이다.

하루아침에 소진된 것 같지만, 사실 소진된 상태에 적응해 살아왔을 뿐이다. 이 상태가 되면 우울증과 같은 마음의 병이 생기고, 심지어 차가 멈추듯 몸이 멈춘다. 죽을 수도 있다는 뜻이다. 스트레스가 사람을 죽일 수도 있다.

내 몸에 이상 반응이 생긴 건 몇 해 전이었다. 대상포진을 시작으로 신체 여러 부위에 통증이 느껴졌다. 피부에 물만 닿아도 두들겨 맞은 것처럼 고통스럽고, 눈과 입이 가뭄이 든 것처럼 메말랐다. 몇 달 후 섬유근육통과 쇼그렌증후군이라는 희소 난치병에 확진되었다. 쇼그렌증후군은 눈물샘과 침샘 등 외분비계가 면역계의 공격을 받는 질환이다. 안구건조증과 심각한 입 마름이 시작되며 삶의 질이 떨어졌다. 책을 읽고 강의를 하는 나에게 치명적인 증상이었다.

확진 판정을 받고 가장 먼저 들었던 생각은 이것이다. '내 몸마저 내 편이 되어주지 않는구나.' 그 괴로움은 나를 더 고립시켰고, 그럴수록 염증은 악화되었다.

다음 표는 '사회 재적응 평가 척도the social readjustment rating sacle'로 스트레스 원인이 되는 여러 가지 사건을 강도 순으로 나열한 목록이다. 지난 1년간 겪은 스트레스 점수를 합산하여 현재 상

배우자 사망 ··100	전근 또는 부서 재배치 ··36	노동시간, 환경의 변화 ··20
이혼 ··73	가정 혹은 업무 간 언쟁 ··35	이사 ··20
부부 별거 ··65	1만 달러 이상의 빚 ··31	전학 ··20
수감생활 ··63	재산 압류 ··30	취미, 여가활동의 변화 ··19
근친자 사망 ··63	업무 책임의 변화 ··29	종교활동의 변화 ··19
큰 상처나 병 ··53	자식의 독립 ··29	사회활동의 변화 ··18
결혼 ··50	친척과의 트러블 ··29	1만 달러 이하의 빚 ··17
실업 ··47	특별한 성취 ··28	수면습관의 변화 ··16
배우자와 재결합 ··45	배우자의 취직, 퇴직 ··26	동거인의 변화 ··15
퇴직 ··45	입학 혹은 졸업 ··26	식생활 변화 ··15
가족의 건강상태 변화 ··44	생활환경의 변화 ··25	장기휴가 ··13
임신 ··40	생활습관의 변화 ··24	크리스마스 등 큰 이벤트 ··12
성 고민 ··39	상사와의 트러블 ··23	사소한 법규위반 ··11
새로운 가족을 얻음 ··39		
새로운 도전 ··39		
경제상태 변화 ··38		
친구의 사망 ··37		

태를 예측할 수 있는데 그 점수가 150점을 넘으면 약간의 위기에 진입한 것으로 보고, 만약 200점을 넘으면 중간 이상의 위기로 적극적으로 개입하여 회복해야 한다고 본다. 그렇지 않으면 이상 반응이 나타나기 시작할 것이다. 300점이 넘었다면 심각한 수준이

다! 신체적 질병이 생길 가능성이 70%가 넘은 상태다. 삶을 돌이켜보고 반드시 안정을 취해야 한다.

확진되기 몇 달 전, 스트레스를 주제로 강의했다. 준비 과정에서 나의 점수를 측정해 보았는데 무려 473점이었다. 그때가 마지막 기회 아니었을까? 나라도 내 편이 되어줄 기회. 너무 많은 에너지가 소진되었으니 잠시 멈추라고. 하지만 나는 누구보다 더 나를 다그쳤다. 힘들지 않은 사람이 어디 있느냐며, 누구나 견디고 사는 거라고 말이다. 그 결과 내가 감당해야 할 몫은 참혹했다.

내 편이 되지 않은 죄로 내 몸도 나에게 등을 졌다는 생각이 들었다. 하지만 생각을 돌이켰다. 내가 나의 편이 되어주지 못해서 이런 일이 일어난 거라면, 내가 나의 편이 되어준다면 다시 회복될 수 있지 않을까? 생각을 전환하니 절망이 기대로 변했다.

그날부터 나는 무엇보다 나 자신을 우선으로 대했다. 피곤하면 쉬고 버거우면 멈췄다. 나를 힘겹게 하는 사람은 정리하고 함께해서 기쁜 사람을 찾았다. 좋아하는 일을 찾고 아프다고 꾸미지 않던 외모를 가꿨다. 나를 소중하게 여기는 시간이 길어질수록 행복해지는 순간도 많아졌다. 눈에는 눈물이 입에는 침이 고이기 시작했다. 여전히, 영원히 관리해야 할 운명이지만, 나는 믿는다. 내가 얻은 병은 3단계로 넘어가기 전 주어진 마지막 경고이자 기회였다고.

아직도 많은 사람은 몸과 마음의 통증을 구분한다. 피를 흘리고 뼈가 부러지면 아픔에 공감하지만, 마음이 고통스럽다면 공감하지 않는다. 마치 의지의 문제인 양 생각하고 비난하기까지 한다. 이런 목소리에 익숙해진 우리는 자신을 돌보기는커녕 나약하다고 한심해하고 가혹하게 더 채찍질한다. 하지만 몸과 마음은 긴밀히 연결되어 있다. 마음의 통증을 진통제로 가라앉힐 수 있다는 연구 결과는 이미 유명해진 지 오래다.[21] 몸과 마음의 통증에 관여하는 뇌 부위가 연결되어 있기 때문이다.

마음의 병은 몸을 각성시킨다. 각성의 지속은 신체에 무리를 주고 질병이 생길 가능성을 키운다. 마음이 아프면 몸이 아프다. 마음의 아픔을 외면해서는 안 된다. 어떤 상황에서라도 해내야 할 일은 자신의 편이 되어주는 일이다. 무엇보다 소중한 건 나고, 무엇보다 먼저여야 하는 것도 나, 그러니까 당신 자신이다.

당신의 농담이 불편한 이유

: 유머의 우월성 이론

하성란 작가의 단편소설 〈새끼손가락〉은 한밤중 택시에 탄 여성 고객의 이야기로 시작된다. 회식이 끝난 뒤 홀로 택시에 탄 화자를 위해 동료가 차 번호를 적는다. 그 모습을 본 운전사가 화자에게 이렇게 말한다. "이 차는 훔친 찹니다." 훔친 차이기 때문에 번호를 적어도 소용없다는 운전사의 말에 화자는 당황한다. 그러자 그는 농담이라며 크게 웃어보인다. 화자는 그 농담이 하나도 웃기지 않아 애써 웃으려다 굳어버린 입 모양으로 침묵을 지킨다.

유머란 남을 웃기는 말과 행동이다. 그러나 남을 웃기지 못하고 불편감을 줄 때가 많다. 웃자고 던진 말에 분위기가 싸해지는 민망한 상황도 발생한다. 적절하지 못한 유머는 왜, 뭐 때문에 하는 걸까?

유머의 우월성 이론superiority theory에 따르면 어떤 사람은 유머를 통해 우월감을 느낀다. 사람들은 상대의 불운이나 결함을 보고 웃는다.[22] 상대보다 내가 더 낫다는 느낌이 기분을 좋게 하기 때문이다. 그러니까 어떤 유머는 상대가 아닌 자신을 기분 좋게 하려고 입 밖으로 던져진다.

〈새끼손가락〉 속 운전자는 우월감을 느끼고 있었을 것이다. 한밤중에 택시에 탄 술 마신 여성은 자신보다 약할 것이라 믿으니까. 택시의 손님이 격투기 선수였어도 그런 말을 던졌을까? 공포의 희생양이 자신이 아니기에 공포심이 농담의 소재가 된 것이다. 그러나 불리한 상황 속 화자에게는 농담으로 치부할 수 없는 말이다.

타인의 연약함이나 결핍이 유머 소재로 소비되는 경우는 비일비재하다. 그때마다 웃음이 난다는 건 '나는 그렇지 않다'라는 전제가 깔려 있기 때문이다. 민머리 분장이 우습다면 머리숱이 많기 때문이고, 뚱보 캐릭터가 웃기다면 날씬하기 때문이다. 특정 인종 분장에 웃을 수 있는 건 차별의 대상이 아닌 문화에 살고 있는 특권자이기 때문이다. 우리는 농담이 내 이야기가 아니란 걸 알기 때문에 웃을 수 있다.

2022년 3월 미국에서 열린 아카데미시상식 이야기를 빼놓을 수가 없겠다. 시상식에서는 수습할 수 없는 충격적인 장면이 생방송을 통해 고스란히 송출되었다. 바로 유명 배우 윌 스미스 때문이었다. 그는 전 세계 사람들이 지켜보는 현장에서 시상자로 무대에 오른 코미디언 크리스 록의 뺨을 강력하게 날렸다. 크리스 록이 윌 스미스의 아내인 제이다의 머리 스타일을 가지고 농담을 던졌기 때문이다.

여론의 반응은 다양했다. 사건의 내막을 아는 이들은 최고의 대처법이라고 응원했다. 제이다가 투병으로 머리를 삭발한 상황이었기 때문이다. 아내의 아픔을 장난처럼 말하는 데 웃어넘기는 것이 정상일까? 하지만 프로답지 못했다며 비난하는 여론이 훨씬 거셌다. 유머는 유머로 받아들여야 한다며 말이다. 유머라는 명목이 상처를 정당화했고, 여론은 여기에 동참했다. 왜일까? 그들은 투병 중이 아니었기 때문이다. 나의 상처가 아니니까 웃을 수 있는 것이다. 소수의 상처는 다수의 웃음을 위해 소비된다. 어떻게 해야 누구도 다치지 않는 웃음을 이끌어낼 수 있을까?

인본주의 심리학자 매슬로우Abraham H. Maslow는 자기실현을 이룬 사람의 특징 중 하나로 솔직성을 꼽는다. 자기실현에 도달한 사람은 불필요한 열등감을 느끼지 않는다. 따라서 위장하거나 숨기지 않고, 부족함을 인정하는 데 두려움을 느끼지 않는다. 이미 자기실현을 한 상태이기 때문에 어떤 공격에도 타격감이 없다. 오히려 직접 단점을 언급하고 개그로 승화하는 여유를 부리는 것도 가능하다. 정말 멋진 농담을 하고 싶다면 방법은 간단하다. 자신을 희생양 삼으면 된다. 그걸 못 하는 이유는 그럴 만큼 성숙한 사람이 못 되기 때문이다.

자기 비하 개그로 유명한 사람 중 하나가 미국 16대 대통령 링컨이다. 그가 미국 상원의원을 준비하던 시절 경쟁자는 유세 장면에서 그를 이렇게 비난했다. '링컨은 두 얼굴을 가진 이중인격자다!' 링컨은 당황하지 않고 오히려 이렇게 응수했다. '나에게 두 얼굴이 있다면 중요한 자리에 굳이 못생긴 얼굴을 하고 오지 않았을 것이다!' 평소 못생긴 외모로 놀림을 당해온 그였기에 좌중은 폭소했고 그의 대응은 호감을 사는 데 충분했다. 자기 비하 개그는 자존감이 탄탄한 사람만이 할 수 있는 고급 유머다. 자존감이 낮은 사람이라야 타인을 비하하는 개그를 한다.

웃자고 한 말에 죽자고 덤비냐는 말이 있다. 그런데 웃자고 한 말에 누군가는 아프고 죽음도 고민한다. 죽자고 덤비는 이유는 죽을 수도 있기 때문이다. 당사자가 불편하다면 불편한 것이 맞다. 그럼 그만하면 된다. 해도 그만, 안 해도 그만인 게 농담이니까. 웃기고 싶다면 자신에게 화살을 돌리면 된다. 이걸 못하니까 남을 공격하는 것이다. 불편하다는 데도 굳이 농담을 던진다는 건 그만큼 자신 없다는 방증이다.

배려의 동의어는 차별

: 상대적 박탈감

"여기는 여자 손님하고 남자 손님 돈가스 양이 다르대요!"

"남자 손님한테 더 많이 줘요?"

전국을 돌아다니며 맛집을 소개해 주는 프로그램에서 나왔던 장면이다. 돈가스로 유명한 그 식당은 남자 손님에게 훨씬 더 큰 크기의 돈가스를 제공했다. 그 장면을 본 MC는 놀라며 이렇게 말했다. "정말 세심한 배려네요."

나는 남자인 남편보다 더 많이, 빨리 먹는 사람이다. 아마 우리 부부가 그 식당에 갔다면 그와 나의 접시를 바꾸었을 것이다. 왜 나는 적게 주느냐고 항의했을지도 모른다. 만약 여자친구들끼리 갔다면 누구도 많이 먹을 수 없었을 것이다. 이것은 정말 배려일까?

집 앞에 꽈배기 집이 생겼다. 현금을 꼬깃꼬깃 주머니에 챙겨 다니던 나는 꽈배기를 2천 원어치 주문했다. 나보다 먼저 온 손님은 꽈배기 4천 원어치를 주문했고, 내 뒤에 온 손님도 꽈배기 4천 원어치를 주문했다. 이제 막 반죽이 기름에 담긴 시점이어서 한참을 기다려야 했다.

드디어, 꽈배기 등장! 주인이 첫 번째 손님에게 말했다. "오래 기다리셨으니 꽈배기 하나 더 넣어드렸어요." 손님은 꽈배기 일곱 개를 받아 집으로 돌아갔다. 이제 내 차례였다. 살짝 설레는 마음으로 주인의 손을 봤다. 한 개, 두 개, 세 개. 끝? 주인의 입에서는 아무 말도 나오지 않았다. 나에게 주어진 것은 꽈배기 꼴랑 세 개. 아쉬운 마음으로 뒤를 돌아서는데, 다음 손님을 향한 주인의 목소리가 귓구멍을 강타했다. "오래 기다리셨으니 하나 더 넣어드렸어요." 뭐야, 씨. 차별하는 것도 아니고! 2천 원짜리 손님 입은 주둥이인가! 분개한 나는 다시는 이 집에서 꽈배기를 먹지 않겠다고 다짐했다.

사실 실망할 이유는 없었다. 세 개를 주문했고 세 개의 값을 치렀고 세 개를 정당하게 돌려받았으니까. 그런데도 기분은 나빴다. 왜일까? 인간의 만족은 상대적이기 때문이다. 모두가 같은 값어치를 지불하고 합당한 대가를 돌려받는다면 세상은 만족으로 가득할 것이다. 하지만 타인이 더 받는다는 것은 내가 덜 받는다는 것과 같은 의미로 다가온다. 원래 내 것이 아님에도 빼앗긴 것 같은 부당함이 느껴진다. 이런 기분이 바로 상대적 박탈감relative deprivation이다.

연예인의 삶을 가감 없이 보여주는 리얼 예능 프로가 대세가 된 지 오래다. 그중 가장 기억에 남았던 프로는 〈냉장고를 부탁해〉였다. 유명인이 실제 사용 중인 냉장고를 스튜디오로 그대로 옮겨 와 그 안의 재료로 요리 경연을 펼치는 설정이었다. 이슬만 먹을 줄 알았던 배우의 냉장고에 먹다 남은 치킨이 있고, 깔끔해 보이던 가수의 냉장고에서 곰팡이 핀 과일을 발견했을 때 시청자는 자지러지게 웃었다. 사람 사는 것 다 똑같다고 느꼈기 때문이다.

하지만 매체라는 것이 그렇다. 소소한 즐거움은 만족을 줄 수 없고 사람들은 갈수록 더한 자극을 추구한다. 그래서인가, 평범하고 소박한 삶을 보여주는 연예인은 점점 사라져갔다. 대신 그 자리에는 초호화 재료가 가득 찬 냉장고가 대체되었다. 한 숟가락에 몇만 원인 캐비아를 달걀프라이 토핑으로 먹는 장면에 시청자는 흥미를 느꼈고 국내에서 절대 구할 수 없는 특별한 향신료가 즐비한 모습에 감탄했으며 세상에 단 열 병밖에 없다는 위스키의 맛을 상상하며 즐거워했다. 그러나 이 자극이 주는 쾌락은 오래가지 않았다.

연예인의 리얼 예능은 누가 더 화려하게 사는지 경쟁하는 것처럼 보였다. 순수한 아이들의 에피소드를 보여주던 육아 예능 프로는 누가 누가 더 고급 식기와 장난감을 사주고, 좋은 환경을 제공하나 내기하는 것 같았다. 누군가의 냉장고가 호화로워지고 누군가의 일상이 사치스러워질수록 사람들은 피로감을 느꼈다. 나 자신에게, 내 가족에게 줄 수 없는 무언가가 누군가에게는 쉽게 소비된다는 사실이 질투의 씨앗이 되어 미움의 열매로 자랐다.

인간은 타인과 나를 비교하며 스스로를 정의한다. 그래서 다른 사람과 내가 별반 다르지 않을 때, 나의 삶이 보편적이라고 느껴질 때 안정감을 느낀다. 그러나 유명인의 '그들만 사는 세상'이 수면 위로 드러난다면 우리 마음에는 어떤 일이 벌어질까. 비교의 동물인 우리는 우와 열을 가린다. 여기서 아이러니한 것은 상대를 기준으로 삼는다는 것이다. 내가 기준이 된다면 나보다 특별한 사람을 다른 부류의 사람으로 치부해 버리면 된다. '쟤는 저렇게 사는구나, 신기하다' 하고 끝내면 된다. 하지만 상대를 기준 삼으니 그들이 보편이 된다. 그들이 특별한 것이 아니라 내가 부족한 것이 된다. 전혀 그런 것이 아닌데도 말이다.

다시 식당 이야기로 돌아가 보자. MC는 남자 손님에게 돈가스를 더 많이 주는 것을 세심한 배려라고 칭찬했다. MC는 물론 남자였다. 성별 가르기를 하자는 것이 아니다. 성별이 배려의 기준이 될 수 있는지 생각해 보자는 것이다. 집단의 특성을 일반화하여 대우하기 시작하면 개개인이 상처입는 것을 피할 수 없게 된다. 누군가 많이 받는다는 건 또 다른 누군가가 '정당한' 이유 없이 적게 받는다는 의미로 다가오기 때문이다. 어떤 여자는 많이 먹고, 어떤 남자는 적게 먹는다. 그럼 배려의 대상은 '많이 먹는' 사람이어야 한다. 그냥 부족한 사람에게 더 주는 방법을 선택할 순 없었을까? 조금 먹는 사람에게는 조금, 많이 먹는 사람에게는 많이.

잘못된 배려는 고정관념stereotype에서 비롯된다. 남자는 이럴 것이다, 여자는 이럴 것이다, 같은 생각처럼 말이다. 고정관념은 대상에 대한 편견prejudice을 가지게 하고, 그 편견은 행동으로 나타난다. 여자는 많이 먹지 않는다, 그러므로 많이 주지 않아도 된다, 이렇게 말이다. 편견의 행동화를 다른 말로 차별discrimination이라고 부른다. 그래서 어떤 배려는 누군가에게 차별이 된다. 부잣집 아이를 편애하는 선생은 가난한 아이를 차별하는 사람이다. 둘째를 편애하는 부모는 첫째를 차별하는 사람이다. 누군가를 편애하는 배려는 누군가를 차별하는 것이다.

배려는 소중하다. 그러나 잘못된 배려는 없느니만 못하다. 지금 내가 하는 배려가 차별의 다른 이름이 아닐까? 되돌아볼 때다.

당해도 싼 사람은 없다
: 공평한 세상 오류

5월의 어느 날, 서울시 구로구의 한 공원에서 끔찍한 사건이 벌어졌다. 40대 남성이 60대 행인을 폭행한 것이다. 피해자는 영문도 모른 채 발길질을 당하고 의식을 잃었는데, 가해자는 여기서 만족하지 못하고 피해자의 머리를 연석으로 여러 차례 내리쳤다. 결국 피해자는 숨진 채 발견되었다.

이 사건에 대한 분노는 어디로 향했을까? 엉뚱하게도 평범한 시민들에게로였다. 현장을 담은 CCTV 영상이 공개되었는데 사건 당시 공원에는 휴식을 취하는 시민들이 있었다. 그들은 눈앞에서 범행 장면을 목격했지만 아무도 폭행당하는 행인을 돕지 않았다. 한 방송사는 그 자리를 지나던 시민 몇 명을 수소문해 물었다. "왜 보고도 지나치셨나요?" 그들의 대답은 놀랍게도 비슷했다. "이 동네에는 조선족이 많습니다. 그들은 원래 문제가 많지요. 자주 폭행을 저지르고요. 으레 일어나는 일 중 하나라고 생각했습니다."

편견prejudice이란 집단에 속한 한 사람 한 사람의 개성을 간과하고 집단이 가진 특성으로 뭉뚱그려 보는 심리를 말한다. 여자니까, 남자니까, 어른이니까, 중2니까, 노인이니까, 어리니까, 어느 지역 사람이니까, 하고 말이다. 사건 속 피해자는 편견의 대상이 되었다. 이 동네는 조선족이 많으니까, 조선족은 으레 싸우니까. 맞을 만한 뭔가가 있었겠지, 하고 말이다.

편견이 일어나는 원인은 다양하다. 그중에도 강력한 힘을 발휘하는 사고방식이 있는데, 바로 공평한 세상 오류just-world fallacy이다.[23] 대부분의 사람들은 우리가 살아가는 세상이 공평하다고 믿는다. 얼핏 듣기에 정의롭고 아름다운 신념처럼 느껴진다. 그러나 이 신념에는 치명적 오류가 있다. 우리가 사는 세상은 원래 공평하지 않기 때문이다.

애초에 지능이 높게 태어난 아이는 그렇지 않은 아이에 비해 쉽게 성취를 거머쥔다. 애초에 근사한 외모를 가지고 태어난 아이는 그렇지 않은 아이에 비해 더 큰 사랑을 받는다. 같은 목표라 해도 어떤 사람은 다른 사람에 비해 훨씬 더 노력해야 한다. 때로는 아무리 노력해도 목표지점에 다다르지 못한다. 세상은 공평하지 않다. 그런데도 우리는 세상이 공평하다고 믿는다. 그렇게 믿어야 마음이 편해지는 순간을 만나기 때문이다.

담배가 해롭다고 믿는 애연가는 불안하다. 외도가 나쁘다고 믿는 바람둥이는 죄책감을 느낀다. 다이어트 중 배달 앱을 켜고 있는 나의 손을 보면 혼란스럽다. 신념대로 행동하지 못하는 사람은 불편한 마음을 견뎌야 한다. 이런 상태를 인지 부조화cognitive dissonance라고 한다.

인지부조화에 빠진 사람은 괴롭다. 괴로움을 벗어나기 위해서는 결단해야 한다. 신념을 바꿀지, 행동을 바꿀지. 얼핏 보기에 행동을 바꾸기가 쉬워 보인다. 사람 마음 쉽게 변하지 않으니까. 하지만 무엇이든 실천해 본 사람은 알 것이다. 행동을 바꾸는 것이 얼마나 어려운지. 담배 끊기, 좋아하는 사람 잊기, 야식 참기, 매일 아침 일찍 일어나 운동하기. 도전은 연약한 의지력을 증명할 뿐이다. 행동을 바꿀 수 없는 상태에서 해결 방법은 하나뿐이다. 신념을 바꾸는 것.

애연가는 담배를 끊는 대신 담배로 병에 걸릴 확률보다 교통사고로 죽을 확률이 더 높다는 어림없는 통계를 따진다. 바람피우는 사람은 관계를 정리하는 대신 우리의 사랑이 특별하다고 내로남불(내가 하면 로맨스 남이 하면 불륜) 한다. 다이어터는 어제는 샐

러드 먹었으니 오늘은 야식을 먹어도 된다며 나에게 관대한 기준을 제시한다. 비겁해 보일지언정, 신념을 바꾸는 건 생각보다 쉽다. 안타까운 것은 합리적이지 못한 이 합리화가 나만 망가뜨리는 데서 멈추지 않는다는 것이다.

다시 처음으로 돌아가보자. 세상에는 혜택을 누리는 자와 그렇지 않은 자가 존재한다. 당신은 어느 쪽에 속하는가? 나는 외제차도 없고 한강뷰 아파트에 살지도 않는걸. 그러므로 자신을 후자로 여길 것이다. 그러나 당신에게도 책 한 권을 구입해 읽을 정도의 경제적 여유는 있고 어쩌면 사놓고 안 읽은 책 몇 권이 책장에 꽂혀 있을 수도 있다. 그게 아니어도 책을 읽을 만한 약간의 시간적 여유가 있을 것이다. 지극히 평범한 삶이다. 그런데 누군가에겐 그 책 한 권의 값이 며칠의 식비일 수도 있고, 책을 읽는 시간이 하루 식비를 마련할 노동 시간일 수 있다. 이제 당신은 어느 쪽에 속하는가?

어떤 이는 억울하게 50의 빚을 지고 태어나고, 어떤 이는 100의 부를 가지고 태어난다. 세상이 정말 공평하다면 부의 평등을 위해 나누어야 한다. 나의 100이 노력 없이 이루어진 것이라면 억울한 그에게 75를 나누어주면 된다. 그럼 우리는 공평하게 25를 갖게 된다. 그러나 이런 셈을 실천하기는 어렵다. 나도 마찬가지다.

우리는 공익 광고 속 도움이 필요한 사람을 보고, 그들에게 아무런 잘못이 없다는 걸 알면서도 재산의 반을 떼어주지 못한다. 불쌍하고 안타깝긴 하지만 내 것은 내가 가지고 싶은걸. 더 많이 가지고 태어난 사람의 마음에는 부채감이 쌓인다. 이때 신념을 바꾸면 편해진다. 희생이라는 행동 대신, 희생이 필요 없다는 신념을 쌓으면 되는 것이다.

타인의 불행에 그만한 이유가 존재한다고 믿기 시작하면, 세상을 바라보기가 편해진다. 네가 가난한 건 네 부모가 내 부모만큼 노력하지 않아서야, 네가 성폭행당한 건 짧은 치마를 입어서야, 네가 사기를 당한 건 미련해서 그렇지.

날 봐, 난 불행하지 않아, 나에게는 그럴 자격이 있어, 너도 나처럼 노력해 봐, 자격을 갖춰 봐, 그러면 나아질 거야, 세상은 원래 공평한 거거든.

타인의 불행을 정당화하는 순간 그들과 나 사이에 경계가 생기고, 불행이 옮지 않을 거라고 믿을 수 있게 된다. 부당한 대우가 당연하게 여겨져야 희생해야 한다는 부담감에서 벗어날 수 있다. 원래 세상은 공평하고 지금 내가 누리는 건 그에 따른 결과이니까. 가지지 못한 자들은 가지지 못한 게 당연한 사람이 되어버린다. 결국 편견은 또 다른 폭력이 되어 약자를 다치게 한다. 서울의 한 공원에서 이유 없이 생을 마감한 남성처럼.

가난한 양복집 사장 아버지와 청각장애 어머니 밑에서 자란 여자아이가 사기꾼이 되는 이야기를 다루는 〈안나〉라는 드라마가 있다. 어린 시절 똑 부러지게 자란 주인공 유미는 어느 순간부터 거짓말쟁이가 되어간다. 물론 그 선택은 그녀의 몫이었다. 그러나 누군가에겐 일어나지 않아도 될 이 상황이 그녀를 몰아간다는 점은 부정할 수 없다.

성인이 된 유미는 갤러리에 취직해 하루도 빠짐없이 일한다. 부유한 가정에서 태어난 상사와 자기를 비교하며 주제를 파악하던 어느 날, 치매까지 얻게 된 어머니를 보기 위해 휴가를 달라고 요청한다. 그때 관장의 반응이 참으로 가관이다.

왜 나를 나쁜 사람으로 만들지?

너희들 문제가 뭔지 알아? 게으르고 멍청한데 남들 하는 거 다 하고 살려니까 그 모양인 거야! 평생을 그러고 살래?

이 비난에는 두 가지 의미가 숨어 있다. 먼저 자신을 나쁜 사람으로 만드는 것에 대한 분노다. 누구나 그렇듯 관장 또한 자신이 좋은 사람이길 원한다. 하지만 현실은 직원을 노예처럼 부리는 착취자다. 만약 이 상황에서 직원들이 잔말 말고 감사하는 마음으로 순종한다면 그는 자신을 잘 포장할 수 있다. 오히려 일자리를 준 너그러운 구원자로 보일 수도 있다. 하지만 유미가 휴가를 요청함으로써, 거절해야 하는 상황이 생김으로써, 자신의 악덕함을 드러내야 하는 순간을 맞이한다. 그가 느낀 인지부조화(좋은 사람이 되고 싶다는 신념 vs. 착취자의 행실)의 불편함은 공격성으로 표출된다. 유미를 향한 비난이 사실 자신을 향한 화라는 사실을 그는 알아채지 못한다.

두 번째 의미는 그가 표현한 '너희들'이라는 대상에서 찾아볼 수 있다. 휴가를 달라고 한 건 유미다. 그런데 그는 함께 일하는 직원들을 싸잡아 비난한다. 유미라는 개인이 아니라 자기 밑에서 일하는 모든 사람을 편견의 대상으로 삼은 것이다. 관장은 가난하고 힘없는 이들을 '게으르고 멍청한데 남들 하는 거 다 하려는 인간'으로 낙인찍는다. 이 낙인은 관장이 직원들을 함부로 대해도 되는 명분을 제공한다. 그들은 착취당해도 싼 사람들이 되고, 관장은 나쁜 사람이 되지 않은 채 행동을 유지할 수 있게 된다.

드라마 속 관장을 우리는 한 걸음 떨어져 본다. 나와는 어쩐지 다른 인간 같다. 오히려 나는 당하는 쪽에 가까운 것 같기도 하다. 수혜자와 피해자가 있다면 자신은 피해자 편에 서 있지 않을까 생각한다. 하지만 현실 속 우리는 알게 모르게 관장의 모습을 하고 있다.

현재의 모습은 노력으로 말미암아 완성되었다. 그러나 그 시작도 노력에서 비롯되었다고 볼 수 없다. 노력이 제힘을 발휘하도록 기반이 된 조건이 존재한다. 그것은 바로 보편적인 삶이다. 매일 먹는 똑같은 반찬이, 처음 보는 사람에게 인사할 수 있는 사회성이, 잔소리하는 부모님이, 활자를 따라갈 수 있는 두 눈이, 키보드를 두드리는 손가락 신경이, 엘리베이터가 수리 중일 때 걸을 수 있는 두 다리가, 전쟁이 일어나지 않는 나라에 사는 것이, 지진이 일어나지 않는 땅에 살고 있는 것이, 나에게는 너무나도 평범해서 별것도 아닌 것이 누군가에게는 간절한 조건이 된다.

우리는 타인의 특별함을 부러워하며 그들을 수혜자로 여기지만, 우리가 가진 평범함 역시 누군가에게는 수혜가 된다. 그것이 바로 혜택이다. 보통의 삶은 디폴트가 아니다. 평범하다고 느끼는 모든 순간이 추가 옵션이다. 상대적으로 부족한 삶을 사는 누군가가 존재하기 때문이다. 그래서 우리는 그 옵션을 나누는 용기가 필요하다. 그 용기의 시작은 세상은 불공평하다는 믿음, 그 불공평 안에서 내가 더 많이 누리고 있다는 마음이다.

선행으로 세상이 다정해지는 기사를 종종 만나게 된다. 그 기사 속 사람들과 공원의 시민들은 과연 다른 사람일까? 누구에게나 타인을 위한 진심과 용기가 있다. 하지만 편견이라는 색안경으로 내 것을 지키려는 순간, 마음이 세상에 닿을 기회는 차단된다.

세상이 공평하다는, 그러니까 나는 저 사람보다 나을 자격이 있다는 시선, 그 잔인한 착각 때문에 말이다.

행복한 변화, 불편한 유지
: 현상 유지 편향

'부가 서비스를 6개월만 가입하면 최신형 스마트폰을 공짜로 가져갈 수 있다는 소식입니다!' 희소식에 필요하지 않은 서비스도 수락한다. 의무 사용기간이 지난 후 해지하면 실보다 득이 크다는 걸 알기 때문이다. 그.러.나 해지 과정은 꽤나 번거롭다. 영원히 끝나지 않을 것 같은 단축번호의 대향연이 ARS 목소리로 흘러나온다. 마지막으로 상담사 연결은 0번, 이라는 안내가 나오자마자 0을 누르지만 진짜는 지금부터다. "현재 상담 대기 인원은 73명, 대기 시간은 60분 정도 예상됩니다. 기다리시겠습니까?" 내일 다시 전화해야겠다고 다짐한다. 하지만 내일도, 모레도, 글피도 반복되는 일상에 해지는 점점 미루어진다.

사람들은 변화를 싫어한다. 변화를 위해 행동하는 것은 더욱 싫어한다. 번거롭기 때문이다. 지금 있는 곳에 머물면 편안한데, 변화하려 하면 피곤하다. 그래서 벗어나지 않으려 한다. 다시 말해 아무것도 하지 않는 선택을 한다. 이를 현상 유지 편향status quo bias 이라고 부른다. 현상 유지 편향은 다양한 장면에서 발견된다. 이용하지 않는 구독 서비스를 해지하지 않는 것, 수많은 메뉴 사이에서 늘 먹던 메뉴를 주문하는 것, 거지같은 회사를 그만두지 않는 것, 오래된 물건을 바꾸지 못하고 또 사용해 버리는 것, 떨어진 주식을 되팔지 못하는 것, 맨손으로 설거지를 시작했다면 결코 중간에 고무장갑을 끼지 않는 것 등등.

인생의 중대사에도 현상 유지 편향은 일어난다. 예비 배우자의 만행이 들통났을 때, 시원하게 파혼을 결정하는 사람은 많지 않다. 일단은 결혼식을 감행한다. 결혼을 취소하고, 계약금을 포기하고, 나쁜 소식을 알리는 것은 번거롭지만 아무것도 하지 않는 것은 편하기 때문이다. 설령 그것이 나를 불행하게 할지라도.

현상 유지 편향은 변화에 최선을 다해 저항하도록 만든다. 이 모습은 참으로 아이러니하다. 저항에 드는 에너지가 변화를 수용할 때 드는 에너지만큼 많이 드는데도 사람들은 변화를 거부하기 위해 애쓴다.

결코 흑역사라곤 없을 것 같은 세계적 기업 코카콜라도 현상 유지 편향 앞에서 깃발을 든 적이 있다. 1985년 코카콜라는 새로운 레시피로 '뉴-코크'라는 신제품을 출시했다. 무려 20만 명에 가까운 사람들을 대상으로 테스트했고, 그 결과 기존 제품보다 맛있다고 검증된 제품이었다. 하지만 '뉴-코크'가 판매되자 소비자는 분노했다. 미국 전역 코카콜라 사무실에는 수천 통의 항의 전화가 빗발쳤고, 광고가 나올 때마다 야유가 쏟아져 나왔다. 심지어 항의 단체까지 생겨 거리 시위를 하기에 이르렀다. 결국 코카콜라는 백기를 들고 오리지널 코카콜라의 재생산을 결정했다. 눈가리고 마시면 더 맛있었을 뉴-코크는 그렇게 세상에서 사라졌다. 변화를 거부하는 이유는 합리적이지 않다. 변하기 싫다는 마음을 지키려는 명분일 뿐이다.

도로 위에 분홍색과 초록색 유도선은 우리의 여정을 편하게 만들어준다. 하지만 이 유도선이 생기기까지 과정은 결코 쉽지 않았다고 한다. 한국도로공사 윤석덕 차장은 안산분기점에서 방향이 엇갈린 두 운전자가 서로 양보하지 않다가 사고로 사망한 사건을 보고 색깔 유도선 아이디어를 제안했다. 당시 도로교통법에 따르면 도로 위에 흰색 외에 다른 색을 칠하는 것은 위법이었다. 전문가들은 그의 아이디어를 반대했다. 유도선으로 인해 사고가 나면 책임질 것이냐며, 앞서지 말라고, 법대로 따르라고 압박했다.

하지만 그는 반대를 무릅쓰며 색깔 유도선을 만들었다. 그 결과 사고율이 50퍼센트 감소했고 그는 정부에 의해 '의인'으로 선정되었다. 변화를 거부하는 세상의 압력에도 굴하지 않았던 그의 선택은 사람을 살리는 길을 열었다.

변화는 힘겹다. 어떤 이들은 변화에 저항하고, 반대하고, 비난한다. 낯섦이 주는 불편은 저항을 위한 피곤보다 강하기 때문이다. 하지만 늘 그렇듯 낯섦은 곧 익숙해진다. 자동차가 처음 생겼을 때, 사람들은 위험한 쇳덩이가 길 위를 다닌다고 얼마나 저항했는지 모른다. 그러나 지금의 우리를 보라. 차 없이 살 수 있는지. 안전벨트가 처음 생길 때 사람들은 이걸 누가 하냐고 비웃었다고 한다. 그러나 지금의 우리를 보라. 좌석에 앉자마자 자동으로 벨트를 채우지 않는가. 변화가 익숙해지면 누군가는 편리해지고 안전해진다. 변화는 곧 누군가에게 희망이 된다. 나에게 생경할지라도, 그 생경한 선택이 당연한 세상이 오면 다음 혜택은 나에게 돌아온다. 구관이 언제나 명관은 아니다.

감사할 일 없음에 감사

: 부적 강화

우리 집 강아지는 '앉아' 장인이다. '앉아'를 정말 잘하기 때문이다. 이제 겨우 3킬로그램이 넘는 코딱지만 한 게 말을 어찌나 잘 알아듣는지, 손에 간식 한 조각을 들고 '앉' 까지만 말해도 이미 세상에서 가장 뛰어난 도그 쇼의 우승자처럼 근엄한 자세로 나를 바라보고 있다. 앉으라는 행동을 통해 간식을 얻는 경험을 하면서 그 뒤로 앉는 행동이 증가한 것이다. 이것이 바로 심리학에서 말하는 강화reinforcement다. 강화란 유기체가 어떤 상태에 빠졌을 때 행동의 빈도가 증가하는 것을 말한다.

강화에는 두 종류가 있다. 정적 강화positive reinforcement와 부적 강화negative reinforcement. 정적 강화는 유기체에게 바람직한 상태를 제공함으로써 행동의 빈도를 증가시키는 것이다. '노력'을 통해 성취가 돌아오고, 또 타인의 감사 인사가 돌아오고, 하다못해 자기 자신이 뿌듯함을 느끼는 순간이 있다. 그 모든 상태는 강화물이 되어 '노력'의 빈도를 증가시킨다. 우리의 삶에는 보상이 필요하다. 강아지는 간식 때문에 앉고, 학생은 성적 때문에 공부하고, 애인은 사랑 때문에 헌신하고, 직장인은 월급 때문에 일한다. 이 모든 것이 바로 정적 강화다.

어떤 경우의 강화는 좋은 일이 생기기보다 나쁜 일이 사라졌을 때 일어난다. 바다에서 거북이를 도와주는 영상을 보았다. 꼬마 거북이가 에메랄드빛 바다를 헤엄치고 있었는데, 등껍질이 이상했다. 보트를 타고 지나던 한 사람이 거북이를 낚아채 보니 따개비, 게, 이끼 등 별별 생물이 거북이 몸에 기생하고 있었다. 버둥거리며 도망가려던 거북이는 게 한 마리를 등에서 떼어주는 순간 거짓말처럼 얌전해졌다. 마치 내 몸에 들러붙어 있는 이 괴상한 것들 좀 떼어달라는 듯이. 그렇게 등껍질과 배에 붙어 있는 해양 생물들을 다 뜯어내자 거북이는 유유히 바닷속으로 사라졌다. 아마도 이 거북이는 더 이상 사람을 두려워하지 않을 것 같다. 다음번에 고통의 상태에 처할 때 나 좀 도와달라고 먼저 다가올 수도 있다. 불편한 생물을 떼어줬을 때 사람의 손에 자신을 맡긴 거북이처럼 바람직하지 않은 상태를 제거해 줌으로써 행동의 빈도를 증가시키는 것을 부적 강화라고 한다.

　　김영민 교수의『공부란 무엇인가』에서는 사람들을 독서하게 만들기 위한 황당하고 공감되는 방안이 제시된다. "책을 안 읽어 오면 벌금을 내게 하는 것은 어떤가. 그 벌금을 모아서 자신이 가장 싫어하는 선생님에게 선물을 사서 드리기로 하면 어떤가. 선물을 하기 싫은 마음에 공부를 열심히 하게 될 것이다." 누구에게나 좋은 일이 일어나지 않길 바라는 스승이 한 명쯤은 있을 것이다. 체벌을 한답시고 무자비하게 매질을 했거나, 친구와 차별을 했다거나, 가난한 나를 무시했다거나, 부당하게 노동력을 착취했다거나. 내가 책을 읽지 않을 때마다 벌금이 걷히고 그 벌금이 그에게 보상이 된다고 하면 그보다 더 끔찍한 결과는 없을 것이다. 반대로 내가 책을 읽기만 한다면, 그에게 보상이 가는 끔찍한 상황을 피할 수 있다. 책을 읽지 않고는 못 배길 달콤한 제안이다.

　　당신은 좋은 상태가 지속되는 것이 좋은가, 나쁜 상태가 사라지는 것이 좋은가. 정말 힘겨운 삶을 살아본 사람은 결코 전자를 선택하지 못한다. 나쁜 상태 안에 있다면, 좋은 상태가 주어진들 기쁠 리가 없기 때문이다. 예를 들어 불치병에 걸려 매일이 고통인 사람에게 통장에 매일 10만 원씩 들어온다고 하면 그는 정말 행복해질까?(물론 없는 것보다 나을 테지만). 그 돈 없어도 좋으니 그저 이 아픔만 거둬주길 바랄 것이다.

매일이 힘겨운 사람은 플러스와 마이너스 값이 요동치는 세상에서 살길 원하지 않는다. 그저 제로 상태만 유지되어도 감지덕지한다. 특별한 일은 바라지도 않고, 어제와 오늘이 심심한 삶이라면 그걸로도 충분히 만족할 것이다.

나는 어린 시절부터 편두통이 심했다. 머리가 아프기 시작하면 심장 박동이 관자놀이로 느껴지면서 눈이 둥둥둥 울렸다. 눈이 둥둥둥 울리면 박자에 맞춰 시야가 둥둥둥 확장되었다가 둥둥둥 축소되었다가 했다. 그러다가 코피가 한 번 터져야 두통이 사라졌다.

성인이 되어도 쉽게 두통이 가라앉지 않았다. 한 달에 열흘 이상 누워 있어야 하는 때도 있었다. 하루는 두통이 심해 자기 전에 누워 얼음 찜질을 하면서 이런 생각을 했다. '사람이 머리가 아파서 죽을 수도 있지 않을까? 이렇게 둥둥거리던 머리가 영화 〈킹스맨〉의 명장면처럼 펑 하고 터져서 몸만 남지 않을까? 아무것도 바라지 않으니 이 고통이 사라졌으면 좋겠다.'

결국 나는 편두통의 예방약으로도 사용되는 항우울제를 처방받게 되었는데, 신기하게도 이 약을 먹고부터 두통의 빈도가 현저하게 낮아졌다. 나는 과거에 비해 쾌적한 삶을 살게 되었고 아플 때마다 약을 먹는다. 고통의 상태가 제거되자 고통의 상태를 제거해 준 약물을 선택하는 빈도가 증가한 것이다.

나는 부적 강화의 개념을 좋아한다. 부정적인 상태가 사라지는 것이 얼마나 큰 기쁨이 되는지 피부로 느끼며 살아왔기 때문이다. 당신은 어떤가? 보상이 될 만한 특별한 사건이 없다고 불평하며 살고 있지는 않은가?

오늘 하루 사고 나지 않은 것, 병에 걸리지 않은 것, 친구에게 배신당하지 않은 것, 돈을 떼어먹히지 않은 것, 강아지가 오늘도 곁에 숨 쉬고 있는 것, 가족이 안전하게 퇴근하여 집으로 돌아온 것, 책을 쓸 수 있는 머리와 손가락이 아프지 않은 것, 컴퓨터가 고장 나지 않은 것, 하늘이 무너지지 않은 것, 땅이 갈라지지 않은 것, 집에 오는 길에 소매치기 당하지 않은 것, 지진이 나지 않은 것, 쓰나미에 휩쓸리지 않은 것, 전쟁 나지 않은 것, 저녁을 먹은 것, 휴대폰이 고장 나지 않은 것. 의식하지 않고 보면 당연한 것 같지만, 누군가에게는 당연하게 일어나지 않는.

아무 일도 일어나지 않는 것은 기실 나쁜 일이 일어나지 않은 것이다. 이 모든 순간을 우리가 특별하게 본다면, 내 인생에 일어날 수도 있었던 불행이 거둬졌다고 믿는다면 우리는 감사라는 행동을 강화할 수 있다. 사는 게 감사하지 않은가? 우리에게는 일어나지 않아서 좋은 일들이 많다. 그러므로 우리는 아무 일도 없음에 감사할 수 있다.

잘하고 싶어서

**자꾸만 애썼던
너에게**

05

애쓰지 않고도
좋은 사람이 되도록

화가 날 때 화를 내면 화가 풀리나
: 정화가설

PC방에서 아르바이트를 하면 별난 사람을 마주하게 된다. 그 중 가장 인상 깊었던 손님 이야기를 해볼까 한다. 그는 어제도 오늘도 같은 옷으로 같은 자리에 앉아 있었다. 데자뷔인가? 정신 차리고 요금 화면을 보니 PC 사용 시간이 이미 24시간을 훌쩍 넘어가 있었다. 다음 날에도 내 눈에는 같은 장면이 펼쳐졌다. 사용 시간은 48시간을 넘어가고 있었다.

그가 자리를 지킨 지 나흘째 되던 날이었다. 청소하느라 자리를 둘러보다가 숨이 멎을 뻔했다. 그 손님이 목이 뒤로 꺾인 채 의자에 널브러져 있었기 때문이다. 게임 중독자의 과로사 사건이 뉴스로 종종 보도되던 시기였다. 내 눈으로 사건 현상을 목격한 건

267

가, 아찔했다. 떨리는 마음으로 손가락을 펼치고 조심스럽게 그 사람 코밑으로 가져갔다. 순간, 드르렁! 자신의 코골이 소리에 놀란 손님이 눈을 떴고, 우리는 눈이 마주쳤다. "하하, 안녕하세요?" 어색한 인사를 마지막으로 그 손님을 다시 볼 수 없었다. 아마 또 다른 PC방에서 48시간을 넘기고 있겠지.

게임에 중독된 사람은 생각보다 쉽게 만날 수 있다. 그들은 몇 날 며칠이고 잠도 자지 않으며 게임에 몰두한다. 특히 공격적인 게임일수록 중독되는 경우가 많은데, 그 이유는 정화catharsis하기 위함이다. 정화, 혹은 카타르시스라고 불리는 이 개념은 원래 배설을 뜻하는 용어다. 고속도로 한가운데서 갑자기 배탈이 났을 때를 떠올려 보자. 소름이 돋고 식은땀이 흐르고 눈앞이 노래지는 순간, 겨우 만난 휴게소 화장실은 천국처럼 느껴지고 변기에 앉아 배설물을 떠나보낼 때의 쾌감은 짜릿하다. 이것이 바로 정화, 카타르시스다.

우리는 배변 활동뿐 아니라 감정으로도 카타르시스를 경험한다. 눈물을 쏟아내고, 환호성을 지르고! 감정을 쏟아내면 기분이 상쾌해진다. 그중 가장 강력한 힘을 가진 건 바로 분노 상황일 것이다. 화가 치밀어 오를 때 어떻게 행동하는지 떠올려 보자. 물건을 던지고, 고함을 지르고, 발로 뻥 차면서 울분을 표현하면 속이 뚫리는 기분이 든다. 그래서 게임이나 공격적 스포츠와 같이 정화 기분을 느끼게 해주는 활동에 더 쉽게 중독되는 것이다.

게임을 좋아하는 사람이 모두 화가 많은 것은 아니다. 그러나 화가 많은 사람은 공격적인 게임에 빠질 가능성이 크다. 숨어 있는 적을 찾아 총으로 쏴 죽이고, 폭탄을 던져 상대편의 성벽을 무너뜨리고 좀비의 머리통을 피가 터지도록 날려버리면 그렇게 통쾌할 수가 없다(고 한다). 저게 나를 괴롭히는 상사의 얼굴이라고 상상하면 몰입도는 최고조에 다다른다. 화가 많을수록 공격적인 상황에 열광하고, 그 쾌감을 또 느끼고 싶어서 습관처럼 공격 상황을 찾게 된다.

게임뿐만 아니다. 정화 경험에 익숙해지면 모든 공격적인 행동이 자연스러워진다. 소중한 사람에게 당연한 듯 짜증 내고, 만만한 상대에게 화풀이하고, 물건을 폭력적으로 다루게 된다. 예전에는 그냥 넘어갔던 사소한 일에도 쉽게 화가 난다. 결국 화가 많은 사람, 별것도 아닌 일에 예민하게 반응하는 사람, 기분이 태도가 되는 사람이 된다.

감정을 발산해야 속이 풀린다는 아이디어를 정화 가설이라고 하는데 이 가설에 따르면 억눌린 감정은 해소되어야 한다는 것이다. 심리학자 브래드 부시먼Brad Bushman은 이 가설이 과연 맞는지 증명하려 했다. 그는 실험에 참여한 사람들에게 에세이를 쓰도록 하고 일부러 에세이를 비판했다. '글이 정말 후지군요.' 부정적 피드백을 받은 참가자들은 화가 난 상태에서 다음 단계로 이동했다. 그 단계는 샌드백 단계였다. 참가자들은 자신이 원하는 만큼 오래, 많이 샌드백을 칠 수 있었다.[24] 참가자들은 세 그룹으로 나누어졌다. 첫 번째 그룹의 참가자들에게는 자신이 받은 평가를 생각해 보라고 했고 두 번째 그룹의 참가자들에게는 건강을 생각하라고 했다. 마지막 그룹은 샌드백을 치지 않도록 했다. 그리고 그들의 기분을 확인해 보았다. 정화 가설이 맞다면, 화풀이하듯 샌드백을 때린 사람들의 기분이 가장 빨리 풀릴 것이다. 하지만 결과는 반대였다. 첫 번째 그룹 사람들의 분노는 처음보다 고조되었다. 부시먼은 화가 날 때 부정적 감정을 표출하는 것은 마치 불을 끄기 위해 기름을 붓는 것 같다고 말한다. 일시적으로 잡히는 것처럼 보이지만 결국 더 큰 화를 불러일으키는 것이다.

드라마 〈나의 해방일지〉에서 창희가 승진 시험에 낙방한 장면이 있다. 그는 그날 아이스 라테 두 잔을 들이켠다. 이유는 '설사하고 싶어서'다. 창희는 우유만 먹으면 탈이 나는 체질이다. 그러니 우유+커피+얼음의 조화가 불러일으킬 사태는 안 봐도 뻔하다. 그런 사실을 알면서도 그는 아이스 라테를 마시고 다급하게 화장실로 달려간다. "저는 이 기분이 너무 좋아요. 다 쏟아내고 기진맥진한 기분. 팬티를 더럽히지 않고 살아남은 자의 안도감."

그가 느낀 감정은 아마도 카타르시스였을 것이다. 인생이 내 마음대로 풀리지 않을 때, 속에 있는 무언가를 다 쏟아내는 통쾌함을 설사를 통해서라도 느끼고 싶었던 모양이다. 하지만 이 사실을 아시는가. 설사에는 염산처럼 독한 위산이 포함되어 있다. 쉽게 배출되는 것 같은데도 뒤가 화끈거리는 이유가 여기에 있다. 통쾌함은 잠시뿐 불편한 통증만이 오래 머문다. 분노도 마찬가지다. 당장은 쏟아내면 시원하겠지만 그 안에 위산처럼 자극적인 무언가가 남아 우리 마음을 어지럽히고 쓰라리게 만든다. 냄새도 지독해서 주변 사람들이 피하게 만든다. 폭주할수록 감정은 우리를 괴롭힌다.

그렇다고 무작정 참으라는 건 아니다. 화는 참으면 병이 된다. 대신 화가 날 땐 화를 내지 말고 화가 난다고 말하면 된다. '아! 열받아!' 하며 물건을 집어 던지는 건 화를 내는 것이고 '나 오늘따라 화가 많이 나네' 하고 표현하는 건 화를 읽는 것이다. 화를 내는 사람은, 감정을 분출하는 사람은 주변 사람을 피곤하게 하고, 화가 나지 않았던 상대마저 화나게 한다. "왜 나한테 성질이야?" 여기에 화를 낸 사람은 이렇게 대응한다. "너한테 화낸 거 아니라고!" 그 말이 상대를 더 화나게 한다. 화는 화를 불러일으키고 상대의 화는 화를 돋운다.

하지만 화가 난다고 표현하면 어떨까? 상대는 귀 기울여줄 것이다. "무슨 일 있었는데?" 그리고 화를 풀어주기 위해 함께 애써준다. "밖에 나가서 달콤한 거라도 먹을까?" 우리는 화가 난다고 표현하는 것을 부끄럽게 여기는데, 화를 내고 있으면서 화가 안 난다고 표현하는 것이야말로 찌질해 보인다. 화가 난다고 말하는 것은 감정적으로 성숙한 사람만이 할 수 있는 것이다.

　꼭 상대의 역할이 아니어도 효과적이다. 화나게 했던 상황과 지금 나의 감정에 귀를 기울이다 보면 어느새 화는 잠잠해진다. 화는 참는 것이 아니다. 쏟아내는 것도 아니다. 읽어주는 것이다.

행복한 사람은 타인에게 관심이 없다

: 사회 비교 이론

    그때는 타인의 삶을 자주 들여다봤다. SNS를 뒤지고 어떻게 지내는지 염탐하고 지인을 통해 소식을 묻기도 했다. 도무지 소식통이 없을 땐 집요한 구글링으로 작은 흔적까지 찾아내려 했다. 요즘은 모든 게 귀찮다. SNS를 열심히 하지만 기록용이다. 타인의 계정을 너무 보지 않아서 미안할 지경이다. 내가 관계에 너무 피상적으로 변했나? 무미건조해졌나? 인간미가 사라진 걸까? 의심도 했다. 그렇다고 사람에게 환멸을 느끼거나 관계에 회의감이 든건 아니다. 오히려 예전보다 사람이 좋아졌고, 만나고 싶고, 그립고, 반갑다. 그때 난 왜 그렇게까지 남을 보며 살았을까?

    사회심리학자 페스팅거Leon Festinger가 제시한 사회 비교 이론

social comparison theory에 따르면 사람들은 자신을 파악하기 위해 상대를 비교 대상으로 삼는다. 나보다 나은 사람을 보며 부족함을 인지하고 비슷한 사람을 보며 현실감을 찾는다.

어떤 사람은 자기보다 열등한 사람만 찾아 헤맨다. 상대적으로 나은 자신을 정의하고 싶기 때문이다. 이들은 항상 주위를 두리번거린다. 타인에게 관심도 많고, 타인의 이야기를 즐겨 한다. 연예인 걱정은 하는 게 아닌데도 별 상관없는 세상 속 인물에게까지 마음을 쓰고 그 관심사가 불행에 가까울수록 심장은 뜨거워진다. 하찮은 타인을 통해 나를 치켜세울 수 있기 때문이다.

스탠 모스Morse S와 케네스 거겐Gergen K. J은 이와 관련된 흥미로운 실험을 했다. 학생에게 자신을 평가하는 설문지를 작성하도록 했는데, 설문 도중 지원자로 위장한 공모자가 들어가게 한 것이다. 공모자는 두 명이었다. 한 공모자는 깔끔 씨Mr.clean로 누구나 닮고 싶은 깔끔하고 수려한 외모의 소유자였다. 다른 공모자는 지저분 씨Mr.dirty로 꾀죄죄하고 멍청한 느낌을 풍기는 사람이었다. 지원자들이 작성한 설문지 뒤편에는 자존감과 관련된 문항이 있었다. 그들은 공모자를 만난 후 이 문항에 응답하게 되었다.

기본적으로 자존감이 높은 참가자는 공모자의 영향을 받지 않았다. 함께 있는 사람이 깔끔하든 꾀죄죄하든 개의치 않고 자신을 높이 평가했다. 하지만 자신을 열등하게 느낀 사람은 달랐다.

그들은 공모자를 크게 의식했는데, 깔끔 씨를 만난 사람들은 자존감이 크게 떨어졌다. 그와 비교해 자신의 처지를 판단한 것이다. 반면 지저분 씨를 만난 이들의 자존감은 높아졌다. 자기와 닮은, 혹은 자기보다 못난 사람을 보며 위안을 얻은 것이다.[25]

아니 에르노의 소설 『빈 옷장』의 르쉬르는 카페 겸 식료품점을 운영하는 부모 밑에서 만족스러운 유년 시절을 보냈다. 노동자 부모를 둔 친구들에 비해 물질적으로 넉넉한 환경이 분명했다. 하지만 사립학교에 입학하면서 현실을 직면하게 된다. 이제까지 볼 수 없던 상류사회의 모습을 보게 된 것이다. 친구들의 어머니는 르쉬르의 어머니처럼 일하지 않았다. 드레스를 입고 차나 마시며 오후 시간을 보냈다. 그들과 비교할 때 르쉬르의 집은 천박하기 짝이 없었다.

그녀는 주위를 두리번거리기 시작했다. 친구들의 집에서 하자를 찾아내기 위해 노력했다. 사소하지만 낡은 것들, 그 증거들을 보며 부유한 집 자식들의 누추함을 발견해 내려고 애썼다. 그렇게 자기 위안을 했지만, 타인의 결함이 그녀를 불행에서 구원해 주지는 못했다. 우리도 르쉬르와 같은 삶을 살고 있지는 않은가? 타인의 흠을 찾아 상대적으로 위로를 얻으려는 것처럼 말이다. 체커 그림자 착시checker shadow illusion에는 체크무늬 바닥에 원기둥이 세워져 있다. 이 기둥 때문에 그림자가 생기는데, 여기서 믿을 수 없는 현상이 나타난다. 그림자가 없는 바닥의 어두운색 타일(A)과 그림자가 있는 바닥의 밝은색 타일(B)이 같은 색이라는 것이다. 누가 봐도 어두운 타일은 밝은 타일보다 짙어 보인다. 하지만 모든 배경을 가리고 두 타일만 본다면 놀랍게도 두 색은 같다. 그럼에도 불신의 싹이 가라앉지 않아 색 캡처를 해봤다. 정말로 RGB 값이 120-120-120으로 같았다.

체커 그림자 착시

어두운색 타일은 밝은색 타일에 둘러싸여 있다. 그래서 상대적으로 더 짙게 보인다. 그림자가 진 밝은색 타일은 어두운색에 둘러싸여 있기에 어두워졌음에도 여전히 밝은 것처럼 보인다. 우리는 이 착시처럼 자신을 바라본다. 빛나는 사람 곁에 있을 때 우중충해지고 꾀죄죄한 사람 곁에서는 화려해진다고 믿는 것이다. 나는 그냥 나인데도, 누구 곁에 있느냐에 따라 달라진다고 착각한다. 그래서 나를 더 밝혀주는 사람 곁에 있기를 바란다.

불행한 사람은 타인을 본다. 『빈 옷장』 속 르쉬르처럼 타인에게서 하자를 찾는다. 상대의 밑바닥을 보며 만족감을 느끼고 자존감을 지키려 한다. 하지만 만족감은 오래 머물지 못한다. 나보다 나은 사람은 언제든 나타나기 때문이다.

상대적으로 밝아지는 것은 일시적 현상이다. 절대적으로 밝아지려면 주변이 아닌 나를 밝혀야 한다. 검은색 곁에서 희어 '보이는' 것이 아니라, 회색을 흰색으로 업그레이드해야 한다. 그러기 위해서는 주변이 아닌 나에 집중해야 한다. 나를 슬프게 하는 것은 밀어내고, 나를 기쁘게 하는 것을 끌어들여야 한다. 그렇게 행복을 선택하다 보면 어느새 남들에게 관심이 없는 나를 발견하게 된다.

"저기요, 손님? 주문하시겠요?" 이제 막 사랑을 시작한 커플은 알콩달콩 하느라 점원의 목소리를 듣지 못한다. 사랑에 빠진 사람들은 어리석으리만치 시야가 좁아진다. 서로에게 집중하느라 세상이 눈에 들어오지 않기 때문이다. 우리는 이런 어리석은 사람이 되길 선택해야 한다. 자기와 사랑에 빠져서 온통 자신만 보이는 사람 말이다. 이런 마음으로 나에게 집중하고, 내 행복과 사랑에 빠지자. 행복할 수 있다면 오늘 하루 팔불출이 되어도 괜찮다.

우울이 미소를 만나면

: 얼굴 피드백 효과

    인생 첫 방송 출연을 앞둔 어느 날이었다. 화면에 비친 얼굴이 어떨지 궁금해진 나는 방에 처박혀 있던 오래된 카메라를 꺼냈다. 삼각대를 세우고 녹화 버튼을 누른 뒤 대본을 읊었다. 미소를 띠고 또박또박한 말투로. 나름 프로답게 했다고 생각했다. 그러나 결과물은 처참했다. 화면 속 나는 잔뜩 화난 표정을 짓고 있었다.

    문제를 직감한 나는 웃기 훈련에 돌입했다. 안 쓰는 신용카드 한 장을 소독해 반으로 접고 개구기 끼듯 입안에 끼웠다. V 모양으로 구부려진 카드가 양쪽 입꼬리를 밀어 올려 웃는 표정이 되었다. 하지만 입꼬리만 올리니 어딘가 불편했다. 볼의 근육을 동원해야 했다. 평소에 안 쓰던 근육에 긴장감이 느껴졌고, 이 시간이 지속될수록 미소는 자연스러워졌다. 어느 순간부터 카드를 빼고도 웃는 표정을 유지할 수 있었다. 역시 뭐든 연습하면 되는 것이야, 뿌듯해하고 있었다.

그러나 웃는 상이 늘 좋은 일만 가져다주는 것은 아니었다. 평소 책을 좋아해 일주일에 두세 권 정도 책을 읽었던 내가 그때부터 책을 읽을 수 없었던 건데 그 이유는 바로 미소 때문이었다. 내가 선호하는 책은 현실의 고단함이 묻어나는 소설이다. 하지만 미소를 지으니 우울한 이야기가 도통 읽히지 않았다. 나의 표정은 슬픔에 몰입하는 것을 방해했다. 웃음이 감정을 지배한 것이다. 긍정과 부정 정서는 공존할 수 없다. 미소 근육을 사용하면 뇌는 지금 행복한 감정을 느끼고 있다고 착각하고, 부정적 정보를 처리하는 것을 방해한다. 우울은 미소를 만나면 사라진다.

한 방송인이 이런 말을 한 적이 있다. "우울할 때 그냥 화장실로 들어가서 미친놈처럼 웃는 거야. 안 웃긴데도, 그냥 웃는 거야. 그렇게 계속 웃으면 웃는 표정으로 근육이 굳어져. 행복이란 놈은 멍청해서 웃는 사람에게 붙어." 유쾌한 그의 이야기는 과학적으로 근거가 있다. 웃을 때 우리 뇌에서는 정서(예, 기쁨) 영역과 근육(예, 미소) 영역이 동시에 활성화된다. 그러면 두 반응은 세트가 된다. 기분이 좋으면 표정 근육 뇌 영역이 활성화되고, 표정 근육을 사용하면 기분 관여 뇌 영역이 활성화되는 것이다. 그러니까 기분이 좋으면 자동으로 미소가 생기고, 미소를 지으면 자동으로 기분이 좋아진다. 이처럼 표정이 기분의 방아쇠가 되는 현상을 얼굴 피드백 효과facial feedback effect라고 한다.

이런 현상은 행동을 통해서도 나타난다. 우울할 때 몸이 처지는데, 우울한 정서와 까라지는 몸이 세트가 되어서 그렇다. 그래서 우울함이 밀려오면 이불 속에 파묻혀 아무것도 하기 싫어진다. 까라지는 행동이 먼저여도 마찬가지다. 처진 행동을 계속하면 우울함이 비집고 들어온다. 우울하지 않던 사람도 우울하다고 착각하게 된다. 그럼, 우울과 거리가 먼 행동을 하면 어떻게 될까?

미키사토시 감독의 〈인스턴트 늪〉은 어린 시절 잃어버린 아버지를 찾는 하나메의 이야기를 다룬 영화다. 골동품 가게를 운영하는 아버지를 찾아낸 하나메는 마치 손님인 척 아버지에게 다가가고 두 사람은 친구가 된다. 하루는 제대로 풀리는 일이 없던 그녀가 아버지의 가게에 들어가며 불만을 토로한다. "희망이 하나도 없다!" 그러자 그녀의 아버지는 기분을 좋게 만들어주겠다며 세면대를 마개로 잠그고 물을 튼다. 그리고 그녀에게 주스를 사러 가자고 한다. 물이 차오르는 세면대를 등지고 그녀와 아버지는 달린다. 빨리! 빨리! 서둘러야 물이 넘치는 것을 막을 수 있다. 두 사람은 집 근처 자판기를 찾아 주스를 뽑고 급하게 집으로 돌아간다.

세이프! 물은 다행히 넘치지 않았다. 두 사람의 심장은 터질 것 같고, 흥분은 가라앉지 않는다. 기분이 풀린 하나메는 욕조에 수도꼭지를 튼다. 그리고 게임을 다시 시작한다. "밥 먹고 오자!"

행복한 표정은 행복을 이끌고, 활력 넘치는 행동은 활력을 키운다. 표정과 기분, 행동과 기분은 세트로 이루어져 있기 때문이다. 인생에 희망도 없고 우울감에 사로잡히는 날, 뇌를 잠시 속여보자. 웃는 표정을 짓고, 밝은 행동을 하는 것이다. 그러면 나의 뇌는 마치 웃을 기분이라고, 밝은 기분이라고 믿게 된다. 이 감정은 우리가 다시 일어날 수 있게 마음을 부추길 것이다.

우울할 땐 마음에 수도꼭지를 틀자. 그리고 달리자. 나의 뇌가 착각하도록. 유일하게 허락된 달콤한 속임수다.

나는 꽤 괜찮은 사람입니다
: 호감의 조건

호감을 사야 하는 순간은 언제나 찾아온다. 비즈니스 상황에서, 우정을 쌓을 때, 사랑을 시작할 때, 새로운 집단에 소속될 때, 설득할 때 등등. 사실은 거의 매 순간이다. 그런데 어떤 사람은 다른 사람들에 비해 유독 더 매력적으로 보인다. 부럽기도 하고 샘나기도 한다. 그들의 특징은 무엇일까? 사회 심리학자들은 공통적인 세 가지 요인이 인간을 매력적으로 보이게 한다고 말한다.

외모

대학생 시절, 어린이들을 가르치는 봉사활동을 했다. 어쩌다 보니 아이들에게 인기가 많아져서 너도나도 내 무릎을 차지하려고 아우성쳤다. 그러던 어느 날이었다. 웬일인지 아이들이 나를 보고 슬금슬금 뒷걸음질 치는 게 아닌가. 가장 친했던 아이마저 나의 무릎을 거부했다. 무엇이 문제였을까?

그 당시 난 긴 머리에 하늘하늘한 원피스를 즐겨 입었다. 마치 공주님을 연상시키는(죄송합니다) 비주얼이었다. 그러던 어느 날 피로감이 몰려왔고 우발적으로 머리를 자르고 안경을 끼고 편안한 트레이닝복을 입었다. 그리고 아이들을 만나러 갔던 것이다. 내 품을 벗어나려고 발버둥 치는 아이 하나를 꼭 껴안고 조용히 물었다. "왜 선생님한테 화났어?" 아이가 대답했다. "못생겼어요." 내 인생 최고의 굴욕적인 날이었다.

매력의 첫 번째 특징은 외모다. 안타깝지만 부인할 수 없는 사실이다. 예쁘고 잘생긴 외모를 추구하는 건 본능이다. 이제 막 돌이 지난 아이를 대상으로 한 실험은 이 슬픈 사실을 증명했다. 장난감이 가득한 실험실에서 조교가 함께 놀아주는 설정이었다. 이때 어떤 조교는 못생긴 얼굴의 가면을 쓰고, 다른 조교는 예쁜 얼굴의 가면을 썼다. 조교들은 자신이 어떤 가면을 썼는지 몰랐으므로 행동에 차이를 보일 순 없었다. 아기들의 반응은 예상대로였다. 하나같이 예쁜 가면을 쓴 조교에게만 적극적으로 마음을 열었다. 그렇다. 겨우 한 살 먹은 아기도 얼굴을 따진다.[26]

아름다움의 기준은 무엇일까? 일반적으로 좌우대칭에 평균적인 얼굴을 호감형이라고 한다.[27] 진화 심리학적 관점에 따르면 엄마 배 속에서 건강하던 태아는 좌우대칭을 이루고 태어나며, 그럴수록 전형적이고 평균적인 얼굴이 된다. 그러니까 얼굴의 대칭성은 건강함의 표식인 것이다. 생물학적 존재이기도 한 인간은 본능적으로 이를 느끼고 좌우대칭인 사람에게 매력을 느낀다. 물론, 예외는 존재한다. 강동원, 주지훈 배우는 상당히 비대칭 얼굴을 가지고 있다. 그러나 그래서 더 매력적으로 보인다. 참고로 나도 짝눈이다. 그냥 그렇다는 것이다.

정확하게 표현하지 않아도 보편적으로 예쁘고 잘생겼다고 말하는 대상이 있는 것을 보면 미의 기준이라는 것은 분명 존재하는 것 같다. 그러나 시대에 따라 달라지는 것도 사실이다. 아름다움의 기준은 문화마다, 또 개인의 취향에 따라 다르다. 식량이 풍족하지 않은 어느 부족의 경우 뚱뚱할수록 아름답다고 인정받는다고 하니, 미의 기준은 이토록 상대적인 것이다.

매력의 중요한 요소가 외모라고 말하면 누군가는 불쾌해한다. 그러나 우리 좀 더 솔직해지자. 아름다움을 추구하는 것 자체가 문제일까? 매슬로우는 심미적 욕구aesthetic needs, 즉 아름다움을 추구하는 욕구 역시 인간의 본성이라고 말한다. 다치기 싫은 욕구, 졸릴 때 자고 싶은 욕구, 사랑받고 싶은 욕구처럼 미를 추구하는 것은 자연스러운 본능이다.

아름다운 것을 좋아하고 말고는 개인의 자유다. 좋아한다고 비난할 일도, 안 좋아한다고 미워할 일도 못 된다. 그러나 문제는 선호가 평가로 둔갑할 때 시작된다. 마라탕을 좋아하는 사람을 비난할 순 없지만, 마라탕이 아닌 모든 음식을 평가절하하는 사람은 비난받아 마땅하다. 마찬가지로 아름다운 사람을 좋아하는 사람을 비난할 순 없지만, 아름답지 않은 모든 사람을 부정적으로 판단하는 건 잘못이다. 선호는 평가의 근거가 될 수 없다.

아름다움으로 개개인의 가치를 폄하하지 않아야 하지만 안타깝게도 외모로 판단하는 경우가 적지 않다. 사람들에게는 겉모습이 매력적일수록 상대를 더 유능하고 똑똑하고 친절하게 보는 경향이 있기 때문이다. 건강하고 이타적일 것으로 기대하기도 한다. 천사의 등 뒤에 후광이 비치는 것처럼 아름다운 외모를 가진 사람은 모든 것이 완벽할 거라고 착각한다. 후광효과halo effect 때문이다.

넷플릭스 〈100인, 인간을 말하다〉에서는 같은 범죄를 저지른 두 집단에 대해 형량을 정하는 실험을 보여주었다. 한 집단의 범죄자들은 매력적인 얼굴을 가졌고, 다른 집단의 범죄자들은 그렇지 않았다.

참가자들은 매력적인 범죄자에게서 그럴 만한 사정을 찾으려고 노력했고 더 나아질 가능성을 기대하며 8년 형을 선고했다. 그러나 상대적으로 못생기고 험악한 외모의 범죄자에게서는 사정을 보려 하지 않았고 앞으로 더 위험해질 것을 우려하며 평균 13년 형을 선고했다. 거의 두 배에 가까운 형량이었다. 범죄 내용과 과정, 결과까지 모두 같았는데 말이다.

후광효과는 선호를 넘어서 적확한 판단을 흐리게 한다. 외적으로 매력이 없다면 무능하다고 여기거나, 성격이 괴팍할 것이라고 짐작한다. 때로는 자기 관리를 못할 것으로 예단하기도 한다. 이래서는 안 되는 것이지만 인간의 심리가 그렇다는 건 부정할 수 없는 현실이다. 호감을 사기 위해 외모를 활용하는 것은 팁이 되지만, 외모가 사람을 판단하는 도구가 되지 않도록 주의해야 한다. 외모는 언제나 사회적 경각심이 필요한 이슈다.

유사성

외적인 아름다움만이 매력의 답은 아니다. 또 다른 방법은 '유사성의 원리'를 이용하는 것이다. 행복한 부부는 신기할 정도로 풍기는 이미지가 비슷하다(심지어 견주와 반려견이 닮은 경우도 왕왕 볼 수 있는데, 우리 집 강아지는 무척 귀엽다). 닮은 이들이 함께 지내는 것은 닮은 상대에게 끌리는 심리 때문이다.[28]

닮는다는 것은 외모에 한정되지 않는다. 내면이 닮은 경우에도 호감이 생긴다. 정치 성향이 맞지 않거나 자라온 환경이 다를 때, 이해만으로 편안함에 다다르지 못한다. 경제적 수준이 다르고 취미가 반대라면 즐거운 경험을 공유할 수 없다. 배려와 희생에도 한계가 있고 공감대 없는 관계는 곧 허물어진다. 반면 모든 면이 유사한 두 사람은 어떨까? 호감이 생길 수밖에 없다. 그래서 첫 만남에서 공통점이 많은 사람들은 서로를 운명이라고 믿는 것이다.

물론 반대의 경우도 있다. 내가 되고 싶은 사람, 그러니까 내가 가질 수 없는 정반대의 특성을 가진 사람에게 매력을 느끼는 경우다. 키 작은 사람은 키 큰 사람을 이상형으로 꼽고, 가난한 사람은 (아닌 척해도) 부자에게 매력을 느낀다. 마른 사람이 듬직한 사람을 만나는 장면은 길거리에서 쉽게 볼 수 있다. 생머리는 곱슬머리의 풍성함을 부러워하고, 곱슬머리는 생머리의 차분함을 갖고 싶어 한다. 내가 가지지 못한 것을 가졌다는 이유만으로 상대는 근사하게 보인다. '상보성의 원리'다.

그러나 반대인 사람과의 관계는 일시적이다. 한 사람이 다른 사람에게 보상이 된다는 것은 다르게 말하면, 다른 사람이 한 사람 때문에 소진된다는 의미이기 때문이다. 게으른 사람은 부지런한 사람 곁에서 돌봄 받기를 원하지만 부지런한 사람은 상대를 챙기느라 지치게 된다. 내향적인 사람은 외향적인 사람의 텐션을 맞춰주느라 온 힘이 다 빠진다. 관계에 균형이 무너지면 한 사람이 피로감을 떠안고 결국에 매력도 감소하게 된다.

　장기적 관계를 유지하려면 닮은 것에 집중하는 것이 좋다. 잠깐, 현실적으로 닮은 사람을 찾기가 힘든데 어쩌냐고? 괜찮다. 유사성은 현실적 조건이 아닌 주관적 믿음에 의해 결정되기 때문이다. 유사해야 유사한 것이 아니다, 유사하다고 믿으면 유사한 것이 된다. 이것이 주관적 유사성이다. 하나부터 열까지 다 맞는 관계는 없지만, 하나부터 열까지 다 안 맞는 관계도 없다. 다름이 더 많을 뿐 맞는 점도 분명히 있을 것이다. 이때 잘 맞는 아주 작은 부분에 주의를 두면 관계의 만족도가 올라간다. 행복은 열 개 중 하나만 맞아도 그 하나를 즐기며 사는 사람들의 것이고, 불행은 열 개 중 아홉 개가 맞아도 안 맞는 하나를 불평하며 사는 사람들의 것이다.

　상대의 말에 늘 반박하는 사람이 있다. '그거 별론데, 이거 싫은데, 왜 좋아하는지 이해를 못 하겠던데' 하는 사람은 비호감이다. 사사건건 부정적 표현을 쓰는 것도 문제지만 나와 맞지 않는다는 인상을 풍기기 때문이다. 모든 것이 맞을 수 없고, 거짓으로 맞출 수도 없다. 그러나 굳이 나쁜 인상을 심어줄 필요는 없다. 상대가 나와 맞지 않는다면 직접적으로 반박하기보다 주제를 바꿔보는 것이 좋다. 여행을 즐기는 상대에게 '전 여행은 싫더라고요' 하기보다는 '오! 그렇군요. 저는 영화 보는 걸 좋아해요' 하며 다른 공통점을 찾아보는 것이다. 그렇게 탐색하다 보면 어디 하나 맞는 구석이 있지 않겠는가.

다름은 가볍게, 같음은 묵직하게 의미를 둘 때, 상대방의 마음을 내 것으로 만들 수 있다.

친숙함

분명 잘 나와서 SNS에 셀카를 올렸는데 친구가 이상하다고 당장 내리란다. '엄청 예쁜데? 질투하나?' 착각하기 전에 친구의 말을 믿어보자. 생각보다 진실에 가까운 말일 수 있기 때문이다.

우리는 평생 죽을 때까지 자신의 얼굴을 정면으로 볼 수 없다. 신기한 체험으로 유체이탈을 하지 않고서야 말이다. 우리는 거울에 비친 내 얼굴만 볼 수 있는데, 내 진짜 얼굴이 아니라 좌우 반전된 얼굴이다. 이를 거울상mirror image이라고 부른다. 나의 진짜 얼굴을 모르는 나는 좌우 반전된 얼굴을 나라고 믿는다. 그러나 상대는 정면의 모습을 나로 인식한다. 당연히 반대되는 모습은 어색하게 느껴진다.

낯설던 노래가 번화가에 자주 울려 퍼지면 어느 순간 좋은 노래가 된다. 남들이 뭐래도 내겐 엄마 요리가 가장 맛있다. 꼴 보기 싫을 만큼 자주 등장하던 PPL 속 화장품은 역대급 판매량을 기록한다. 익숙해지면 선호도가 올라간다. 얼굴을 볼 때도 마찬가지다.

자주 보는 얼굴이 더 근사하게 느껴진다. 그래서 내 눈에는 미러 이미지가, 상대 눈에는 정면 이미지가 더 나은 것처럼 보인다.

1889년 프랑스에서 프랑스대혁명 100주년을 기념하는 철탑을 세우기로 했다. 그러나 시민들은 흉물스러운 조형물의 존재를 인정하려 들지 않았다. 흥미로운 점은 공사 기간이 길어지면서 철탑이 시민들 눈에 점점 익숙해졌고 종국에는 매력적으로 보이기에 이른 것이다. 결국 이 철탑은 전 세계 사람들의 사랑을 받는 상징이 되었다. 바로 에펠탑이다.

'친숙함의 원리'에 따르면 익숙함은 곧 호감을 불러일으킨다. 어떤 자극이든 단순히 반복해서 노출하면 호감을 사게 되는데, 이를 에펠탑 이야기에서 따서 에펠탑 효과Eiffel Tower effect라고 부르기도 하고, 단순 노출 효과mere exposure effect라고 부르기도 한다.[29]

언제부턴가 유행하는 패션이 이상해졌다. 상의는 미친 듯이 작아서 우리 강아지한테나 맞을 것 같고, 하의는 미친 듯이 커서 농구선수에게나 맞을 것 같다. 그런데 어느 순간부터 짧은 크롭티는 날씬해 보이고, 헐렁한 와이드 바지는 세련되어 보인다. 그렇게 크롭티 두 장과 와이드 바지 한 장을 사서 집으로 돌아오는 나를 발견한다. 유행이란 이런 것이다. 예뻐서 유행되는 것이 아니라 계속 보니까 예뻐 보이는 것. 단순 노출 효과의 결과물이다.

사람에 대한 호감이라고 다르지 않다. 자주 볼수록 좋아진다. 처음 본 사람보다 여러 번 만난 사람에게 친숙함을 느끼고 이는 긍정적인 인상을 형성하게 된다. 자만추(자연스러운 만남 추구)라는 말이 괜히 생긴 것이 아니다. 어색하게 소개팅으로 만나기보다는 일상에서 여러 번 접해본 사람에게 더 쉽게 호감을 느낀다. 그러니 누군가의 마음을 사로잡고 싶다면 낯선 상대에게 대뜸 다가가기보다 천천히 여러 번 익숙하게 만드는 과정이 필요하다.

물론 모든 상황에서 단순 노출 효과가 통하진 않는다. 만약 그렇다면 회사 상사도 좋고, 고부 갈등도 사라지고, 철천지원수도 사랑하게 될 것인데, 우리 인생이 어디 그런가. 먹기 싫은 음식은 자주 먹으면 더 질리고 비호감 상대는 볼수록 더 싫어진다. 대상에 대한 부정적 인식이 없을 때, 접할 때마다 부정적 경험이 없을 때라야 친숙함이 호감이 되는 것이다. 호감을 얻고 싶은데 상대가 나에게 부정적 감정을 품는다면 접촉을 줄이는 것이 필수다. 감정이 누그러질 때까지 거리를 두지 않는다면, 그 사람은 영영 나를 싫어할지도 모른다.

심리학자들은 매력의 세 가지 요인을 외모, 유사성, 친숙함으로 꼽지만 그것이 전부는 아닐 것이다. 정말 매력적인 사람은 나답게 행동하는 사람, 그리고 그런 자신을 사랑하는 사람 아닐까?

우리는 왜 같은 실수를 반복할까?
: 절정 대미 이론

어린 시절의 나는 불안이 높은 아이였다. 어떤 일이 일어날지도 모르면서 어떤 일이 일어나긴 하겠다는 생각에 사로잡혀 있었다. 그래서 늘 예비하고 대책을 세우며 살았다. 초등학생일 때는 엄마가 깨우기 전에 혼자 일어나 학교 갈 준비를 했다. 학교에 늦을지도 모른다는 불안 때문이었다. 등교 시간은 9시였지만 나는 늘 7시 20분에 중학생 언니와 함께 집을 나섰고 7시 40분에는 교실에 도착했다. 아직 밖이 컴컴한 시간을 홀로 보내고 나면 그제야 친구들이 하나둘 들어와 북적거림으로 공간을 채웠다.

이런 불안은 친구들과 약속이 있을 때도 존재감을 드러냈다. 6시에 만나기로 했다면 늦어도 5시 30분에는 약속 장소에 도착했다. 어쩐지 가는 길에 무슨 일이 생겨 30분을 늦게 될 것 같다는 우려 때문이었다. 지금처럼 카페에서 만나는 시절이 아니었기에 영락없이 30분은 밖에서 기다렸다. 한겨울이라고 달라지는 건 없었다. 그렇게 나의 몸을 고생시키면서라도 대비하는 삶이 나의 맘을 편하게 만들었다.

그런 내가 느슨해지기 시작한 건 성인이 된 이후였다. 언제부턴가 나는 더 이상 걱정되지 않는 사람이 되었다. 처음 나의 두려움을 사라지게 한 사건이 기억난다. 고속버스 터미널에 도착했는데, 주차장을 열 바퀴 돌아도 빈자리가 없었다. '아, 택시 탈걸.' 버스 시간은 가까워지고 있었고 그 순간 무슨 용기였는지, 나는 핸들을 틀어 시내버스 종점 정류장으로 향했다(터미널 바로 옆이었다). 그리고 버스들이 세워져 있는 커다란 주차 라인 중 하나에 차를 그냥 댔다. 아슬아슬하게 버스를 탔고 감사하게도 버스회사에서 나를 찾는 전화벨은 울리지 않았다.

그 뒤로도 고속버스 막차를 타기 2분 전에 실수로 다른 정류장에서 내렸는데, 버스 출발이 지연되어 집으로 갈 수 있었던 사건, 차가 미친 듯이 밀려 2시간 거리가 3시간 걸렸는데 상대가 늦잠 자는 바람에 함께 늦게 만난 사건, 버스 출발 시간보다 늦게 도착해 다음 차를 탔는데, 기사님의 폭주로 이전 차보다 일찍 도착한 사건 등 별별 일이 다 있었다.

이렇게 안 풀리려다가도 일이 자꾸 해결되는 바람에 나는 느슨하다 못해 나태해졌다. 다른 지역을 가야 하는 날마다 버스를 임박하게 끊고 시간을 조금이라도 벌려고 애를 썼다. 그럴 때마다 매 순간이 아슬아슬했고 이번에는 일이 터지겠구나, 싶은 마음에 심장을 졸이며 이번 한 번만 살려주시면 다시는 늦지 않겠노라며 기도하고 다짐했다. 그러나 결국은 어떻게든 도착하게 되었고 화장실 들어갈 때 나갈 때 다른 이 약하고 악한 인간의 마음은, 못된 습관을 결국 고치지 못하게 했다.

인간은 같은 실수를 반복한다. 계속 그렇게 살면 크게 한번 다칠 수도 있다는 걸 알면서도 그런다. 도대체 왜 그러는 걸까? 고은아, 도대체 왜 그러니.

사람들은 고통의 시간을 겪으면 그 모든 과정을 기억할까? 대니얼 카너먼Daniel Kahenman과 그의 동료들은 이와 관련한 흥미로운 실험 하나를 진행했다. 연구팀은 참가자들을 불러 얼음이 동동 떠 있는 차가운 물속에 손을 담그고 버티도록 했다. 잔인한 연구팀, 참가자들은 꽤나 고통스러웠을 것이다. 이때 한 집단의 참가자들은 1분 동안 얼음물에 손을 담그고 있게 했고, 다른 집단의 참가자들은 여기에서 30초를 더 버티게 하였다. 그러나 너그러운 연구팀의 배려로, (사실은 실험의 설정 때문에) 두 번째 집단의 참가자들의 마지막 30초는 1도 정도 따뜻해진 물이 제공되었다. 그리고 두 팀의 사람들에게 오늘의 연구가 얼마나 고통스러웠는지를 물었다.

　60초 동안 차가운 물에 손을 담근 사람들과 60초 동안 차가운 물에 손을 담그고 30초 동안 그나마 덜 차가운, 그러나 여전히 차갑긴 차가운 물에 손을 또 담그고 있던 사람들 중 누가 더 괴로웠을까? 물리적으로 생각하면 당연히 후자가 더 괴로워할 것이다. 60대 세게 맞고 30대 살살 맞는 것보다 60대만 맞는 것이 무조건 낫지 않겠는가. 그러나 결과는 반대였다. 60초 동안 손을 담그고 있던 참가자들이 훨씬 더 고통을 호소했다. 이 실험이 말하고자 하는 바는 경험의 마지막이 사람들의 기억을 왜곡시킨다는 것이다.

　얼마나 오래 괴로웠느냐보다 중요한 것은 최후의 경험이다. 30초가 추가된 참가자들은 전에 비해 상대적으로 덜 차가워진 물에 손을 담그며 괴로움의 수준이 낮아진 것을 경험했다. 그리고 그 경험을 자신이 오늘 겪은 일의 결말로 기억했다. 아무리 오랫동안 고통스러웠다 해도 이전보다 나아진 현실이 그들을 만족스럽게 한 것이다. 이처럼 사건의 과정을 평균적으로 기억하지 않고 마지막의 경험으로 기억 전체를 왜곡하는 것을 절정 대미 이론 peak-end theory이라고 부른다.[30]

실패를 딛고 일어나 성공한 사람들의 조언을 떠올려 보자. 자신의 삶이 얼마나 비참하고 불행했는지 말하지만 결국에 성공한 자신의 삶을 자랑스럽게 여긴다. 오히려 자신의 행복은 그 어두웠던 시절 덕분에 더 빛난다고 믿고 그 시절을 감사해한다. 그렇게 당신의 삶도 그 끝은 분명 좋아질 거라고 당당히 말한다. 자신의 결말이 좋았기 때문이다.

사람은 마지막 순간의 기억으로 전부를 판단한다. 실패 안에 있는 사람은 가장 마지막 순간이 불행이고, 성공 안에 있는 사람은 가장 마지막 순간이 행복이다. 그래서 아직 성공하지 못한 사람은 미래를 기대하지 못하고, 행복을 쟁취한 사람에게 과거의 괴로움은 아무것도 아닌 게 된다.

인간은 왜 같은 실수를 반복할까? 한 번의 실수가 끔찍한 결과를 가져온다면 우리는 그 사실을 기억하고 실수를 되돌리려 노력할 것이다. 그러나 우리가 사는 세상은 상상만큼 끔찍하지 않다. 시험을 망치면, 이별하면, 약속에 늦으면, 실수하면, 세상이 무너질지도 모른다고 걱정하지만 막상 그 일이 일어나고 보면 생각만큼 최악이 아니라는 걸 경험하게 된다. 기대보다 현실이 덜 불행할 때 안도감이 기억에 남는다. '생각보다 별것 아니네!' 이 마음이 우리를 안심시킨다. 그리고 다음 기회가 찾아왔을 때도 '어떻게

든 되겠지' 하는 마음이 앞서게 된다.

　인생에서 경험한 모든 고통을 기억한다면 우리는 미칠지도 모른다. 그러나 다행히도 우리는 마지막 순간만을 사건의 전부인 양 기억한다. 아무리 괴롭고 끔찍한 줄거리의 영화도 결말이 좋으면 아름다웠다고 기억하는 것처럼 말이다. 이런 심리가 인생을 버틸 수 있게 해주는 것이다.

　그러나 부정적 감정이 존재하는 이유는 그도 그 나름의 쓸모가 있기 때문이다. 어떻게든 잘될 거라는 마음보다 잘 풀리지 않을 수도 있다는 일말의 걱정이 필요한 순간도 있다. 정말 풀리지 않는 날이 찾아와 내 인생의 말미가 최악으로 남을 수도 있기 때문이다. 잘될 거라는 믿음은, 나를 무너지지 않게 만드는 힘이 되어준다. 그러나 그 믿음이 때로는 더 나쁜 결과로 나를 인도할 수 있다는 사실을 부디 잊지 말자.

언제까지 억울해만 할 건가요

: 귀인 이론

남이 해준 밥은 언제나 맛있다. 배달 음식도 아닌 식당 밥은 더더욱. 차려주고, 가져다주고, 치워주기까지 하니 극진한 대접에 황홀하기까지 하다. 하지만 외식이 늘 기쁨만을 선사하는 건 아니다.

우리 부부는 유명하다는 일본식 가정식을 파는 식당에 찾았다. 고즈넉한 인테리어부터 멋스러운 플레이팅까지 이미 핫플레이스가 된 지 오래된 곳이었다.

아기자기하던 식당에는 듣던 대로 테이블이 많지 않았다. 점심시간이 미처 안 되었는데도 요리를 기다리는 손님들이 테이블을 차지하고 있었고, 빈자리 역시 나간 손님의 흔적을 남기고 있었다. 좁은 복도에 서 있는 것이 민망해 일단 정돈되지 않은 테이블에 앉았다. 그런데 주방에 있던 주인이 큰소리치며 우리를 저지했다. "자리 치우기 전에 앉지 마세요!" 무안하여라, 우리는 자리에서 일어나 테이블과 테이블 사이에 어중간하게 섰다.

주인은 자신이 만들던 요리가 마무리될 때까지 자리를 치우지 않았고 우리는 가게 중앙에 우두커니 서 있을 수밖에 없었다. 식사 중인 손님과 식사를 기다리는 손님, 그리고 우리는 서로 어색한 눈빛을 엇갈리기 위해 애썼다. 10분이 넘었다. 앉아 있던 손님이 식사를 받고 나서야 우리는 자리에 앉을 수 있었다.

모든 메뉴는 일본식 이름으로 되어 있었다. 일본어를 잘 몰랐던 나는 이런저런 질문을 했다. 그러자 주인은 한숨을 여러 번 내뱉었다. 진상 손님이 된 양 눈치가 보여 더 물을 수 없던 우리는 메인 메뉴로 보이는 카레와 우동, 그리고 사이드 주먹밥을 시켰다. 나가는 순간까지 주인의 표정은 일그러져 있었고 잘 먹었습니다, 인사를 남겼지만 안녕히 가라는 대꾸조차 돌아오지 않았다.

그날 밤 나는 가게 SNS에 들어가 봤다. 손님들과 활발히 소통하며 친절해 보이던 SNS 속 모습과 오늘 마주한 모습은 너무나도 달랐기 때문이다. 그리고 당황스러운 게시글 하나를 마주하게 되었다. "오늘 지친 제 모습에 기분 상한 분이 없길 바라요, 손님이 너무 많아서 힘들었어요." 그 글을 본 순간 꾹 누르고 있던 감정의 스위치가 켜졌다. 짜증의 원인이 손님이 많아서라고? 그러니까, 내가 가서 짜증이 났다는 건가?

　　세상에는 두 종류의 사람이 존재한다. 자신을 탓하는 사람과 남을 탓하는 사람. 행동의 원인을 따지는 마음을 귀인attribution이라고 부르는데, 전자를 내부 귀인internal attribution, 후자를 외부 귀인external attribution이라 부른다.

　　외부 귀인을 하는 사람, 그러니까 문제의 원인을 밖에서 찾는 사람은 늘 억울하다. 변명이 마음에 가득하다. 그들은 자신이 최선을 다했다고 믿으며, 그럼에도 불구하고 그럴 만한 사정이 있었다고 믿는다. 그들이 기대하는 삶이란 아무런 변수도 존재하지 않은 완벽한 세상이다. 자기는 완벽하므로 어떤 이유가 생기지만 않는다면 잘 해낼 수 있다고 믿는다. 그러나 세상은 호락호락하지 않다. 상황은 자주 꼬이고 기대는 어긋나기 마련이다. 원치 않는 일은 거의 항상 벌어진다. 그러므로 상황을 탓하는 사람은 '언제나' 상황을 탓하는 사람이 된다. 그들의 태도는 변하지 않기 때문에 불편함은 벗어날 수 없는 디폴트 값으로 고정된다. 나아지지 않고 세상을 탓하며 우울함에 빠져 변명으로 입을 가득 채운다.

　　변명을 일삼다 보면 타인에게 불편한 존재가 되고 환대하기 어려운 상대가 된다. 그에게는 타인 또한 '외부'이기 때문이다. 늘 외부를 탓하는 사람에게 외부가 된다는 것은 그 사람에게 내가 문제가 될 수 있다는 걸 의미한다. 식당 주인에게 손님인 나의 방문이 짜증의 원인이 된 것처럼 말이다.

나에게는 닮고 싶은 사람이 한 명 있다. 바로 가수 아이유다. 어린 나이에 댄스 가수로 데뷔해 각종 예능을 통해 활발한 캐릭터로 소비되었던 그녀는 어느 날부터 성숙한 아티스트로 성장하기 시작한다. 독보적 음색과 음악적 신념으로 자기만의 세계관을 뽐내기를 한창, 그녀의 행보는 여기서 멈추지 않고 연기자로 거듭나기 시작한다. 베테랑 연기 선배와 시청자에게도 인정 받으며 또 다른 분야에서도 한걸음 성장해 나간다. 그녀가 끝없이 성장하는 이유는 무엇일까? 그건 아마도 자신을 돌아보는 능력일 테다.

영화 〈브로커〉로 칸에 방문한 아이유는 아름다운 모습으로 레드카펫을 밟아 한국의 자랑거리가 되었다. 그러나 예상치 못한 장면이 더욱 화제를 불러일으켰는데, 그건 바로 영화제에서 보여준 인간적인 면모 때문이었다. 영화제가 시작되고 갑작스럽게 다가온 카메라에 그녀는 어색한 표정을 숨기지 못했다. 소심하게 손으로 하트를 만들었지만, 그 앙증맞은 손에는 수줍음이 가득 묻어 있었다. 민망한 듯 눈빛은 흔들렸고, 그 어색함은 고스란히 전파를 탔다.

아이유는 한 인터뷰 장면에서 그때 그 순간을 떠올리며 칸에서의 가장 별로였던 모습이었다고 고백한다. 그녀는 이어서 이렇게 말한다. "뭐든 하려면 자신 있게 해야지, 그렇게 하는 것은 안 하니만 못해요. 다음에 다시 하면 자신 있게 해야겠다고 다 적어 놓았죠. 죽기 전에 한 번만 더 해보고 싶어요."

아이유의 반응이 신선한 충격으로 다가왔다. 나라면 어땠을까? 아마도 카메라를 그렇게 갑작스럽게 들이대면 누구라도 그랬을 거라며 합리화했을 것이다. 창피한 나머지 기억에서 그 장면을 지우려고 노력했을 것이다. 다시는 그런 곳에 가지 않을 거라며 동굴로 숨거나, 부끄러움에 자존감을 바닥에 파묻었을지도.

하지만 아이유는 달랐다. 자신의 부족함을 직면하고, 당당히 '별로'였다고 고백하고, 심지어 이 다짐을 잊지 않겠다며 적어놓기까지 했다. 만회를 기대하는 도전 의식까지 내비친 것이다. 그런 그녀에게 똑같은 기회가 찾아온다면 어떨까? 또 그때처럼 부끄러운 손 하트를 내밀까? 아마 그땐 지난번보다 훨씬 더 당당하고 자신감 있는 표정으로 카메라를 보며 눈인사를 남기지 않을까?

자신의 부족함을 바라보는 당당함, 그 힘의 원천은 무엇일까? 이번에는 잘 해내지 못했지만 다음에는 더 잘할 거란 믿음 때문일 것이다. 이건 내부 귀인, 그러니까 원인을 자신의 미숙함에서 찾았기 때문에 가질 수 있는 믿음이다. 자신에게서 원인을 찾는다는 건 바꿀 수 있는 힘 또한 자신에게 있다는 걸 믿는다는 뜻이다. 내가 통제권을 쥐고 있는 한, 더 나은 삶 역시 내가 만들어갈 수 있다.

더 나은 사람이 되기 위해 품어야 할 마음은, 이해를 바라는 욕심보다 성숙할 나를 기대하는 마음이다. 그러므로 나는 오늘도 되뇐다. 부족해서 다행이다. 그래야 더 나아질 수 있으니까.

행복한 내일을 위해
불행한 오늘을 살지 마세요
: 자기 조절과 목표 달성

누군가가 말했다. '하기 싫은 일을 모조리 골라 하라. 그러면 지금보다 좋은 사람이 될 것이다.' 일어나기 싫을 때 일어나고, 공부하기 싫을 때 공부하고, 운동하기 싫을 때 운동하면 분명 성장할 것이다. 그럴듯한 이야기다. 우리를 망가뜨리는 건 충실한 본능이기 때문이다. 하지만 한 번 사는 인생, 내일을 위해 괴로운 오늘을 사는 것은 지나치게 냉혹하다. 고달프지 않게 목표를 이루는 방법은 없을까? 오늘 그 5단계 비법을 공개한다.

구체적 목표

꿈을 이루려면 목표가 있어야 한다. 그러나 목표가 추상적이면 무엇을 해야 하는지 알 수 없다. 부지런한 사람이 되기, 열심히 공부하기와 같은 목표는 "부지런하다는 게 뭔데? 열심히는 어느 정도인데?"라는 질문으로 반박될 수 있다. 때로는 이 정도면 부지런하지, 이 정도면 열심히 한 거지, 하며 합리화하는 데 이용되기도 한다. 목표는 구체적이어야 한다. 눈에 보이는 행위와 계산할 수 있는 수치로 정의할 수 있게 말이다.

'열심히'의 기준은 저마다 다르다. 누군가에게는 하루에 두 시간만 자고 쉼 없이 달리는 것이겠지만 자기조절 능력이 현저히 떨어지는 사람의 경우 일주일에 한 번 무언가 이루는 것 정도면 '열심'으로 인정해 줄 수 있다. 하루에 한 시간 책상에 앉아 있는 것조차 힘든 사람이 있다면 그는 '열심히 공부하기'라는 목표를 한 시간 공부하기로 정하면 되는 것이고 대식하는 사람에게 '조금 먹기'는 하루에 세끼 밥 190그램만 먹기로 바꾸면 되는 것이다. 어떤 목표를 세우는 것이 옳다, 그르다를 논할 수는 없다. 그러나 추상적인 목표는 반드시 구체화해야 한다.

쉬운 목표, 많은 목표

매년 1월 1일이 되면 새로운 삶을 살겠다는 기대로 목표를 짠다. 문제는 그 목표가 상당히 거창하다는 것이다. 10킬로그램 감량하기, 담배 끊기, 매일 일기 쓰기, 시험 합격하기, 애인 만들기 등등. 다 좋다. 이루어지면 좋다. 그러나 이루기 참 어려운 목표다.

무엇보다도 우리에게는 해내는 경험이 필요하다. 그래야 다음 단계에 도전할 힘이 생긴다. 성공 경험을 위해서는 목표가 쉬워야 한다.

누군가에게는 시시한 목표가 보잘 것 없이 느껴질 수 있지만 쉬운 목표를 세우라는 말은 그 목표에서 만족하라는 뜻이 아니다. 목표는 언제든 넘어설 수 있다. 예를 들어 플랭크 10초를 목표로 삼고 1분을 한다고 뭐라고 하는 사람은 아무도 없다. 그러나 플랭크 5분을 목표로 삼고 달성하지 못하면, 그 경험은 실패로 남는다. 그러니 시작은 실행 가능한 수준으로 설정해야 한다. 목표의 단계를 잘게 나누어 하나씩 차근차근 완수해야 한다. 예를 들어 10킬로그램 감량하기는 쉽지 않다. 그때는 아주 작은 목표부터 시작해 난이도를 점차 올려보자. 매일 9시 이후 야식 끊기, 매일 8시 이후 야식 끊기, 매일 7시 이후 아무것도 먹지 않기, 7시 이후 아무것도 먹지 않고 30분 걷기, 30분 달리기, 40분 달리기⋯. 이런 식으로 제일 만만한 목표로부터 시작하여 점점 난이도를 올리면 금세 보잘 것 있는 목표를 세울 수 있게 된다.

성대한 목표는 이루기 어렵다. 목표 달성에 실패하면 얻는 것은 무기력뿐이고, 의지를 잃게 된다. 목표는 쉬워야 한다. 그래야 매번 성취감을 느끼고 한 단계 더 도전하고 싶은 마음이 불타오른다. 그렇게 한 단계씩 올라가면 기대도 안 했던 커다란 목표가 라스트 스테이지로 당신을 이끌 거란 사실을 믿어보라.

빠져나갈 구멍 만들기

매일 30분씩 달리기를 하던 사람이 어느 날 저녁을 과식해 도저히 밖으로 나갈 수 없는 상태에 빠졌다. 그렇게 하루를 쉬자 그의 의지는 불타오르기 시작했다. 불타서 사라져버렸다.

누구나 완벽주의적 기질이 있다. 그 기질 때문에 우리는 시도하지 않고, 도전하지 않는다. 실패하는 순간 흠집이 생긴다는 걸 알기에 성공 가능성이 크지 않으면 시작조차 하지 않는다. 목표를 향해 가다가도 한두 번 실패를 겪게 되면 어차피 망했단 생각에 다 때려치우게 된다. 한 번의 실패가 가진 영향력은 별것도 아닌데 말이다.

목표를 향해 달려가는 과정에서 빠져나갈 구멍을 만들어야 한다. 일주일에 두 번 정도는 실패해도 눈 감아주기처럼 말이다. 비겁하다고? 그래도 상관없다. 빠져나갈 구멍을 만들든 그렇지 든 어차피 실패할 확률이 더 크기 때문이다. 야식은 시킬 것이고 귀찮아서 운동은 빼먹고 말 것이다. 그러나 빠져나갈 구멍이 있는 사람은 한 번의 실패를 아무렇지 않게 뛰어넘어 또다시 도전할 것이고, 빠져나갈 구멍이 없는 사람은 다 망쳤다며 모든 걸 포기할 것이다. 멈추는 사람과 한 번 더 해보는 사람 중 누가 성공 가능성이 더 크겠는가.

과정 상상하기

로또에 당첨되는 순간을 자주 상상한다. 제주에 가서 구옥을 한 채 산 뒤 리모델링해서 멋진 공간을 만들 것이다. 한쪽 벽은 심리학 서적으로, 다른 쪽 벽은 소설로 가득 채울 것이다. 가운데에는 따뜻한 느낌의 고급 원목 테이블을 두고 사람들과 모여 앉아 심리학 공부를 할 것이다. 생각만 해도 미소가 지어지는 이 꿈은 절대 이루어질 리 없다. 나는 로또를 사지 않기 때문이다.

로또를 사지 않고서 로또가 당첨되길 바라는 것만큼 멍청한 기대는 없다. 물론 로또를 산다고 무조건 당첨되는 것은 아니지만, 로또를 사지 않는다면 로또에 당첨되는 일은 결코 일어나지 않는다.

과정은 결과를 보증하지 못하지만, 과정의 부재는 결과의 부재를 보장한다. 과정 없는 꿈은 상상의 세계에서 현실로 넘어오지 못하기 때문이다. 아무것도 하지 않으면 아무 일도 일어나지 않는다.

꿈을 이루는 데 실패하는 이유는 결과만 기대하고 과정에 대한 계획을 짜지 않기 때문이다. 결말만 그리는 사람은 과정이 평탄할 것이라고 착각한다. 이를 계획 오류planning fallacy라고 부른다.

거창한 목표를 세웠다가 실패하는 이유는, 계획을 이루는 과정에서 마주하게 될 수많은 시련을 상상하지 못하는 계획 오류에 빠지기 때문이다.

매번 약속에 늦는 사람에게는 늘 그럴싸한 이유가 있다. 오늘따라 차가 밀려서, 엘리베이터가 오지를 않아서, 나오려는데 중요한 준비물 하나를 깜빡해서, 어쩌고저쩌고 핑계의 대향연이다. 그런 변수를 예측하고 한 시간 먼저 나서는 사람이라야 제시간에 약속 장소에 도착한다. 과정에는 예상치 못한 변수가 늘 존재한다. 이 변수들을 고려하지 않고 목표를 설정하면, 반드시 실패한다.

지난 주에는 반드시 로또를 사려고 했다. 그런데 하루는 지갑을 안 가져갔고, 하루는 너무 늦게 가서 판매점이 문을 닫았고, 그다음 날은 딴생각하다가 모르고 지나쳐버렸고, 그다음 다음 날은 주인아저씨가 화장실 가서 문을 잠시 닫았는데 기다리기 귀찮아서 그냥 왔다. 이 변수를 모두 이겨내야 제주도로 이사 갈 텐데….

만약에 계획 세우기

한 식당에 붙어 있는 쪽지 한 장을 보았다. '살 빼는 방법, 우선 고개를 오른쪽으로 돌리고 나서 다시 고개를 왼쪽으로 돌립니다. 누군가 음식을 권할 때마다 이 동작을 반복하십시오.' 만약 친구가 음식을 권하면 고개를 도리도리하며 거절하라, 그러면 살은 자연히 빠지리라.

목표를 이루기 위해서는 어떤 순간에 어떤 행동을 할 것인지에 대한 계획을 세워야 한다. 실행 의도implementation intention를 세우는 것이다.[31] 실행 의도는 목표를 이루기 위한 과정을 어떻게 일구어 나갈지를 '만약에 ○○ 상황이 오면 ○○ 게 행동할 것이다'라는 형태의 진술문으로 구성하는 것이다. 그래서 만약에 계획if-then plan이라고도 불린다. 만약에 이런 상황이 오면 이렇게 행동하자, 하고 나 자신과 약속하는 것이다.

우리가 공부를 못하는 이유는 공부해야 할 때 공부하지 않기 때문이다. 우리가 약속을 어기는 이유는 약속을 지켜야 할 때 지키지 않기 때문이다. 우리가 술을 끊지 못하는 이유는 술을 참아야 할 때 마시기 때문이다. 마찬가지로 우리가 목표 달성에 실패하는 이유는 해야 할 일을 그때 하지 않아서다. 우리에게는 이미 답이 있다. 적당한 상황에서 적당한 행동을 하는 것. 그러나 막상 그 상황에서는 답이 떠오르지 않는다. 본능은 언제나 이성을 앞서기 때문이다.

실행 의도를 세우고 나면 특정 상황에서 어떤 행동을 해야 하는지가 떠오른다. 예를 들어, 나는 한동안 늦잠 자는 문제로 골머리를 앓았는데, 아무리 자기 전에 다짐해도 졸린 순간에는 아무 생각도 나지 않아 일어나는 데 실패했다. 그러다 드디어 잠 깨는 방법을 찾아냈다. 바로 인공눈물을 넣기! 눈에 촉촉한 수분이 머금어지니 정신이 맑아졌다. 그래서 이런 실행 의도를 세웠다. 아침 알람이 울리면 눈에 인공눈물을 한 방울씩 넣는다. 이 의도를 여러 번 되새기고 매일 아침 알람을 끄는 대신 인공눈물을 넣자 상쾌한 아침을 맞이하게 되었다.

실행 의도를 세우면 그 상황에 맞닥뜨릴 때 해야 할 행동이 자연히 나오게 된다. 그것이 바로 습관이다. 실행 의도는 습관을 만들려는 시도다. 애써 노력해야 하는 행위를 당연히 하게 되는 자동적 행위로 바꾸는 것이다. 성공한 사람들은 성공하는 과정에서 꾸역꾸역 노력하지 않는다. 그저 때에 맞춰 해야 할 일을 당연히 할 뿐이다. 옳은 행동이 습관으로 자리 잡으면 큰 에너지를 쓰지 않고도 해낼 수 있게 된다.

보상받기

치팅 데이란 속인다는 뜻의 치팅cheating과 날이라는 뜻인 데이day의 합성어다. 식단 조절을 하려면 탄수화물을 줄이는 것이 가장 중요한데, 계속 탄수화물을 먹지 않고 살 수는 없다. 기분이 우울해지고 체력도 저하되고, 무엇보다 살찌는 체질이 될 가능성이 커지기 때문이다. 그래서 일주일에 한두 번은 몸을 속여야 한다. '이렇게 가끔 탄수화물을 먹지롱' 하고 말이다. 그러면 뇌가 착각한다. '아, 기다리면 탄수화물이 들어오는구나.' 식단 관리를 하는 사람들은 며칠에 한 번씩 먹고 싶은 것을 마음껏 먹는다.

그러나 치팅 데이는 몸을 속이려는 의도와 관련 없이 며칠간 잘 참아낸 나에게 주는 선물이기도 하다. 인간이 아무리 고등하다 할지라도 우리는 여전히 생물학적 존재다. 참기 어려운 일이 많고, 더 원하는 것도 많다. 이를 채워주지 않으면 의지가 약해지고 포기가 빨라진다.

행동주의 심리학자 손다이크Edward Lee Thorndike의 효과의 법칙 law of effect에 따르면, 어떤 행동의 결과로 좋은 일이 일어나면 행동의 빈도가 증가한다.[32] 그러므로 노력을 지속시키기 위해서는 때마다 적절한 좋은 일, 즉 보상이 주어져야 한다. 거창한 목표에 도달하기 위한 작은 목표를 세워야 하고, 그 목표 하나하나를 달성할 때마다 선물을 받아야 한다. 물론 어떤 사람에게는 목표 달성자체가 선물처럼 다가올 수 있다. 그러나 인간은 적응의 동물이기에 영원히 달성 그 자체로 만족하지 못한다.

작은 목표를 해냈을 때 갖고 싶던 물건을 사거나, 가고 싶던 장소에 가거나, 먹고 싶었던 음식을 먹거나, 평소에 간절히 바랐던 일 중에 돈과 시간 많이 안 드는 선물을 나에게 선사하자. 집 청소를 너무 귀찮아하던 한 주부는 책장을 한 칸 정리할 때마다 치킨 중 가장 비싼 메뉴를 시켜 먹기로 보상을 정했는데 그때부터 아이들이 오히려 정리를 돕기 시작했다. 아이들이 더 좋아하는 메뉴였기 때문이다. 보상이 주변인에게도 즐거움이 된다면 나의 목표를 위해 힘을 쓰는 조력자도 많아진다.

나의 모습 그리기

매일 아침 거울을 보고 다짐해 보자. 나는 부자가 될 수 있다. 나는 떨지 않고 발표할 수 있다. 나는 시험을 잘 볼 수 있다. 나는 오늘 짠 계획을 다 이룰 수 있다. 어떤 내용이 들어가도 상관없다. 오늘의 목표를 이룰 수 있다고 다짐하면 현실화하는 데 도움이 된다. 여기서 빠지지 말아야 하는 것은 주어가 '나'여야 한다는 것이다.

스탠퍼드 대학교 월터 미셸Walter Mischell 연구팀은 '마시멜로 테스트'라는 실험으로 주목을 받았다. 마시멜로 테스트란 아이들의 자제력을 확인하기 위한 연구로, 방식은 간단했다. 아이가 가장 좋아하는 간식을 책상에 올려두고 5분간 아이를 기다리게 한다. 만약 아이가 5분을 기다리면 간식을 두 배로 받을 수 있다. 자제력이 높은 아이는 선생님이 돌아올 때까지 그 시간을 견뎌낸다. 만족을 지연시켜 더 큰 보상을 받는 것이다.

미셸과 연구팀은 실험 전 아이들에게 질문했다. '만약 크레용을 부러트리지 않고 그림을 완성했다면 그건 네가 조심해서였을까? 크레용이 좋은 거라서 그랬을까?' 이 질문을 한 후 마시멜로 테스트를 진행했다. 그 결과 자기의 노력으로 크레용이 부러지지 않을 것이라고 대답한 아이들이 훨씬 더 오랜 시간 마시멜로를 기다린 것으로 나타났다. 자신이 세상을 통제할 수 있다는 믿음을 가진 사람은 더 잘 인내하고 목표를 이룬다.[33]

매일 아침 자신이 할 수 있다고 확언하는 사람은 세상을 통제할 힘을 가지고 있다고 믿는 사람이다. 그 믿음은 우리 인생에 다양한 마시멜로를 얻을 내적인 힘을 가지게 한다. 원하는 것을 얻는 경험은 자신에 대한 믿음을 키워주고, 믿음은 더 큰 목표를 이루는 에너지로 작용한다. 나는 할 수 있다, 나는 잘하고 있다는 단언은 우리의 인생을 단연코 이루어내도록 할 것이다.

야, 너도 재벌 될 수 있어

: 자기 충족적 예언

소년원은 소년이 잘못하면 가는 곳, 대학원은 대학생이 잘못하면 가는 곳이라 한다. 그래, 나의 잘못으로 나는 대학원에 갇히고 말았다. 그 시간은 꽤나 고단했다. 생각해 보니 대학원을 가기 전엔 책도 좋아하고 글 쓰는 것도 좋아했더랬다. 하지만 성인이 된 후로 활자라는 건 공문서와 논문으로도 충분히 질리는 대상이었다. 분주한 삶 속에서 독서는 사치이자 시간 낭비일 뿐이었다.

책임감에 대해서 둘째가라면 서러웠던 내가 무너진 것도 그때쯤이었다. 머릿속에서 무언가가 툭, 하고 끊어졌다. 생전 처음으로 모든 것을 내팽개쳐두고 도망가야겠다고 생각했다. 그러지 않으면 살아낼 수 없을 것 같단 생각이 들었다. 그렇게 제주로 떠나게 되었다. 그땐 예상도 못했다. 그날로 제2의 인생이 시작될 줄은.

여행지에서 우연히 들른 책방은 도시의 대형 서점과는 사뭇 다른 분위기를 풍겼다. 독립출판물부터 개성 넘치는 책이 가득했고, 새로운 세상에 초대받은 기분이었다. 그때, 얇고 투박한 물성의 초록색 책 한 권이 나에게 말을 걸었다. '나를 데려가.' 홀린 듯 계산하고 서점을 나선 나는 차에 타자마자 이렇게 선포했다. "나, 다 그만둘 거야. 그리고 책 쓸 거야."

학업을 중단하고 책을 쓴다고 했을 때 사람들은 우려의 눈빛을 보냈다. 어떤 이는 나보고 쉽게 포기하는 사람이라고 비난했고, 또 다른 이는 그동안의 노력이 아깝다며 아쉬워했다. 하지만 왜인지 나는 될 것만 같았다. 아니, 되어야만 했다. 이 길 말고는 숨 쉴 구멍이 없었기 때문이다. 그래서 나는 귀를 막고, 그저 쓰기 시작했다.

한 은행에 곧 부도가 날 거라는 괴담이 돌았다. 아무런 근거도 없는 허무맹랑한 소문이지만 고객들은 동요하기 시작했다. 은행에 찾아가 괜찮은 거냐고 따져댔고 은행은 걱정하지 말라고 고객을 안심시켰다. 그럼에도 고객들은 불안감을 이기지 못했다. 이미 은행이 망했다고 믿기 시작한 그들은 계좌에 있는 돈을 모두 인출해 떠났다. 너도나도 돈을 빼가자 은행은 결국 재정난을 맞이

했고 괴담은 현실이 되었다.

　생각은 종종, 아니 자주 실제가 된다. 오지 않은 미래를 믿으면 그 믿음에 걸맞은 행동을 하게 되고, 그 행동이 믿음에 걸맞은 결과를 이끌어내기 때문이다. 이런 현상에 사회학자 로버트 머튼 Robert Merton은 자기 충족적 예언self-fulfilling prophecy이라고 이름 붙였다. 부정적 믿음은 부정적인 일이 일어나도록 행동하게 만들고, 종국에 부정적 결말을 만들어낸다.

　반대로 긍정적인 믿음을 가지면 어떻게 될까? 그것 역시 현실화된다. 책을 쓰겠다고 결심한 날, 나는 내 이름이 새겨진 책을 상상했다. 그러자 책 쓰는 방법이 궁금해졌다. 그 자리에서 정신없이 출판하는 방법을 검색하기 시작했다. 책 쓰는 법과 관련된 책 몇 권을 주문했다. 책 쓰는 법에 대한 사람들의 조언은 한결같았다. 첫째, 매일 써라, 둘째, 많이 읽어라, 셋째, 불특정 다수에게 글을 공개하고 피드백을 받아라, 넷째, 글의 분량이 채워지면 출판사에 투고하라.

　책을 쓰겠다고 마음먹자 당장 해야 할 일이 눈에 들어왔다. 출간은 먼 훗날의 일이었지만 오늘 해야 할 일은 무엇인지 알 수 있었다. 그렇게 셋째, 불특정 다수에게 글을 공개하고 피드백을 받아라를 실천하던 어느 날 메일 한 통을 받게 되었다. '안녕하세요. 저자님. 출판사 포레스트북스입니다.' 그렇게 첫 번째 책이 세상의 빛을 보게 되었다.

이석원 작가는 그의 저서 『나를 위한 노래』에서 자신의 징크스를 고백한다. 자기는 종종 거짓말을 하는데, 그 거짓말이 현실이 된다는 것이다. 그가 처음 '언니네 이발관'으로 음악을 시작한 계기도 거짓말 때문이었다고 한다. PC 통신을 하면서 장난처럼 있지도 않은 밴드의 리더라고 말하고 다닌 게 진짜가 된 것이다. 나는 이 징크스를 '거짓말'이라고 생각하지 않는다. 이건 자신에 대한 선포인 것이다. 아직 오지 않을 미래를 사실로 믿자 영혼이 그 미래를 향해 걸어간 것이다.

이 이야기를 들으니 문득 '빌 게이츠와 사돈 맺는 법'이라는 우스갯소리가 생각났다. 한 아버지가 아들을 빌 게이츠의 딸과 결혼시키기로 마음먹었다. 그는 빌 게이츠에게 접근해 이렇게 말했다. "제 아들은 세계은행의 부회장입니다. 따님과 결혼하게 해주십시오." 빌 게이츠가 대답한다. "좋습니다." 이번에 아버지는 세계은행의 회장을 만난다. 그리고 이렇게 말한다. "제가 부회장으로 어떤 남자를 추천하려고 합니다." 회장은 난감해하며 이미 많은 부회장 후보가 있다고 거절한다. 그러자 아버지는 이렇게 말한다. "하지만 그 남자는 빌 게이츠의 사위인걸요." 회장은 대답한다. "오, 그렇다면 좋습니다." 이 이야기가 우습지만 우습지만은 않은 이야기인 것은 믿음에는 현실을 만들어내는 힘이 있기 때문이다. 아직 오지 않은 미래를 진짜라 믿을 때, 믿음은 현실이 된다.

지금 어떤 삶을 살고 있는가? 살 만한가, 죽지 못해 버티고 있나. 사람들은 궁지에 몰리면 둘 중 하나를 선택한다. 떨어져 죽을 때까지 버티거나 새로운 길을 찾거나. 떨어져 죽는 것보단 새로운 길을 밟는 게 낫다. 그러나 딱 1도만큼 방향을 틀 용기도 우리에겐 부족하다. 그때 내가 나를 믿어준다면 어느 방향으로 걸어야 하는지 자연히 알게 된다. 딱 한 걸음만 발을 떼면 마음가짐이 달라지고, 마음가짐은 자신감이 되어 행동에 힘을 실어준다. 그렇게 기대는 현실에 가까워진다.

지금 어둠을 헤매고 있는 당신에게, 무엇이 될지 모르는 당신에게 어떠한 믿음이라도 가져보라고 말하고 싶다. 어둠이 지나간 자리에는 빛이 들게 마련이다. 그 빛을 따라가면서 희망을 가져보길 바란다. 그렇게 눈앞에 주어진 작은 과제를 마치다 보면 어느새 그곳에 닿아 있는 자신을 발견하게 될 것이다. 정말로.

우리 인생이 단 5분밖에
남지 않았다면
: 긍정 심리

뮤지컬 음악 감독으로 잘 알려진 박칼린의 소식을 들었다. 양쪽 신장이 모두 손상되었다는 이야기였다. 그녀는 신장 이식을 권고받았지만 평생 투석해야 한다는 말에 수술을 포기했다고 한다. 결코 쉽지 않은 선택이었을 텐데, 그런 결정을 내린 이유는 무엇이었을까? 한 인터뷰에서 보여준 그녀의 고백을 통해 그 마음을 조금은 이해할 수 있었다.

기자: 만약 5분 뒤에 죽는다고 해도 후회가 없겠어요?

박칼린: 후회 없어요. 진짜 저는 후회 없이 살았어요. 남들이 나만큼만 행복했으면 얼마나 좋을까. 전쟁이 없을 것 같아.

그녀의 호탕한 웃음이 활자를 넘어 들리는 것 같았다. 정말 행복한 삶을 살아왔구나. 우리는 삶의 끝자락에 섰을 때 후회 없이 죽음을 받아들일 수 있을까? 과연 어떤 삶을 살아야 당장 5분 뒤에 죽어도 후회가 없을까?

지금을 살기

한창 어려운 시절엔 오백 원도 귀했다. 카페에 가면 가장 저렴한 음료를 찾느라 한참을 서성였다. 당시 나와 정반대의 성향인 친구가 있었다. 그 친구도 나만큼 여유가 없었지만 항상 제일 비싸고 맛있어 보이는 음료를 주문했다. 그리고 그 맛과 시간을 충분히 향유했다.

그 친구는 용돈이 떨어지면 며칠을 굶었다. 생라면으로 끼니를 때우거나, 김에 밥을 싸 먹는 것으로 버텼다. 그러다 여유가 생기면 다시 비싸고 좋은 음식을 먹었다. 그런 행동이 내 눈에는 한심해 보였다. 그렇다고, 오백 원, 천 원 아끼며 살아온 내 살림살이는 좀 나아졌을까?

티끌은 아무리 모아도 티끌이었다. 미래는 나아지지 않았다. 그 친구나 나나 늘 부족한 건 마찬가지였다. 그러나 롤러코스터를 타던 친구와 내 인생에는 딱 하나의 차이가 있었다. 그 친구가 나보다 더 자주, 많이 행복했다는 것이다.

사람들은 미래에 대한 불안을 안고 살아간다. 그 불안을 해결하는 가장 쉬운 방법은 미래를 위해 현재를 포기하는 것이다. 그러나 현재를 포기하는 것이 풍요로운 미래를 보장하지는 않는다.

우리는 겁을 낸다. 행복을 누리다 불행한 순간을 맞이하는 것에 대해, 이득을 누리다 손해를 감내해야 하는 것에 대해. 그래서 웃는 날도 없고 우는 날도 없는 맹숭맹숭한 삶을 견뎌낸다. 하지만 내려가야 올라갈 일도 생기는 법. 이틀 굶고 하루를 맛있게 먹는 것이 매일매일 맛없는 순간을 살아가는 것보다 나을지 모른다.

비싸거나 화려하지 않아도 즐거운 일은 무궁무진하다. 관심이 없어 못 찾을 뿐이다. 하루에 적어도 15분, 나만의 시간을 가지자. 일주일에 적어도 한 번은 하고 싶은 일을 하자. 한 달에 한 번은 나를 위한 선물을 하자. 그 선택을 위해 조금은 아끼고 참아야 할 수도 있다. 하지만 나를 웃게 하는 경험이 쌓일 때, 그 추억이 다른 날들을 버티는 힘이 되어준다.

주인 되기

매 수업의 첫 시간마다 던지는 질문이 있다. "여러분은 언제 행복한가요?" 한 친구가 이렇게 답했다. "군대 간 남자친구가 휴가 나왔을 때요!" 그 대답은 나를 미소 짓게 만드는 동시에 안타깝게 했다. "그럼, 남자친구가 휴가 나오지 않을 땐 행복할 수 없잖아요."

우리는 나의 행복을 남에게 맡긴다. 좋은 사람이 나타나 주길, 그가 나를 웃게 해주길. 때로는 상황에 맡기기도 한다. 좋은 일이 생기길, 기적이 일어나주길. 이런 바람은 나를 행복하게 해주는 사람이 나타나지 않고, 나를 행복하게 하는 사건이 일어나지 않으면 결코 행복할 수 없다는 뜻이기도 하다.

좋아하는 사람을 지켜만 봐서는 사랑이 이루어지지 않는다. 마음을 표현하고 사랑을 쟁취해야 한다. 행복도 마찬가지다. 인생을 잘 사는 사람은 자주 행복한 사람이고, 자주 행복하려면 적극적으로 쟁취해야 한다. 행복이 찾아오길 기다리지 말고 내가 행복의 주체가 되어야 한다. 내가 고민하고, 내가 결정하고, 내가 선택한 행동으로 행복해야 한다. 그래야 행복의 빈도가 높아진다.

행복의 주체가 되려면 나를 잘 알아야 한다. 무엇을 좋아하는지, 언제 자주 웃는지 파악해야 한다. 노래를 못하는 사람이 노래방에 간다고, 음식을 안 좋아하는 사람이 뷔페를 간다고 행복해지는 건 아니다. 남들에게 행복한 것이 나에게도 행복한 것은 아니다. 반대로 남에게 별 볼 일 없는 것이 나에겐 큰 행복이 되기도 한다. 이것이 핵심 열쇠다.

인생을 후회 없이 사는 사람은 행복이 찾아오길 기다리지 않는다. 그들은 자신이 언제 미소 짓는지, 누구와 함께 있고 싶은지,

어떤 일에 뿌듯한지 알고, 그 순간을 적극적으로 내 것으로 만든다. 행복은 능동태다. 인생이라는 문장의 주어가 내가 될 때 나의 인생은 희극이 된다.

위하기

일반인이 출연하는 연애 예능 프로가 인기몰이하면서 우리 부부도 순식간에 TV에 빠졌다. 딱 한 회만 봐야지 하다가도 다음 회를 재생하는 모습을 발견했다. 하나만 더, 하나만 더, 하다 보면 어느새 시곗바늘은 12시를 가리켰고 그제야 오늘도 하루를 날렸구나, 하며 후회했다.

그러던 어느 날이었다. 결정적인 순간에 방송을 끝내버린 PD를 원망하며 다음 회를 재생하려는데 남편이 자리를 박차고 일어났다. 그리고 화장실로 들어가더니 한참을 나오지 않았다. 20분쯤 지났나. 땀을 뻘뻘 흘리며 뿌듯한 얼굴로 등장한 그는 화장실 청소를 마쳤노라고 자랑했다. 갑자기 야밤에 웬 청소냐며 어리둥절한 내게 남편은 말했다. "TV만 보면서 허송세월 보내는 것이 너무 아까워. 이렇게 내가 청소라도 해놓으면 네가 내일 편하잖아." 그렇게 스스로를 대견해하며 잠자리에 든 남편 곁에서 나도 기분 좋게 하루를 마무리할 수 있었다.

다리 꼬기, 꾸부정하게 앉기, 허리 숙이고 걷기, 양손으로 턱

받치기, 밥 먹자마자 드러눕기. 우리 몸에 치명적이라는 것들은 왜 이토록 편안한 걸까? 이렇게 즐거운데 몸에 안 좋다니 믿을 수가 없다. 하지만 분명한 것은 나쁜 자세로 오래 쉬다 보면 어딘가로 부터 고장 신호가 울린다는 것이다. 시간을 보내는 것도 그렇다. 빈둥빈둥, 마음 편한 대로 하루를 보내고 나면 허무함이 밀려온 다. 분명 그 순간에는 편안하고 좋았지만 말이다. 그 시간을 누군 가를 위해 사용한다면 어떨까?

진정한 행복은 나를 위한 기쁨으로만 만들어지지 않는다. 만 족에는 만족이 없기 때문이다. 그러나 남을 위해 베푸는 과정에서 는 만족감이 생긴다. 가족을 위해 쓰레기를 버리고 오는 작은 실천 부터 내가 가진 재능으로 누군가를 돕는 봉사까지. 시간이 없다? 구호단체의 이야기를 들어보면 커피 한 잔 값으로 할 수 있는 일은 생각보다 위대하다. 나라는 사람이 더 큰 세상에 이바지한다는 느 낌이 들 때, 행복은 꺼지지 않는 거품처럼 부풀어 오를 것이다.

긴 여행을 떠났던 적이 있다면 떠올려보자(없다면 상상해 보 자). 여정 동안 충분히 즐겼다는 느낌이 들면 여행의 끝자락에서 아쉬움이 남지 않는다. 좋은 추억을 남기고 자리로 돌아가도 되겠 다고 생각한다. 우리의 삶도 여행과 같다. 여행은 언젠가 끝나기 마련이다. 그 끝에 후회하지 않으려면 그 여정을 충만하고 행복하게 보내야 한다.

　긍정 심리학자 마틴 셀리그먼Martin Seligman이 말하는 행복한 삶을 위한 세 가지 조언을 건네며 마친다. 즐거운 삶을 살아라, 적극적인 삶을 살아라, 의미 있는 삶을 살아라. 다시 말해 지금에 머물고, 내 삶의 주인이 되어, 베푸는 삶을 살라는 것이다.

문득 어제보다 나은 나를
발견하게 될 거예요

강연을 다니면 청중의 기대가 점점 높아지는 현실을 느낀다. 그들이 나에게 요구하는 것은 '답'을 달라는 것인데 매번 곤욕스럽다. 마음에 답이라는 게 있어야지 말이다. 질문 하나당 정답 한 줄을 딱 내려줄 수 있다면 얼마나 좋을까?

요즘은 리모컨 버튼 몇 번만 누르면 마법사를 만난다. 전문가들이 나와서 고민을 들어주고 '오늘의 처방전'을 내려준다. 그러면 문제는 해결되고 사연자는 기적처럼 변한다. 어쩜 저렇게 쉽게 문제가 해결될까? 이런 날들 속에서 사람들은 점점 심리학에 환상을 가지기 시작했다.

보이는 것이 전부가 아니다. 우리에게 송출되는 방송 몇 분,

그 뒤에 얼마나 치열한 과정이 있는지 시청자는 모른다. 말 한마디로 고급스럽게 답을 제시하지만, 그 답을 찾기 위해 얼마나 많은 수고를 겪었는지 알 수 없는 것이다. 우리는 문제를 파악하는 준비 과정, 방법을 찾기 위한 자료 수집 과정, 방송 후 지속되는 지원이 잘려나간 편집된 영상을 본다. 모든 문제는 마법처럼 해결되는 것처럼 보인다. 마음을 아는 일이 만만해 보이는 것이다. 그러나 마음은 그리 단순히 다룰 문제가 아니다.

헬스장에서 한 회원이 불만을 토로했다. "왜 두 달이나 운동했는데 살이 안 빠져요?" 트레이너는 되물었다. "몇 살이세요?" 뜬금없는 질문에 당황했지만 그는 스물일곱 살이라 답했다. 그러자 트레이너가 반박할 수 없는 일침을 던졌다. "27년 동안 처먹어놓고 왜 살은 두 달 만에 빼려고 해요."

오늘의 나는 오랜 시간 걸쳐 만들어진 결과물이다. 현재의 나이만큼 쌓이며 만들어진 모습이다. 단세포 생물이 아니고서야 하루아침에 정답을 찾을 수 있는 존재가 아니란 것이다. 때로는 답을 찾기는커녕 문제를 파악하는 것조차 오랜 시간이 걸릴 수 있다. 그럼에도 우리는 너무 쉽게, 책 한 권, 강의 한 편, 조언 한 마디로 기적을 기대하고 있는 게 아닐까?

'급찐급빠'라는 말이 있다. 급하게 찐 살은 급하게 빠진다는 뜻이다. 폭식을 정당화할 때 (내가) 주로 쓰는 말이다. 그렇다면 '급 뺀급찐'도 가능할 것이다. 급하게 뺀 살은 급하게 찐다. 어떤 사람 은 지방 분해 주사를 맞고, 또 어떤 사람은 살 빠지는 약을 먹고 큰 노력 없이 원하는 결과를 얻으려 한다. 하지만 쉽게 얻은 결과 는 쉽게 잃기 마련이다. 오래 걸리더라도 오래 머물게 하려면 과 정 동안 해야 할 일이 있다. 살찐 원인 찾기, 잘 맞는 기술 습득하 기, 꾸준히 노력하기. 무조건 굶을 것이 아니라 전략적으로 접근해 야 한다. 그래야 요요가 오지 않는다.

나는 몸과 마음의 원리가 같다고 믿는 사람이다. 나를 변화시 키려면 먼저 나를 파악해야 한다. 그리고 오랜 기간에 걸쳐 변화 를 위해 애써야 한다. 그렇지 않으면 아무리 큰 변화가 있었다 한 들, 제자리로 돌아오고 만다. 이런 현상을 '마음의 요요'라고 부르 고 싶다.

뭐든지 변화하려면 시간이 필요하다. 숙성의 과정. 이 과정 동 안 문제를 파악하고 원인을 발견하고 자신에게 맞는 기술을 습득 해 나가야 한다. 책의 마지막 장까지 도달한 당신은 이 과정을 지 나온 사람이다. 이 책 한 권을 읽었다고 기적처럼 변화가 있진 않 을 것이다. 그렇지만 그 시간은 결코 무의미하지 않다. 지금의 인 지를 시작으로 마음 쓰기 기술을 쌓아간다면 어느 날 문득 어제보 다 나은 오늘의 나를 발견하게 될 테니.

나는 여전히 누군가에게 답을 내려주지 못하는 사람이다. 그러나 답을 찾아가는 여정에 함께 걸어줄 준비는 되어 있다. 그 길이 외롭지 않게, 너무 돌아가지 않게 다정한 길동무가 되어주고 싶다. 내가 쓴 마음의 이야기가, 당신이 마음을 쓰는 과정에 작은 도움이 되었길 바라며 마음의 원리를 활자로 남긴다. 300장 남짓한 이 글이 당신의 삶에 작은 변화를 움트게 하길 바란다.

당신의 안온함을 기대하며

신고은

참고문헌

1   Higgins, E. T. (1989). Self-discrepancy theory: What patterns of self-beliefs cause people to suffer?. In Advances in experimental social psychology (Vol. 22, pp. 93-136). Academic Press.

2   Miller, D. T., & Ross, M. (1975). Self-serving biases in the attribution of causality: Fact or fiction?. Psychological bulletin, 82(2), 213.

3   Chartrand, T. L., & Bargh, J. A. (1999). The chameleon effect: the perception–behavior link and social interaction. Journal of personality and social psychology, 76(6), 893.

4   Galinsky, A. D., Magee, J. C., Inesi, M. E., & Gruenfeld, D. H. (2006). Power and perspectives not taken. Psychological science, 17(12), 1068-1074.

5   Adler, A. (2014). Individual psychology. In An Introduction to Theories of Personality (pp. 83-105). Psychology Press.

6   Raghunathan, R., & Pham, M. T. (1999). All negative moods are not equal: Motivational influences of anxiety and sadness on decision making. Organizational behavior and human decision processes, 79(1), 56-77.

7   Baumeister, R. F., Bratslavsky, E., Muraven, M., & Tice, D. M. (1998). Ego depletion: Is the active self a limited resource? Personality Processes and Individual Differences, 74, 1252–1265.

8   Jones, R. A., & Brehm, J. W. (1970). Persuasiveness of one-and two-sided communications as a function of awareness there are two sides. Journal of Experimental Social Psychology, 6(1), 47-56.

9　McGuire, W. J., & Papageorgis, D. (1961). The relative efficacy of various types of prior belief-defense in producing immunity against persuasion. The Journal of Abnormal and Social Psychology, 62(2), 327.

10　The Gaslight Effect, Dr. Robin Stern, Potter, TenSpeed/Harmony, 2007

11　Aronson, E., Willerman, B., & Floyd, J. (1966). The effect of a pratfall on increasing interpersonal attractiveness. Psychonomic Science, 4(6), 227-228.

12　Bushman, B. J., Baumeister, R. F., Thomaes, S., Ryu, E., Begeer, S., & West, S. G. (2009). Looking again, and harder, for a link between low self-esteem and aggression. Journal of personality, 77(2), 427-446.

13　Hoyle, R., Kernis, M. H., Leary, M. R., & Baldwin, M. W. (2019). Selfhood: Identity, esteem, regulation. Routledge.

14　Drachman, D., DeCarufel, A., & Insko, C. A. (1978). The extra credit effect in interpersonal attraction. Journal of Experimental Social Psychology, 14(5), 458-465.

15　Honeycutt, J. M., Woods, B. L., & Fontenot, K. (1993). The endorsement of communication conflict rules as a function of engagement, marriage and marital ideology. Journal of Social and Personal Relationships, 10(2), 285-304.

16　Kachadourian, L. K., Fincham, F., & Davila, J. (2004). The tendency to forgive in dating and married couples: The role of attachment and relationship satisfaction. Personal relationships, 11(3), 373-393

17　Bluma Zeigarnik, "On the retention of completed and uncompleted activities," Psychologische Forschung, Vol.9, pp.1-85, 1927.

18　Adams, J. S. (1963). Towards an understanding of inequity. The Journal of Abnormal and Social Psychology, 67(5): 422-436.

19　Homans, G. C. (1961). Social behavior: Its element ary forms. New York: Harcout, Brace, Jovanovich.

20　Beck, A. T., & Greenberg, R. L. (1974). Coping with depression. Center for Cognitive Therapy, University of Pennsylvania.

21　DeWall, C. N., MacDonald, G., Webster, G. D., Masten, C. L., Baumeister,

R. F., Powell, C., ... & Eisenberger, N. I. (2010). Acetaminophen reduces social pain: Behavioral and neural evidence. Psychological science, 21(7), 931-937.

22 M.P.Mulder and A.Nijholt Humour Research: State of the Art, 2002, pp. 3-6.

23 Lerner M. J., Simmons C. H. (1966). Observer's reaction to the "innocent victim": Compassion or rejection? Journal of Personality and Social Psychology, 4, 203–210.

24 Bushman, B. J. (2002). Does venting anger feed or extinguish the flame? Catharsis, rumination, distraction, anger, and aggressive responding. Personality and social psychology bulletin, 28(6), 724-731.

25 Morse, S., & Gergen, K. J. (1970). Social comparison, self-consistency, and the concept of self. Journal of Personality and Social Psychology, 16(1), 148–156.

26 Langlois, J. H., Roggman, L. A., & Rieser-Danner, L. A. (1990). Infants' differential social responses to attractive and unattractive faces. Developmental psychology, 26(1), 153.

27 Rhodes, G., & Tremewan, T. (1996). Averageness, exaggeration, and facial attractiveness. Psychological science, 7(2), 105-110.

28 Zajonc, R. B., Adelmann, P. K., Murphy, S. T., & Niedenthal, P. M. (1987). Convergence in the physical appearance of spouses. Motivation and emotion, 11(4), 335-346.

29 Zajonc, R. B. (1968). Attitudinal effects of mere exposure. Journal of personality and social psychology, 9(2p2), 1.

30 Kahneman, D., Fredrickson, B. L., Schreiber, C. A., & Redelmeier, D. A. (1993). When more pain is preferred to less: Adding a better end. Psychological science, 4(6), 401-405.

31 Gollwitzer, P. M. (1999). Implementation intentions: strong effects of simple plans. American psychologist,

32 Thorndike, E. L. (1927). The law of effect. The American journal of psychology, 39(1/4), 212-222.

33 Mischel, W., Zeiss, R., & Zeiss, A. (1974). Internal-external control and persistence: Validation and implications of the Stanford Preschool Internal-External Scale. Journal of Personality and Social Psychology, 29(2), 265.

잘하고 싶어서 자꾸만 애썼던 너에게

초판 1쇄 발행 2024년 4월 17일

지은이 신고은
펴낸이 김선준

편집이사 서선행
책임편집 임나리(lily@forestbooks.co.kr) **편집1팀** 이주영 **디자인** 엄재선
마케팅팀 권두리, 이진규, 신동빈
홍보팀 조아란, 장태수, 이은정, 권희, 유준상, 박미정, 박지훈
경영관리팀 송현주, 권송이

펴낸곳 (주)콘텐츠그룹 포레스트 **출판등록** 2021년 4월 16일 제2021-000079호
주소 서울시 영등포구 여의대로 108 파크원타워1 28층
전화 02) 332-5855 **팩스** 070) 4170-4865
홈페이지 www.forestbooks.co.kr
종이 (주)월드페이퍼 **출력·인쇄·후가공** 더블비 **제본** 책공감

ISBN 979-11-93506-43-1 (03180)

㈜콘텐츠그룹 포레스트는 독자 여러분의 책에 관한 아이디어와 원고 투고를 기다리고 있습니다. 책 출간을 원하시는 분은 이메일 writer@forestbooks.co.kr로 간단한 개요와 취지, 연락처 등을 보내주세요. '독자의 꿈이 이뤄지는 숲, 포레스트'에서 작가의 꿈을 이루세요.